上海大学
SHANGHAI UNIVERSITY

红色学府　2024　百年传承

上大记忆

上海大学出版社
·上海·

本书所选内容截至2023年8月31日

上海大学
SHANGHAI UNIVERSITY

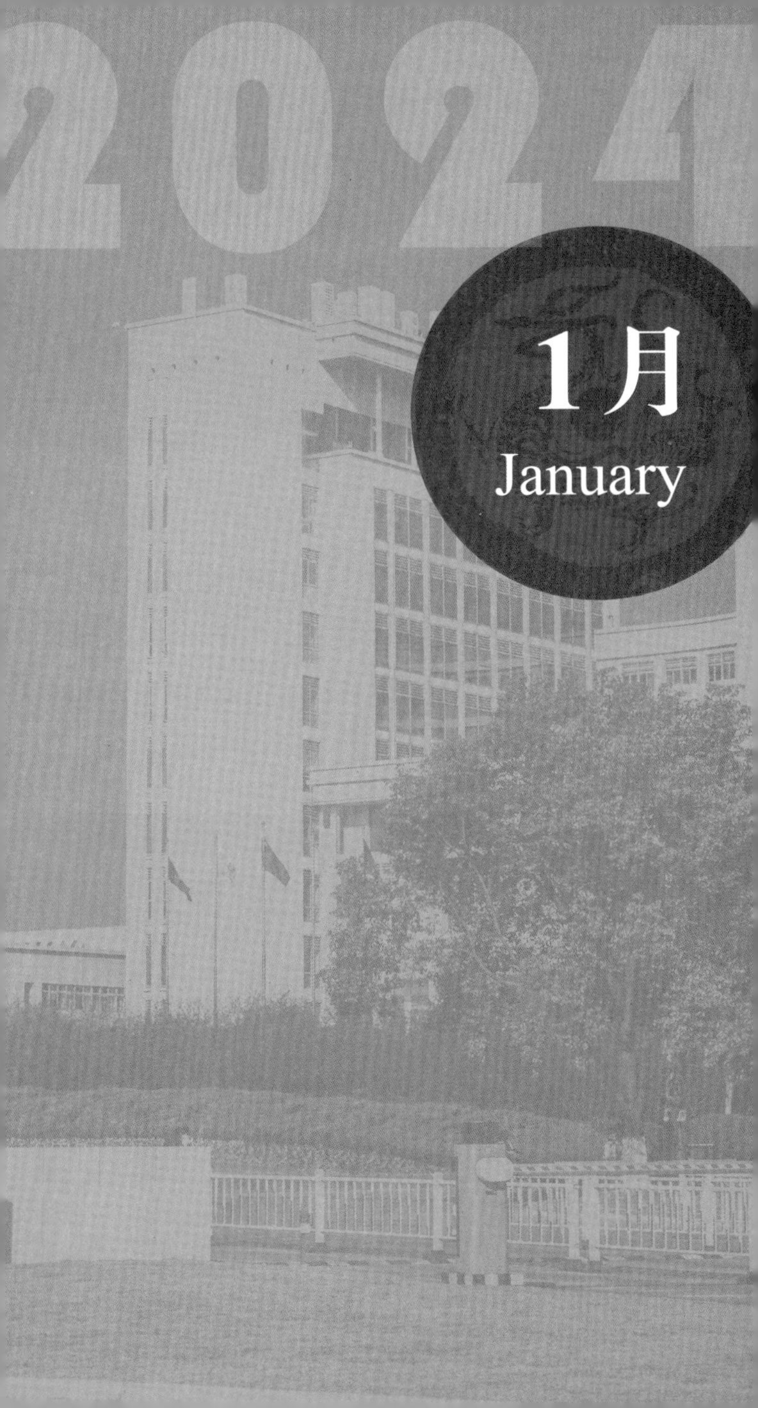
2024
1月
January

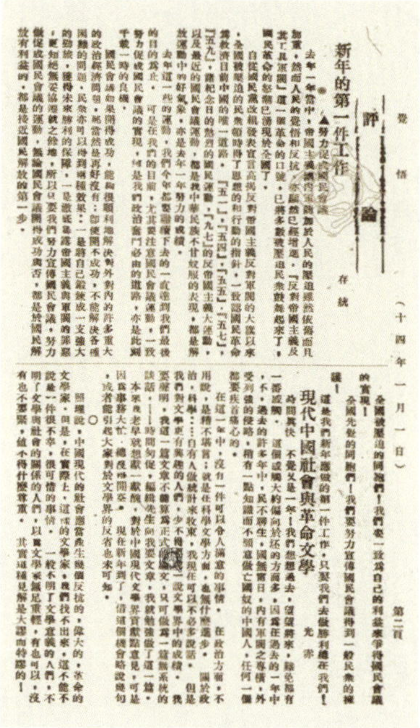

覺悟　（十四年一月一日）　第二頁

評論

新年的第一件工作
▲努力促成國民會議
存統

去年一年當中，帝國主義軍閥的壓迫雖然依舊而且加重，然而人民的覺悟和反抗，亦顯然已經增進。「反對帝國主義及其工具軍閥」這一個革命的口號，已將多數被壓迫民衆鼓舞起來了，國民革命的怒潮已湧現於全國了。

自從國民黨改組發表宣言高揭反對帝國主義反對軍閥的大旗以來，全國被壓迫的民衆頓時得了思想的和行動的指針，一致認國民革命爲救濟目前中國的唯一道路。「五一」、「五四」、「五五」、「五七」、「五九」，諸紀念日的熱烈的國民運動，「九七」的反帝國主義大運動，以及最近的國民會議運動，都是我中華民族不甘奴服的表現，都是解放運動中的好氣象，亦是去年一年努力的成績。

去年這一些的運動，我們今年都要繼續下去的，一直達到我們最後的目的爲止。可是在我們的目前，尤其要注意國民會議運動，一致努力促成國民會議的實現，因爲這是我們政治奮鬥必由的道路，亦是此刻千載一時的良機。

國民會議如果開得成功，能夠很順利地解決對外對內的許多重大的政治經濟問題，那當然是再好沒有；卽使開不成功，不能解決各種困難的問題，民衆亦可以得到兩種效果：一是將自己鍛鍊成一支強大的勁旅，獲得未來勝利的保障，一是徹底暴露帝國主義與軍閥的罪惡，更知絕無妥協遷就之餘地。所以只要我們努力宣傳國民會議，努力做促成國民會議的運動，無論國民會議開得成功與否，都是於國民解放有利益的，都是接近國民解放的第一步。

全國被壓迫的同胞們！我們要一致爲自己的利益來爭得國民會議的實現！

全國先發的同胞們！我們要努力宣傳國民會議得到一般民衆的擁護！

這是我們新年應做的第一件工作，只要我們去做勝利總在我們！

現代中國社會與革命文學
光赤

時間真快，不覺又是一年！我們想想過去，望望將來，難免都有一番感慨。這個感慨大約偏向於坏的方面多，因爲在過去的一年中，不，過去的許多年中，民不聊生，國無寧日，內有軍閥之專横，外受列強的侵略，稍有一點知識而不願意做亡國奴的中國人，任何一個都要疾首痛心的。

在這一年中，沒有一件可以令人滿意的事情。在政治方面，不用說，是糟不堪言；就是在科學文學方面，也無什麼進步。關於政治，科學……自有人做統計來收束，我現在可以不必多說話。但是我們對文學更有興趣的人們，少不得要說一說文學界中的成績。我要聲明，我這一篇文章不能算爲正式論文，只可做爲一篇無系統的談話。——時間匆促，編輯先生向我要文章，我就勉強做了這一篇。本來我老早就想獻一獻醜，對於中國現代文學界貢獻點意見，可是因爲事務太忙，總沒有時間來。現在新年到了，借這個機會略說幾句，或者能引起大家對於文學界的反省也未可知。

○

照理說，中國現代的社會應當產生幾個反抗的，偉大的，革命的文學家。但是，在實際上，這樣的文學家，我們找不出來，這不能不說是一件很不幸，很可惜的事情。一般不明了文學意義的人們，不明了文學與社會的關係的人們，以爲文學家無足重輕，有也可以，沒有也不要緊，值不得什麼尊重。其實這種見解是大謬而特謬的！

1925年1月1日

《民国日报》副刊《觉悟》刊登施存统（署名“存统”）的《新年的第一件工作　努力促成国民会议》文章。

2000年1月1日　上海大学巴士汽车学院揭牌仪式在上海国际会议中心举行。上海大学校长钱伟长和上海市副市长周禹鹏为学院揭牌。

2024年

农历甲辰年

1月

January

星期一 Monday

1日

元旦

十一月二十

记事

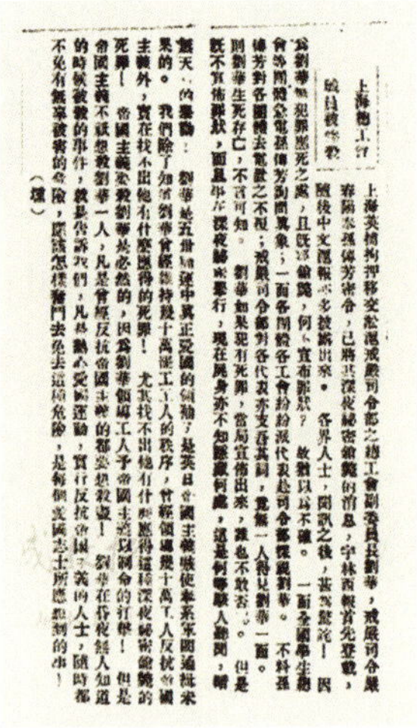

上海總工會職員被慘殺

上海英捕拘押移交淞滬戒嚴司令部之總工會副委員長劉華，戒嚴司令嚴春陽秦孫傳芳密令，已將其深夜祕密槍斃的消息，字林西報首先登載，隨後中文各報亦多披露出來。各界人士，聞訊之後，甚為驚詫！因為劉華無犯罪應死之處，且既要槍斃，何不宣布罪狀？故猶以為不確。一面全國學生總會等團體急電孫傳芳詢問真象；一面各團體各工會紛紛派代表赴司令部探視劉華。不料孫傳芳對各團體去電置之不覆；戒嚴司令部對各代表亦支吾其詞，竟無一人得見劉華一面。但是關劉華生死存亡，不言可知。劉華如果犯有死罪，當局宣佈出來，誰也不敢否認。既不宣佈罪狀，而且乘深夜祕密舉行，現在屍身亦不知藏在何處，這是何等駭人聽聞，暗無天日的舉動！劉華是五卅運動中真正愛國的領袖，是英日帝國主義嗾使奉系軍閥通緝未果的。我們除了知道劉華曾經維持幾十萬罷工工人的秩序，曾經領導幾十萬工人反抗帝國主義外，實在找不出他有什麼應得的死罪！尤其找不出他有什麼應得這樣深夜祕密槍斃的死罪！帝國主義要殺劉華是必然的，因為劉華領導工人予帝國主義以制命的打擊！但是帝國主義不只想殺劉華一人，凡是曾經反抗帝國主義的都要想殺盡！劉華在昏夜無人知道的時候被殺的事件，就是告訴我們，凡是熱心愛國運動，實行反抗帝國主義的人士，隨時都不免有無辜被害的危險，應該怎樣奮鬥去免去這種危險，是每個愛國志士所應想到的事！（墳）

1926年1月2日　《中国学生》周刊第十四期“时事短评”专栏刊登李硕勋（署名“坟”）的《上海总工会职员被惨杀》文章。

2014年1月2日　上海大学和中国极地研究中心联合自主研发的极地漫游球形机器人在南极中山站附近区域进行首次极地试验。

2024年
农历甲辰年

1月

January

星期二 Tuesday

2日

十一月廿一

记事

上海大學招生
中國文學系 英國文學系 社會學系
圖工組 圖音組 高級中學 初級中學
英數高等補習科
校長于右任 白

上海大學暨附屬中學招插班生
大學部 附屬中學
考試日期 報名
函索章程 報名地址

1924年1月3日至2月18日　《民国日报》《申报》《新闻报》等报刊登《上海大学招生》《上海大学暨附属中学招插班生》广告。

2014年1月3日　上海大学材料学院召开国际化发展战略暨留学访学人员迎新交流会。

2024年

农历甲辰年

1月

January

星期三　Wednesday

3日

十一月廿二

记事

2001年1月4日　钱伟长校长出席上海大学博士生导师工作会议。

2019年1月4日　上海大学举行2018年度本科生学术论坛颁奖典礼。

2024年
农历甲辰年

1月

January

星期四 Thursday

4日

十一月廿三

记事

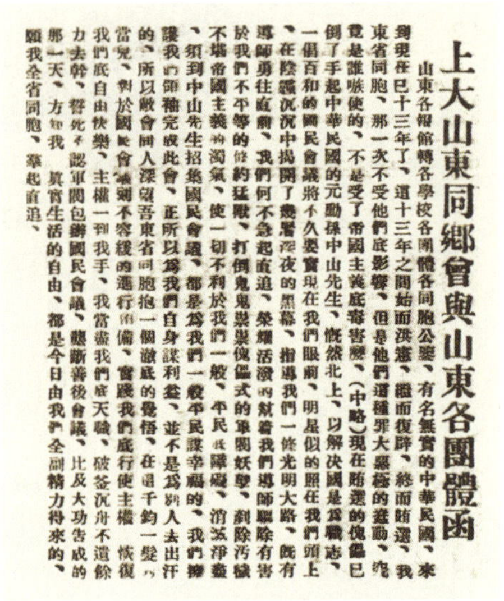

上大山東同鄉會與山東各團體函

山東各報館轉各學校各團體各同胞公鑒、有名無實的中華民國、來到現在已十三年了、這十三年之間始而洪憲、繼而復辟、終而賄選、我東省同胞、那一次不受他們底影響、但是他們這種罪大惡極的舉動、究竟是誰唆使的、不是受了帝國主義底毒害麼、(中略)現在賄選的傀儡已倒了手起中華民國的元勳孫中山先生、慨然北上、以解決國是為職志、一個百和的國民會議將不久要實現在我們眼前、明星似的照在我們頭上、在陰霾沉沉中揭開了幾層深夜的黑幕、指導我們一條光明大路、既有導師勇往直前、我們何不急起直追、榮耀活潑的就着我們導師驅除有害於我們不平等的條約猛獸、打倒鬼鬼祟祟傀儡式的軍閥妖孽、剷除污穢不堪帝國主義的濁氣、使一切不利於我們一般、平民的障礙、消滅淨盡、須到中山先生招集國民會議、都是為我們一般平民謀幸福的、我們擁護我們領袖完成此會、正所以為我們自身謀利益、並不是為別人去出汗的、所以敝會同人深望吾東省同胞抱一個澈底的覺悟、在這千鈞一髮的當兒、對於國民會議刻不容緩的進行準備、實踐我們底行使主權 恢復我們底自由快樂、主權一到我手、我當盡我們底天職、破釜沉舟不遺餘力去幹、誓死不認軍閥包辦國民會議、壟斷善後會議、比及大功告成的那一天、方知我 真實生活的自由、都是今日由我們全副精力得來的、願我全省同胞、奮起直追、

1925年1月5日　《民国日报》刊登《上大山东同乡会与山东各团体函》，呼吁山东同胞支持召集国民会议。

1979年1月5日　经国务院批准，原上海机械学院总部恢复上海工学院建制，改名上海工业大学。

2024年
农历甲辰年

1月

January

星期五 Friday

5日

十一月廿四

记事

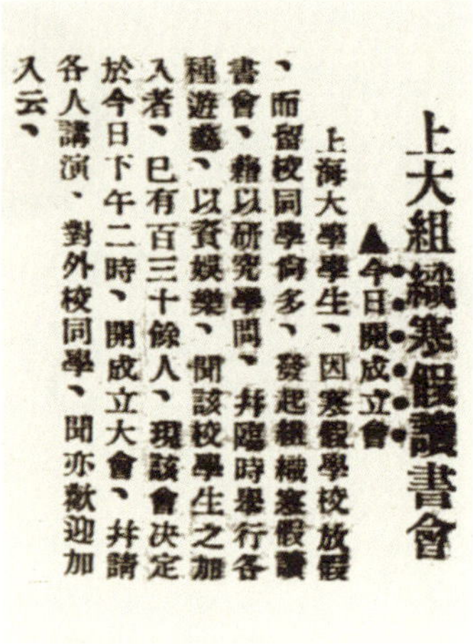

上大組織寒假讀書會
▲今日開成立會

上海大學學生、因寒假學校放假、而留校同學尚多、發起組織寒假讀書會、藉以研究學問、幷隨時擧行各種遊藝、以資娛樂、聞該校學生之加入者、已有百三十餘人、現該會決定於今日下午二時、開成立大會、幷請各人講演、對外校同學、聞亦歡迎加入云、

1927年1月6日　《民国日报》刊登《上大组织寒假读书会·今日开成立会》的消息。

2016年1月6日　上海大学山东校友会成立。

2024年
农历甲辰年

1月

January

星期六 Saturday

6日

十一月廿五 小寒

记事

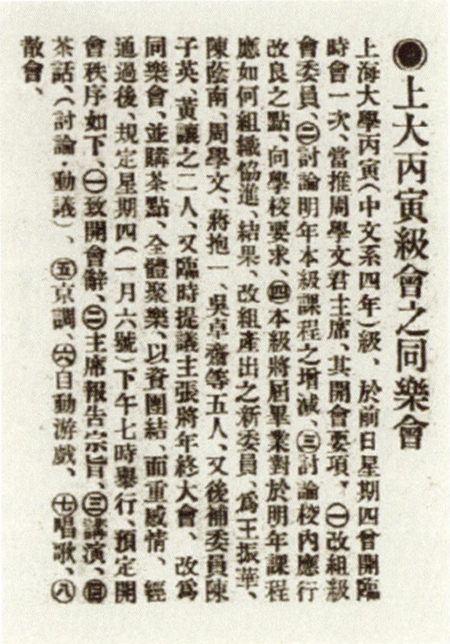

上大丙寅級會之同樂會

上海大學丙寅（中文系四年）級、於前日星期四曾開臨時會一次、當推周學文君主席、其開會要項、㈠改組級會委員、㈡討論明年本級課程之增減、㈢討論校內應行改良之點、向學校要求、㈣本級將屆畢業對於明年課程應如何組織協進、結果、改組產出之新委員、爲王振華、陳蔭南、周學文、蔣抱一、吳卓齋等五人、又後補委員陳子英、黃讓之二人、又臨時提議主張將年終大會、改爲同樂會、並購茶點、全體聚樂、以資團結、而重感情、經通過後、規定星期四（一月六號）下午七時舉行、預定開會秩序如下、㈠致開會辭、㈡主席報告宗旨、㈢講演、㈣茶話、（討論．動議）、㈤京調、㈥自動游戲、㈦唱歌、㈧散會、

1926年1月7日　《申报》刊登《上大丙寅级会之同乐会》的消息。

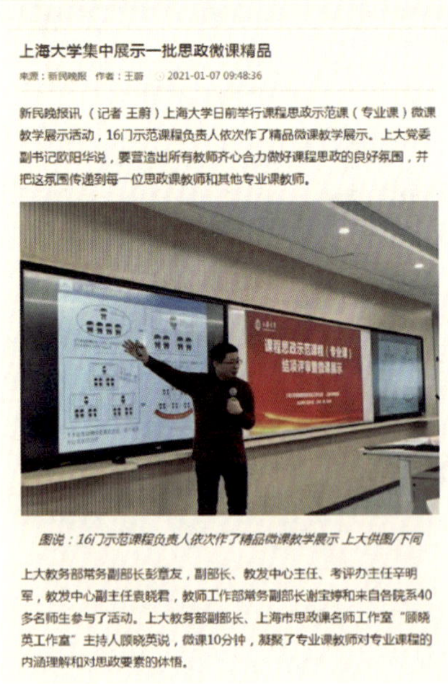

上海大学集中展示一批思政微课精品

来源：新民晚报　作者：王蔚　2021-01-07 09:48:36

新民晚报讯（记者 王蔚）上海大学日前举行课程思政示范课（专业课）微课教学展示活动，16门示范课程负责人依次作了精品微课教学展示。上大党委副书记欧阳华说，要营造出所有教师齐心合力做好课程思政的良好氛围，并把这氛围传递到每一位思政课教师和其他专业课教师。

图说：16门示范课程负责人依次作了精品微课教学展示 上大供图/下同

上大教务部常务副部长彭章友，副部长、教发中心主任、考评办主任辛明军，教发中心副主任袁晓君，教师工作部常务副部长谢宝婷和来自各院系40多名师生参与了活动。上大教务部副部长、上海市思政课名师工作室“顾晓英工作室”主持人顾晓英说，微课10分钟，凝聚了专业课教师对专业课程的内涵理解和对思政要素的体悟。

2021年1月7日
“新民晚报”报道《上海大学集中展示一批思政微课精品》的消息。

2024年

农历甲辰年

1月

January

星期日 Sunday

7日

十一月廿六

记事

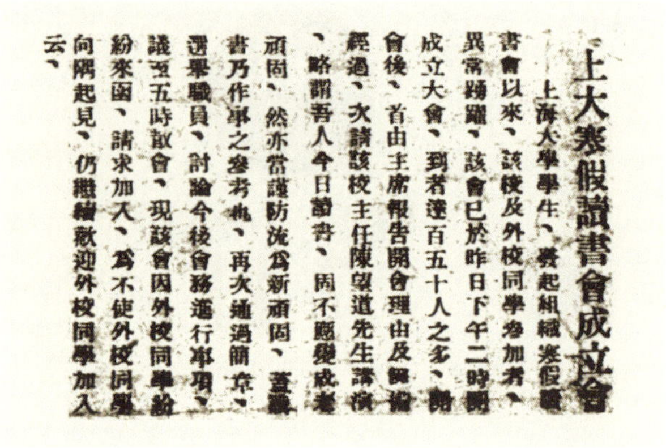

上大寒假讀書會成立會

上海大學學生、發起組織寒假讀書會以來、該校及外校同學參加者、異常踴躍、該會已於昨日下午二時開成立大會、到者達百五十人之多、開會後、首由主席報告開會理由及籌備經過、次請該校主任陳望道先生講演、略謂吾人今日讀書、固不應變成老頑固、然亦當謹防流爲新頑固、蓋讀書乃作學之參考也、再次通過簡章、選舉職員、討論今後會務進行事項、議至五時散會、現該會因外校同學紛紛來函、請求加入、爲不使外校同學向隅起見、仍繼續歡迎外校同學加入云、

1927年1月8日　《民国日报》刊登《上大寒假读书会成立会》的消息。

2010年1月8日　汪小帆同心工作室揭牌暨上大—台州知联会战略合作签约仪式在上海大学举行。

2024年
农历甲辰年

1月

January

星期一 Monday

8日

十一月廿七

记事

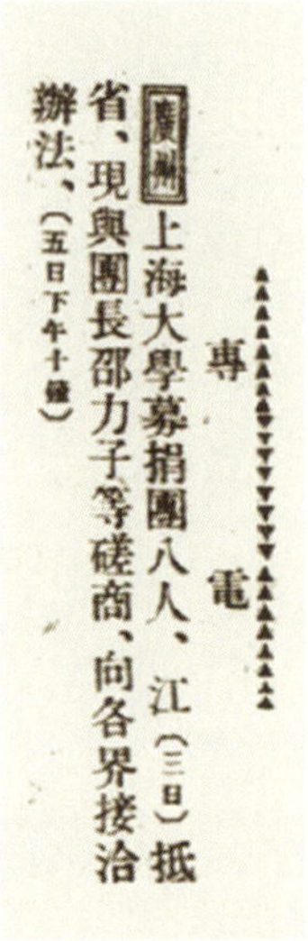
專電

〔廣州〕上海大學募捐團八人、江（三日）抵省、現與團長邵力子等磋商、向各界接洽辦法、（五日下午十鐘）

1926年1月9日　《申报》刊登专电，上海大学募捐团八人抵达广州。

2017年1月9日　上海大学机自学院谢少荣教授（左二）领衔的“复杂岛礁水域无人自主测量关键技术及装备”获2016年度国家技术发明奖二等奖。

2024年
农历甲辰年

1月　January

星期二　Tuesday

9日

十一月廿八

记事

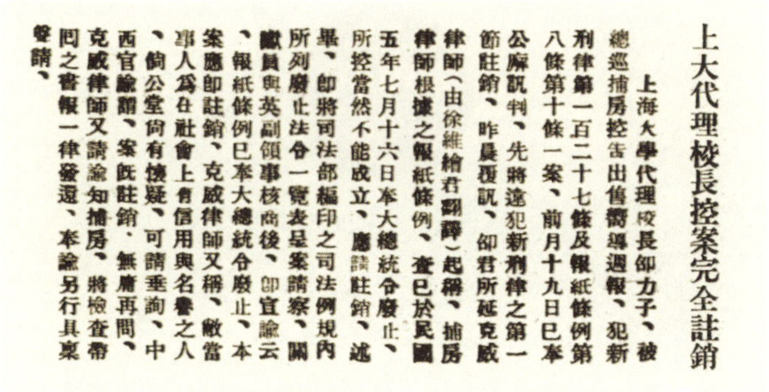
上大代理校長控案完全註銷

上海大學代理校長卲力子、被總巡捕房控告出售嚮導週報、犯新刑律第一百二十七條及報紙條例第八條第十條一案、前月十九日已奉公廨訊判、先將違犯新刑律之第一節註銷、昨晨覆訊、卲君所延克威律師（由徐維榆君翻譯）起稱、捕房律師根據之報紙條例、查已於民國五年七月十六日奉大總統令廢止、所控當然不能成立、應請註銷、述畢、即將司法部編印之司法例規內所列廢止法令一覽表呈案請察、關讞員與英副領事核商後、即宜諭云、報紙條例已奉大總統令廢止、本案應即註銷、克威律師又稱、敝當事人爲在社會上有信用與名譽之人、倘公堂尚有懷疑、可請垂詢、中西官諭謂、案既註銷、無庸再問、克威律師又請諭知捕房、將檢查帶回之書報一律發還、奉諭另行具稟聲請、

1925年1月10日　《民国日报》《申报》分别刊登上海大学代理校长邵力子被控案撤销的消息。

2022年1月10日　上海大学文化遗产与信息管理学院揭牌仪式举行。

2024年

农历甲辰年

1月

January

星期三 Wednesday

10日

十一月廿九

记事

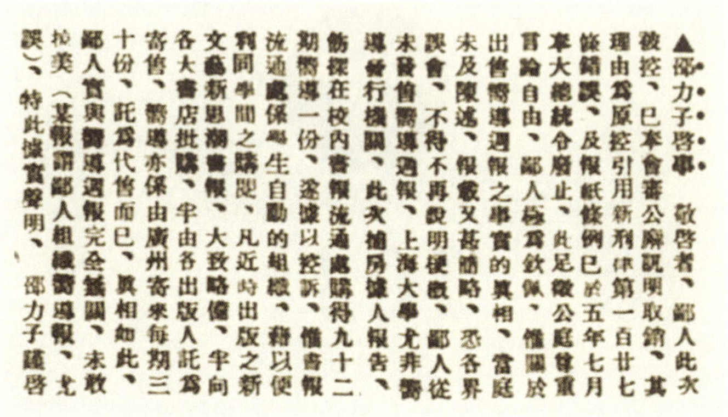

▲邵力子啓事　敬啓者、鄙人此次被控、已奉會審公廨訊明取銷、其理由爲原控引用新刑律第一百廿七條錯誤、及報紙條例已於五年七月奉大總統令廢止、此足徵公庭尊重言論自由、鄙人極爲欽佩、惟關於出售嚮導週報之事實的眞相、當庭未及陳述、報載又甚簡略、恐各界誤會、不得不再說明梗概、鄙人從未發售嚮導週報、上海大學尤非嚮導發行機關、此次捕房據人報告、偵探在校内書報流通處購得九十二期嚮導一份、遂據以控訴、惟書報流通處係學生自動的組織、藉以便利同學間之購買、凡近時出版之新文藝新思潮書報、大致略備、半向各大書店批購、半由各出版人託爲寄售、嚮導亦係由廣州寄來每期三十份、託爲代售而已、眞相如此、鄙人實與嚮導週報完全無關、未敢掠美（某報謂鄙人組織嚮導報、尤誤）、特此據實聲明、　邵力子謹啓

1925年1月11日　《民国日报》《申报》分别刊登邵力子启事，声明上海大学出售《向导》周报的事实真相。

2018年1月　上海大学翟启杰教授（中）领衔的“脉冲磁致振荡连铸方坯凝固均质化技术”获2017年度国家技术发明奖二等奖。

2024年
农历甲辰年

1月

January

星期四　Thursday

11日

十二月初一

记事

1925年1月12日　《民国日报》刊登《上海大学第一届录取新生揭晓》

上海大學第一屆錄取新生揭曉

中國文學系二年級特別生楊⚬吳卓齋二名一年級正式生王徽一名試讀生許錫為陳立華楊⚬恩一名英國文學系二年級試讀生邱楡一名一年級試讀生沈培之林福民二名社會學系一年級正式生趙宋慶段萍杭二名特別生李花天一名　一月十二日

2007年1月12日　上海大学党委书记于信汇在代表校领导班子作的报告中，明确提出“钱伟长教育思想”。

2016年1月12日　上海大学基础教育发展集团正式成立，宝山区人民政府与上海大学共同签署《关于共同推进宝山基础教育战略合作意向书》。

2024年

农历甲辰年

1月

January

星期五 Friday

12日

十二月初二

记事

2022年1月13日　刘昌胜院士获评全国杰出专业技术人才颁奖仪式在上海大学举行。

2023年1月13日　上海大学上大附中基础教育集团成立，上大附中校长刘华霞受聘担任集团主任。

2024年
农历甲辰年

1月

January

星期六 Saturday

13日

十二月初三

记事

2014年1月14日　上海大学与上海电影（集团）有限公司战略合作签约仪式举行。

2022年1月14日　上海大学召开党史学习教育总结会议。

2024年
农历甲辰年

1月 January

星期日 Sunday

14日

十二月初四

记事

上海大学语言文字网

首页 通知通告 新闻动态 活动天地 政策法规 组织机构 语文知识 培训测试 检查评估 世博园 联系我们

学校召开2010年度语言文字工作总结会

创建时间：2011/02/21 邹月亮 浏览次数：2510 返回

2010年，上海大学语言文字工作参照市语委《2010年语言文字工作要点》精神，在"学校推动、部门协同、领导支持、人人参与"的工作格局下，继续扎实、深入地围绕"迎接上海市语言文字规范化示范校认定工作"全面展开，并取得了"市级示范校"称号等业绩。为巩固成果，进一步创建"国家级示范校"，"上海大学2010年度语言文字工作总结会——暨国家级语言文字规范化示范校创建动员会"于2011年1月15日召开。

市教委语管处、市语委办领导凌晓凤、夏瑛老师，市语测中心领导徐民杰、乔丽华老师，校语委主任叶志明副校长，校语委副主任、教务处万旺根处长、宣传部陈志宏部长、人事处杨国宏处长、学工办林海霞主任、审计处张佳春处长及校各单位语委委员近70人出席了总结、动员会。

首先，万旺根处长就学校2010年度语言文字工作作总结发言。他从学校语言文字工作规划与研究，语言文字规范化宣传教育、世博会语言文字服务、普通话水平测试推进、市级语言文字规范化示范校创建等五个方面，较全面地回顾了我校2010年语言文字工作，通报了学校各院系、部处当年的普通话测试情况，并宣布了"上海大学上海市语言文字规范化示范校认定评估表彰单位"名单。

2011年1月15日　上海大学2010年度语言文字工作总结会暨国家级语言文字规范化示范校创建动员会召开。

2015年1月15日　上海大学博物馆举行上海大学溯园设计作品及雕塑捐赠仪式，博物馆收藏由美术学院王海松教授、蒋铁骊教授创作的溯园建筑设计作品和大型浮雕作品。

2024年

农历甲辰年

1月

January

星期一　Monday

15日

十二月初五

记事

1926年1月16日　《申报》刊登《上大附中各团体联欢会纪》的消息。

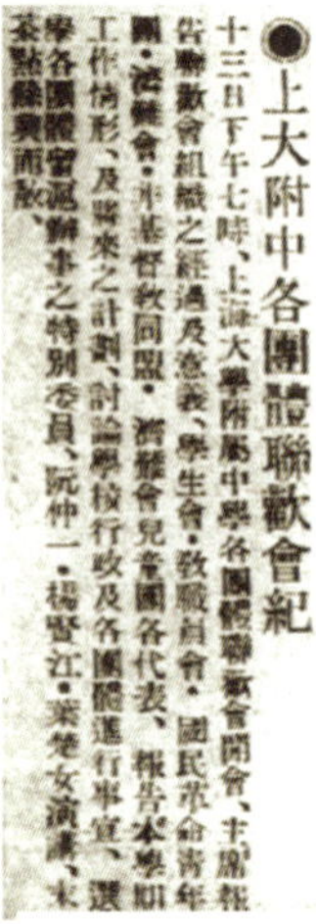

上大附中各團體聯歡會紀

十三日下午七時、上海大學附屬中學各團體聯歡會開會、主席報告聯歡會組織之經過及意義、學生會·教職員會·國民革命青年團·音樂會·非基督教同盟·新藝會·兒童團各代表、報告本學期工作情形、及將來之計劃、討論學校行政及各團體進行事宜、選舉各團體留滬辦事之特別委員、阮仲一·楊賢江·蕭楚女演講、末茶點餘興而散、

1983年1月16日　上海工业大学召开欢迎会，欢迎钱伟长校长到任。

2018年1月16日　上海大学党委书记、校长金东寒在全国“加强新时代高校思政理论课建设现场推进会”上作经验交流。

2024年
农历甲辰年

1月

January

星期二 Tuesday

16日

十二月初六

记事

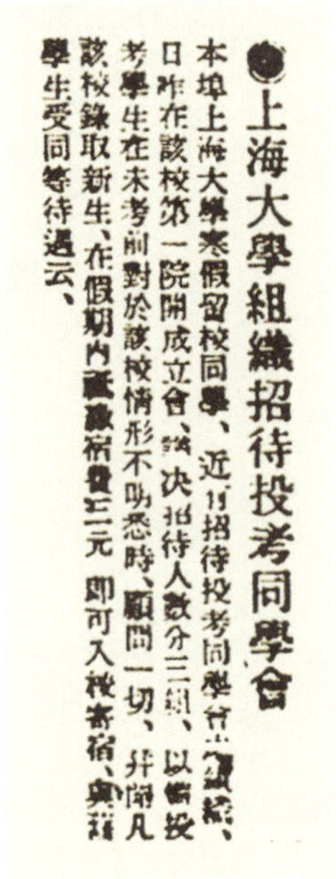

●上海大學組織招待投考同學會

本埠上海大學寒假留校同學、近[illegible]招待投考同學者[illegible]紛、日昨在該校第一院開成立會、議決招待人數分三組、以備投考學生在未考前對於該校情形不明悉時、顧問一切、并開凡該校錄取新生、在假期內[illegible]繳宿費二元 即可入校寄宿、與[illegible]學生受同等待遇云、

1925年1月17日　《新闻报》刊登《上海大学组织招待投考同学会》的消息。

2021年1月17日　上海大学智库楼揭牌。

2024年

农历甲辰年

1月 January

星期三 Wednesday

17日

十二月初七

记事

1995年1月18日　上海大学召开第一次党的建设工作会议，首次提出“围绕中心抓党建、抓好党建促中心、检验党建看中心”的党建工作理念。1998年后在向全市推广时，上海市教卫工作党委改为“检验党建看发展”。

2013年1月18日　上海大学周邦新院士（右）领衔的“军用先进核动力堆用锆合金关键基础研究”和孙晋良院士领衔的“碳／碳复合材料工艺技术装备及应用”获2012年度国家科技进步奖。

2024年
农历甲辰年

1月 January

星期四 Thursday

18日

十二月初八

记事

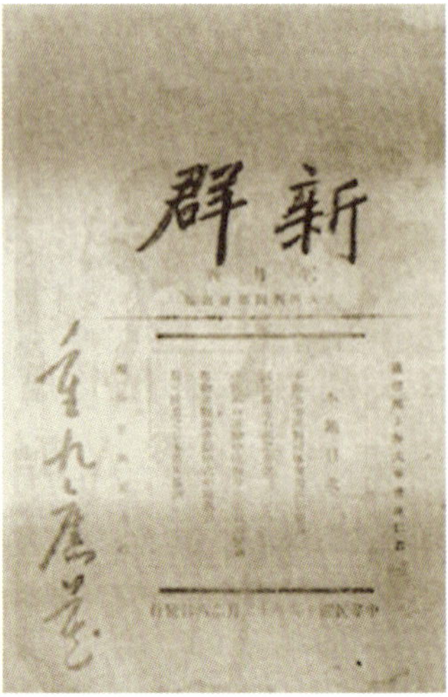

新群

1925年1月 以上海大学陕西同乡会名义发起创办的《新群》半月刊创刊。

2022年1月19日 上海大学悉尼工商学院红色溯源小队来到上海市嘉定区嘉定镇街道花园弄社区沈启华工作室，展开以“学党史 颂党恩 听党话 跟党走——老党员与青年大学生座谈”为主题的访谈。

2024年
农历甲辰年

1月

January

星期五　Friday

19日

十二月初九

记事

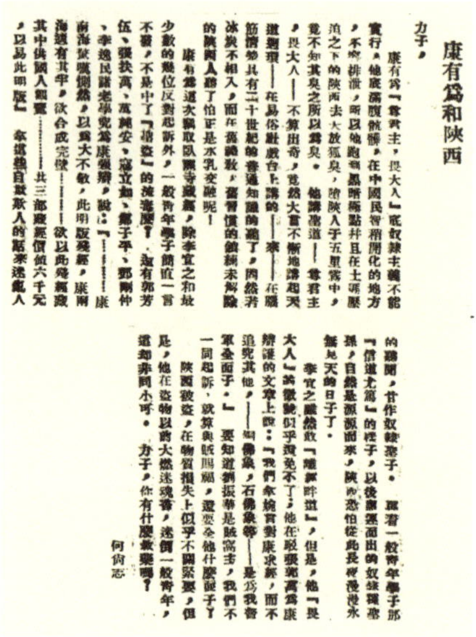

康有爲和陝西

力子，

康有爲「尊君主，畏大人」底奴隸主義不能實行，他底滿腹骯髒，在中國民智稍開化的地方，不容排泄，所以他跑到愚暗極點并且在土匪壓迫之下的陝西去大放狐臭，請陝人于五里霧中，竟不知其臭之所以爲臭。他講爲道——尊君主，畏大人——不算出奇，竟然大言不慚地講起天道到頭——在易俗社戲台上講的——來——在勝筋倒絡具有二十世紀的普通知識的爲了，固然若冰炭不相入，而在舊禮教，舊習慣的鐐銬未解除的陝西人聽了怕正是水乳交融呢！

康有爲這次騙取臥龍寺藏經，除李宜之和妓少數的幾位反對起訴外，一般青年學子簡直一言不發，不是中了「堵盜」的流毒麼？還有郭芳伍、張扶萬、高鼐安、寇立如、鄭子平、鄧剛仲、李逸民諸老學究爲康强辯，說：「……」康南海獄嘆惻然，以爲大不敬，此明版殘經，康南海須有其中，欲合成完璧……欲以此爲藏撥其中供國人觀覽……共三部藏經價値六千元，以易此明版」今選些自欺欺人的話來迷亂人的聽聞，甘作奴隸孽子。跟着一般青年學子都「借道尤箴」的樣子，以後盡張面出的奴隸種孽孫，自然是源源而來，陝西恐怕從此長夜漫漫永無見天的日子了。

李宜之雖然做「堵盜時道」，但是，他「畏大人」若微號似乎避免不了，他在駁張薦高爲康辯護的文章上說：「我們拿挽貢對康求解，而不追究其他，——如佛像，石佛像等——是爲我督軍全面子。」要知道劉振華是賊窩主，我們不一同起訴，就算與賊朋黨，還要全他什麼面子了

陝西被盜，在物質損失上似乎不關緊要，但是，他在盜物以爲大燃迷魂香，迷倒一般青年，還卻弄同小可。力子，你有什麼救藥嗎？

何尙志

1924年1月20日

《民国日报》“通信”专栏刊登上海大学中文系学生何尚志致邵力子的信。

2014年1月 上海大学社会学院本科生阿里木江·于山获2013年度“中国大学生自强之星”。

2024年
农历甲辰年

1月 January

星期六 Saturday

20日

十二月初十 大寒

记事

上海大學交涉和平解决

閘北青島路上海大學學生，與前創辦人王公璵等交涉事，屢誌前報。茲聞王公璵等因近日訴訟，形勢不佳。託律師王某一再挽國向該校校長及學生委員疏通脫離關係。請求和平解决。雙方撤銷訟案。聞該校長等已允其請。交涉從此可告結束云。

上海大學交涉和解續誌

閘北青島路上海大學學生，與前創辦人王公璵陳勤武湯石花等交涉，日前和平解决。已誌前報。茲覓得王等致該校學生函云。逕啟者。同人等創辦之東南高等專科師範學校。所有校具及其他各種物件。均應歸改組之上海大學所有。同人等從此即脫離該校關係。至雙方民刑訴訟 各自向檢審兩廳撤銷可也。

1923年1月21、23日　《民国日报》刊登消息，上海大学学生与学校前创办人纠纷已和平解决。

2018年1月21日　上海大学文化新经济研究院揭牌。

2019年1月21日　上海大学举行高水平大学拔尖创新人才培养项目申报答辩、评审会。

2024年
农历甲辰年

1月

January

星期日 Sunday

21日

十二月十一

记事

1925年1月22日　何秉彝写给父亲的信。

Signature
ART PRIZE 2014
ASIA PACIFIC BREWERIES FOUNDATION
14 November 2014 – 15 March 2015

2015年1月22日　上海大学美术学院刘建华老师获第三届新加坡美术馆与亚太酿酒基金会评选出的2014年亚太“特出艺术奖”评审团奖。

2024年

农历甲辰年

1月

January

星期一 Monday

22日

十二月十二

记事

1924年1月23日　《民国日报》《申报》分别刊登消息，介绍上海大学新生录取情况。

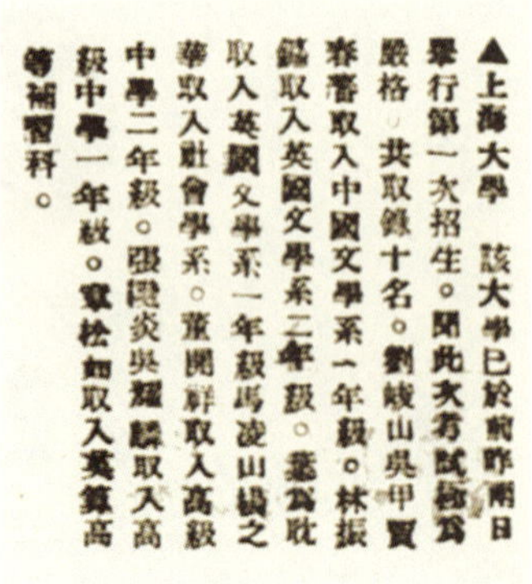
▲上海大學　該大學已於前昨兩日舉行第一次招生。聞此次考試極爲嚴格。共取錄十名。劉峻山吳甲賈春審取入中國文學系一年級。林振鏘取入英國文學系二年級。蔡武耿取入英國文學系一年級馮凌山楊之華取入社會學系。張開群取入高級中學二年級。殷健炎吳耀麟取入高級中學一年級。章松如取入英算高等補習科。

2022年1月23日　上海大学党委书记成旦红看望理学院名誉院长、可持续能源研究院院长张久俊院士，并送上新春佳节的祝福。

2024年
农历甲辰年

1月

January

星期二　Tuesday

23日

十二月十三

记事

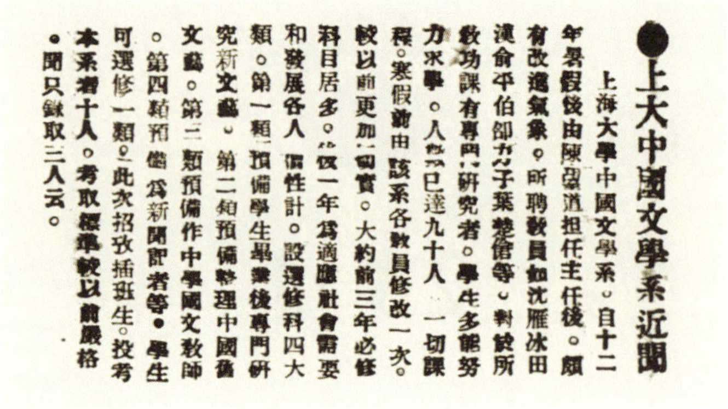

●上大中國文學系近聞

上海大學中國文學系。自十二年暑假後由陳望道担任主任後。頗有改進氣象。所聘教員如沈雁冰田漢俞平伯邵力子葉楚傖等。對於所敎功課有專門研究者。學生多能努力求學。人數已達九十人。一切課程。寒假前由該系各教員修改一次。較以前更加切實。大約前三年必修科目居多。後一年爲適應社會需要和發展各人個性計。設選修科四大類。第一類預備學生畢業後專門研究新文藝。第二類預備整理中國舊文藝。第三類預備作中學國文教師。第四類預備爲新聞記者等。學生可選修一類。此次招收插班生。投考本系者十人。考取標準較以前嚴格。聞只錄取三人云。

1924年1月24日　《民国日报》刊登消息：“上海大学中国文学系，自十二年（1923）暑假后由陈望道担任主任后，颇有改进气象。所聘教员如沈雁冰、田汉、俞平伯、邵力子、叶楚伧等对于所教功课有专门研究者。学生多能努力求学，人数已达九十人。”

2020年1月　上海大学罗宏杰教授团队的“考古现场脆弱性文物临时固型提取及其保护技术”获2019年度国家科技进步奖二等奖。

2024年

农历甲辰年

1月

January

星期三 Wednesday

24日

十二月十四

记事

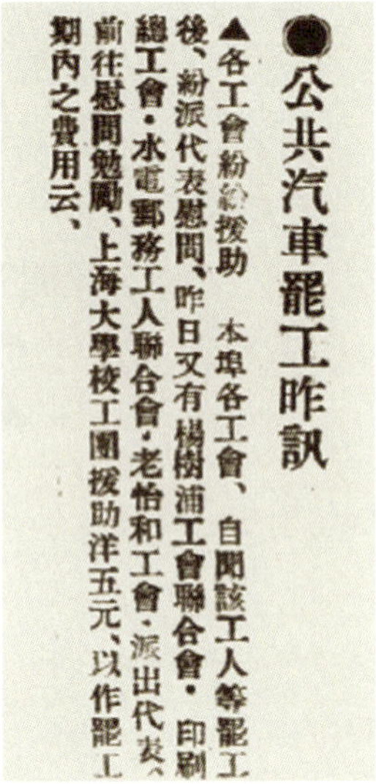

●公共汽車罷工昨訊

▲各工會紛紛援助　本埠各工會、自聞該工人等罷工後、紛派代表慰問、昨日又有楊樹浦工會聯合會・印刷總工會・水電郵務工人聯合會・老怡和工會・派出代表、前往慰問勉勵、上海大學校工團援助洋五元、以作罷工期內之費用云、

1927年1月25日　《申报》刊登消息，上海大学校工团为公共汽车罢工捐款。

2020年1月　上海大学“国家语言文字推广基地”挂牌成立。

2024年
农历甲辰年

1月 January

星期四 Thursday

25日

十二月十五

记事

2015年1月26—28日　上海大学通信学院举行“爱心接力，延续生命”募捐活动。

2018年1月　上海大学陈立群（右）、丁虎教授参与的“高速运动刚柔相互作用系统非线性建模与振动分析”获2017年度国家自然科学奖二等奖。

2024年
农历甲辰年

1月

January

星期五　Friday

26日

十二月十六

记事

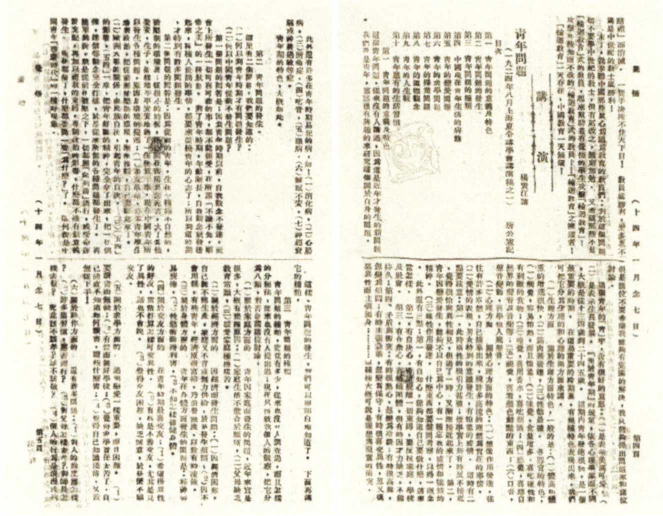
講演

青年問題

（一九二四年八月上海夏令講學會講演稿之一）

楊賢江講　房分演記

1925年1月27—31日　《民国日报》副刊《觉悟》刊登杨贤江1924年8月在“上海夏令讲学会”上的《青年问题》演讲稿。

2019年1月　上海大学董瀚教授领衔的“基于M3组织调控的钢铁材料基础理论研究与高性能钢技术”获2018年度国家技术发明奖二等奖。

2024年
农历甲辰年

1月 January

星期六 Saturday

27日

十二月十七

记事

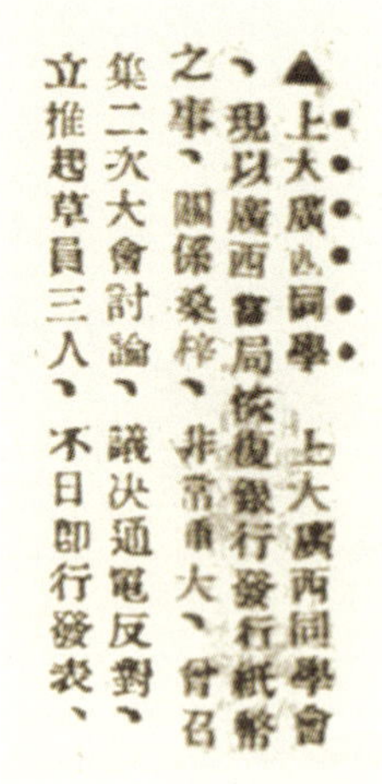

▲上大廣西同學　上大廣西同學會、現以廣西當局恢復發行紙幣之事、關係桑梓、非常重大、昨召集二次大會討論、議决通電反對、立推起草員三人、不日即行發表、

1926年1月28日　《民国日报》刊登上海大学广西同学会开会的消息。

2019年1月　上海大学吴明红教授领衔的“石墨烯微结构调控及其表面效应研究”获2018年度国家自然科学奖二等奖。

2024年
农历甲辰年

1月 January

星期日 Sunday

28日

十二月十八

记事

1984年1月　上海工业大学获批第一个博士学位授权点——固体力学专业；黄黔于1985年获得该专业博士学位，是上海工业大学授予博士学位的第一人。

2015年1月29日　上海大学人文社科处领导赴影视学院就2015年文科重大课题申报工作进行调研和动员。

2024年
农历甲辰年

1月

January

星期一 Monday

29日

十二月十九

记事

2018年1月30日　上海大学海派文化研究中心主任、名誉主任聘任仪式在上海大学举行。

2021年1月30日　上海大学校党委书记成旦红，校党委副书记欧阳华，校党委常委、宣传部部长胡大伟一行实地察看寒假期间校园安全及疫情防控工作的落实情况，并看望慰问坚守岗位的一线教职员工。

2024年
农历甲辰年

1月

January

星期二 Tuesday

30日

十二月二十

记事

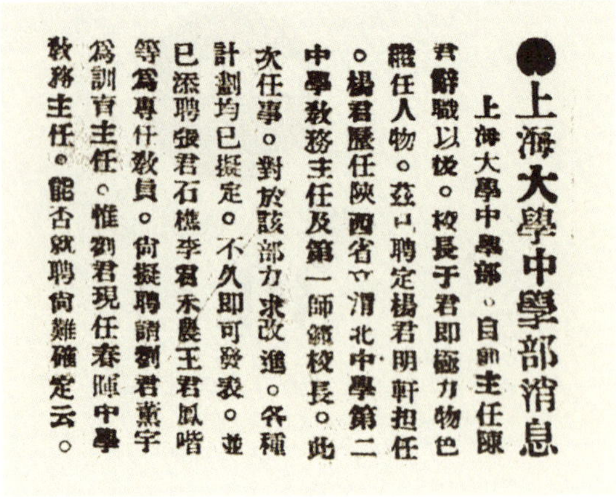

上海大學中學部消息

上海大學中學部。自前主任陳君辭職以後。校長于君即極力物色繼任人物。茲已聘定楊君明軒担任。楊君歷任陝西省立渭北中學第二中學教務主任及第一師範校長。此次任事。對於該部力求改進。各種計劃均已擬定。不久即可發表。並已添聘張君石樵李君禾農王君鳳喈等為專任教員。尚擬聘請劉君薰宇為訓育主任。惟劉君現任春暉中學教務主任。能否就聘尚難確定云。

1924年1月31日　《民国日报》刊登消息，介绍上海大学中学部发展情况。

2013年1月　上海大学张田忠教授参与的“低维纳米功能材料与器件原理的物理力学研究”获2012年度国家自然科学奖二等奖。

2017年1月　上海大学陈雪副教授参与的“海气界面环境弱目标特性高灵敏度微波探测关键技术及装备”获2018年度国家科技进步奖二等奖。

2020年1月　上海大学蒲华燕教授参与的“复杂振动的宽域近零超稳抑制技术与装置”获2019年度国家技术发明奖二等奖。

2024年
农历甲辰年

1月 January

星期三 Wednesday

31日

十二月廿一

记事

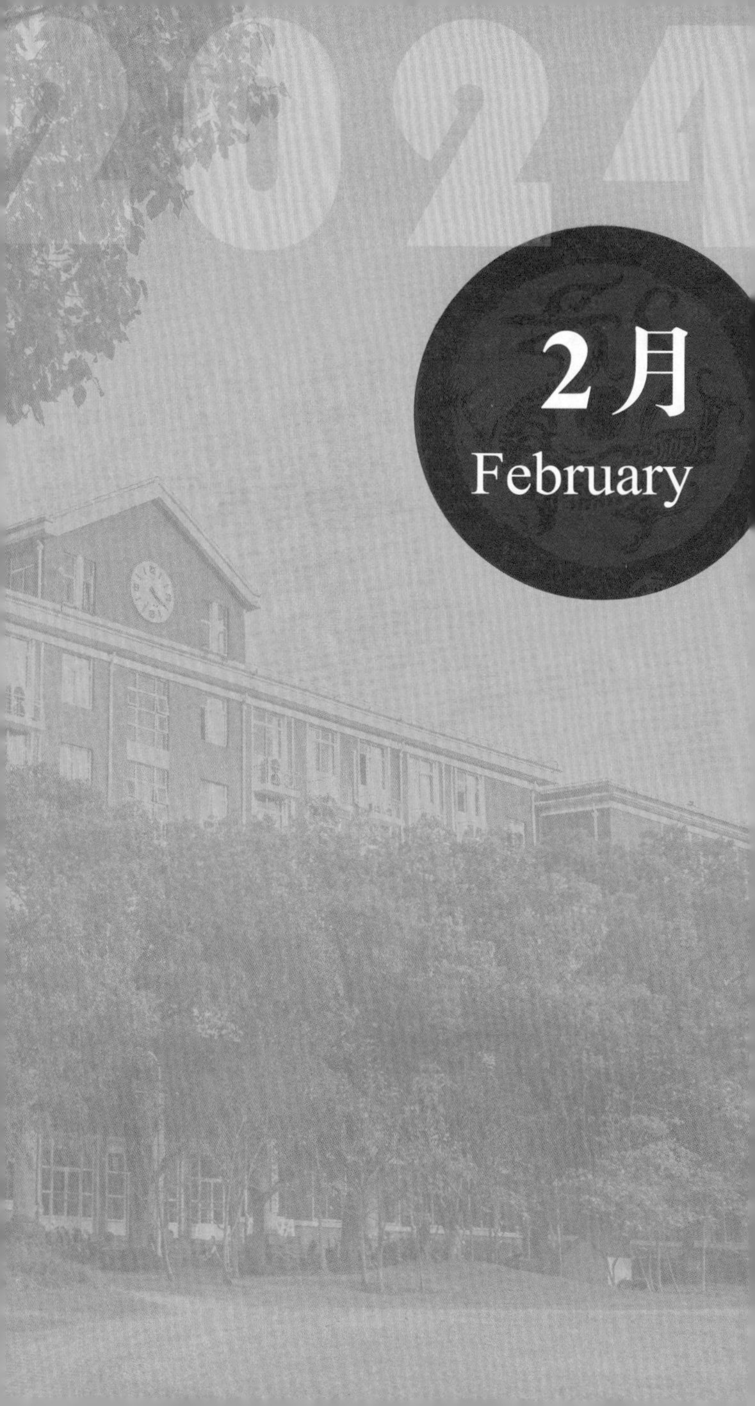
2024
2月
February

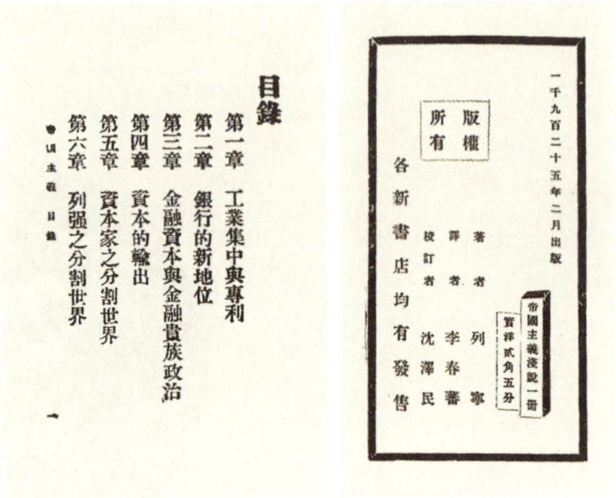

目錄

一千九百二十五年二月出版
帝國主義淺說一冊
實洋貳角五分
著者　列寧
譯者　李春蕃
校訂者　沈澤民
版權所有
各新書店均有發售

1925年2月　柯柏年（原名李春蕃）翻译列宁的《帝国主义论》前六章以《帝国主义浅说》的书名出版，上海大学教授沈泽民为这本书做了校订工作。

2022年2月1日　壬寅虎年正月初一，上海大学党委书记成旦红，副校长聂清、王从春分别走访、慰问寒假期间坚守工作岗位的教职员工。

2024年
农历甲辰年

2月 February

星期四 Thursday

1日

十二月廿二

记事

1994年2月2日　上海工业大学校长钱伟长访问上海大学法学院。

2021年2月2日　上海大学举行“笔墨迎春·爱暖情浓”中外学生写春联送福活动。

2024年
农历甲辰年

2月

February

星期五 Friday

2日

十二月廿三

记事

2010年2月　上海市宝山区人民政府与上海大学正式签约，共同推进上大附中创新型实践人才培养项目的实施。同年3月，学校入围“创新人才素养培养”项目试点学校，首届创新实验班招生启动。

序号	申报学院	课程类型	课程名称	课程负责人	职称
1	力学与工程科学学院	在线课程	材料力学	郭战胜	教授
2	文学院	在线课程	国学与国学前沿	宁镇疆	教授
3	力学与工程科学学院	线下课程	道路规划设计	彭妙娟	教授
4	图书情报档案系	线下课程	档案学导论	金波	教授
5	力学与工程科学学院	线下课程	结构力学	张能辉	教授
6	材料科学与工程学院	线下课程	高分子成型和加工	贺英	教授
7	管理学院	线下课程	金融系统工程	周建	教授
8	图书情报档案系	线下课程	档案管理自动化基础	于英香	教授
9	文学院	线下课程	西方文论	曾军	教授
10	悉尼工商学院	线下课程	管理与组织	吕康娟	教授
11	经济学院	线上线下混合式课程	经国济民	聂永有	教授
12	生命科学学院	线上线下混合式课程	基因工程原理	文铁桥	教授
13	文学院	线上线下混合式课程	中国手语文化	倪兰	副教授
14	材料科学与工程学院	线上线下混合式课程	材料表征技术（1）	杨昕昕	副教授
15	管理学院	线上线下混合式课程	运营管理	骆潞	教授
16	管理学院	线上线下混合式课程	创业人生	刘寓斌	副教授
17	上海美术学院	社会实践课程	写生（1）	桑茂林	副教授
18	新闻传播学院	社会实践课程	电视新闻实务	赵士林	教授
19	材料科学与工程学院	虚拟仿真实验教学课程	汽车白车身成形制造全流程虚拟仿真实验	王武荣	教授
20	力学与工程科学学院	虚拟仿真实验教学课程	光弹性应力分析虚拟实验	张东升	教授
21	悉尼工商学院	虚拟仿真实验教学课程	城市应急管理研究仿真实验	胡珉	副教授
22	上海美术学院	虚拟仿真实验教学课程	建筑装饰施工工艺虚拟仿真实验	朱宏	副教授
23	通信与信息工程学院	虚拟仿真实验教学课程	特种光纤制备及模式分析虚拟仿真实验平台	王廷云	教授

2021年2月3日　上海市教育委员会发布《上海市教育委员会关于公布2020年度上海高等学校一流本科课程认定结果的通知》（沪教委高［2021］5号），上海大学共有23门课程被认定为2020年度上海高等学校一流本科课程。

2024年
农历甲辰年

2月

February

星期六 Saturday

3日

十二月廿四

记事

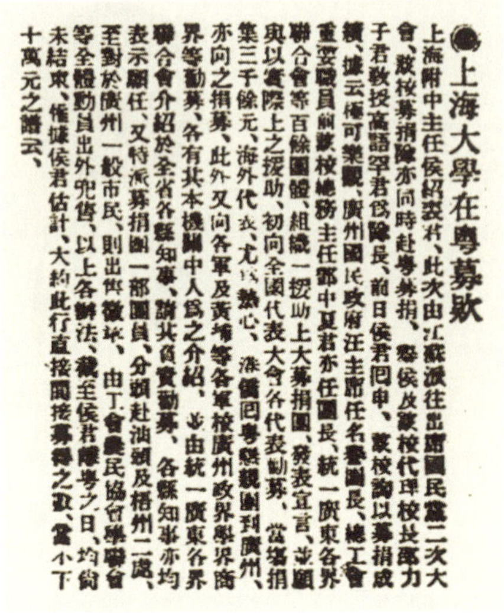

上海大學在粵募款

上海附中主任侯紹裘君、此次由江蘇派往出席國民黨二次大會、該校募捐隊亦同時赴粵募捐、聞侯及該校代理校長鄧力子君教授高語罕君爲隊長、前日侯君回申、謂該校詢以募捐成績、據云極可樂觀、廣州國民政府汪主席任名譽團長、總工會重要職員前該校總務主任鄧中夏君亦任團長、統一廣東各界聯合會等百餘團體、組織一援助上大募捐團、發表宣言、並願與以實際上之援助、初向全國代表大會各代表勸募、當場捐集三千餘元、海外代表、尤爲熱心、港僑回粵懇親團到廣州、亦向之捐募、此外又向各軍及黃埔等各軍校廣州政界學界商界等勸募、各有其本機關中人爲之介紹、並由統一廣東各界聯合會介紹於全省各縣知事、請其負責勸募、各縣知事亦均表示願任、又特派募捐團一部團員、分頭赴汕頭及梧州一帶、至對於廣州一般市民、則出售徽章、由工會農民協會學聯會等全體動員出外兜售、以上各辦法、截至侯君離粵之日、均尚未結束、惟據侯君估計、大約此行直接間接募得之數、當不下十萬元之譜云、

1926年2月4日
《新闻报》刊登《上海大学在粤募款》的消息。

2015年2月4日　上海大学与中科院所联合培养研究生工作会议在上海大学召开。

2024年

农历甲辰年

2月 February

星期日 Sunday

4日

十二月廿五 立春

记事

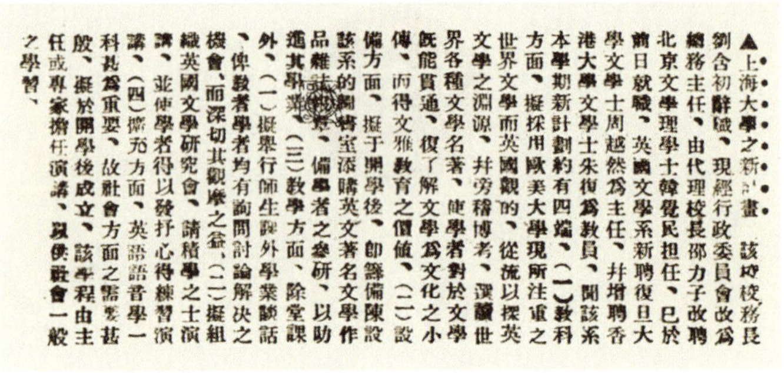

▲上海大學之新計畫 該校校務長劉含初辭職、現經行政委員會改爲總務主任、由代理校長邵力子改聘北京文學理學士韓覺民担任、已於前日就職、英國文學系新聘復旦大學文學士周越然爲主任、并增聘香港大學文學士朱復爲教員、聞該系本學期新計劃約有四端、(一)教科方面、擬採用歐美大學現所注重之世界文學而英國觀的、從流以探英文學之淵源、并旁稽博考、選讀世界各種文學名著、使學者對於文學既能貫通、復了解文學爲文化之小傳、而得文雅教育之價值、(二)設備方面、擬于開學後、即籌備陳設該系的圖書室添購英文著名文學作品雜誌等、備學者之參研、以助進其學業、(三)教學方面、除堂課外、(一)擬舉行師生課外學業談話、俾教者學者均有詢問討論解決之機會、而深切其觀摩之益、(二)擬組織英國文學研究會、請積學之士演講、並使學者得以發抒心得練習演講、(四)擴充方面、英語語音學一科甚爲重要、故社會方面之需要甚殷、擬於開學後成立、該學程由主任或專家擔任演講、以供社會一般之學習、

1925年2月5日　《民国日报》《新闻报》等报刊登《上海大学之新计划》；《申报》刊登《上海大学新聘教职员》的消息。

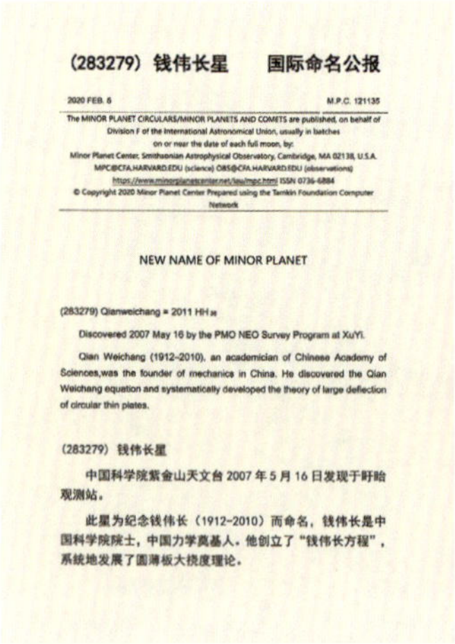

(283279）钱伟长星　　国际命名公报

2020 FEB. 6　　M.P.C. 121135

The MINOR PLANET CIRCULARS/MINOR PLANETS AND COMETS are published, on behalf of Division F of the International Astronomical Union, usually in batches on or near the date of each full moon, by:
Minor Planet Center, Smithsonian Astrophysical Observatory, Cambridge, MA 02138, U.S.A.
MPC@CFA.HARVARD.EDU (science) OBS@CFA.HARVARD.EDU (observations)
https://www.minorplanetcenter.net/iau/mpc.html ISSN 0736-6884
© Copyright 2020 Minor Planet Center Prepared using the Tamkin Foundation Computer Network

NEW NAME OF MINOR PLANET

(283279) Qianweichang = 2011 HH

Discovered 2007 May 16 by the PMO NEO Survey Program at XuYi.

Qian Weichang (1912-2010), an academician of Chinese Academy of Sciences,was the founder of mechanics in China. He discovered the Qian Weichang equation and systematically developed the theory of large deflection of circular thin plates.

(283279）钱伟长星

中国科学院紫金山天文台 2007 年 5 月 16 日发现于盱眙观测站。

此星为纪念钱伟长（1912-2010）而命名，钱伟长是中国科学院院士，中国力学奠基人。他创立了“钱伟长方程”，系统地发展了圆薄板大挠度理论。

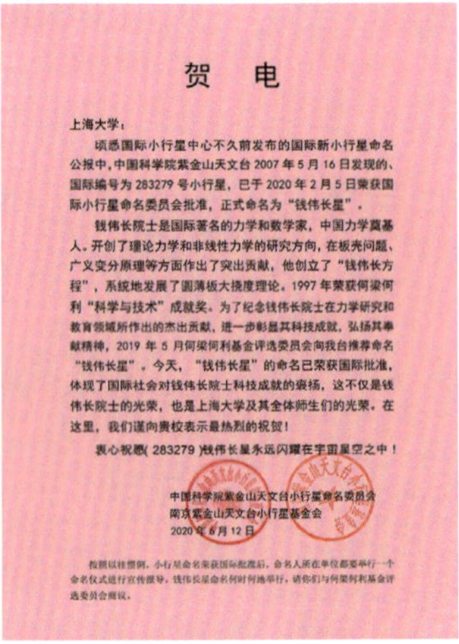

贺　电

上海大学：

顷悉国际小行星中心不久前发布的国际新小行星命名公报中，中国科学院紫金山天文台 2007 年 5 月 16 日发现的、国际编号为 283279 号小行星，已于 2020 年 2 月 5 日荣获国际小行星命名委员会批准，正式命名为“钱伟长星”。

钱伟长院士是国际著名的力学和数学家，中国力学奠基人。开创了理论力学和非线性力学的研究方向，在板壳问题、广义变分原理等方面作出了突出贡献，他创立了“钱伟长方程”，系统地发展了圆薄板大挠度理论。1997 年荣获何梁何利“科学与技术”成就奖。为了纪念钱伟长院士在力学研究和教育领域所作出的杰出贡献，进一步彰显其科技成就，弘扬其奉献精神，2019 年 5 月何梁何利基金评选委员会向我台推荐命名“钱伟长星”。今天，“钱伟长星”的命名已荣获国际批准，体现了国际社会对钱伟长院士科技成就的褒扬，这不仅是钱伟长院士的光荣，也是上海大学及其全体师生们的光荣。在这里，我们谨向贵校表示最热烈的祝贺！

衷心祝愿（283279）钱伟长星永远闪耀在宇宙星空之中！

中国科学院紫金山天文台小行星命名委员会
南京紫金山天文台小行星基金会
2020 年 6 月 12 日

按照以往惯例，小行星命名荣获国际批准后，命名人所在单位都要举行一个命名仪式进行宣传报导，钱伟长星命名何时何地举行，请你们与何梁何利基金评选委员会商议。

2020年2月5日　国际小行星委员会批准，国际编号为283279号小行星命名为“钱伟长星”。

2024年
农历甲辰年

2月

February

星期一 Monday

5日

十二月廿六

记事

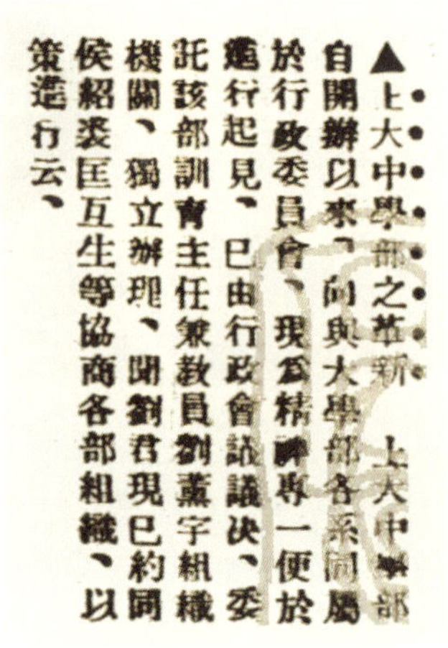

▲上·大·中·學·部·之·革·新· 上大中學部自開辦以來、向與大學部各系同屬於行政委員會、現為精神專一便於進行起見、已由行政會議議決、委託該部訓育主任兼教員劉薰宇組織機關、獨立辦理、聞劉君現已約同侯紹裘匡互生等協商各部組織、以策進行云、

1925年2月6日　《民国日报》刊登《上大中学部之革新》的消息。

2023年2月6日　乌兹别克斯坦驻华大使法尔霍德·阿尔济耶夫（H.E. Mr. Farhod Arziev）、驻沪总领事马苏托夫·阿济兹（Mr. Masutov Aziz）一行访问上海大学。

2024年
农历甲辰年

2月

February

星期二 Tuesday

6日

十二月廿七

记事

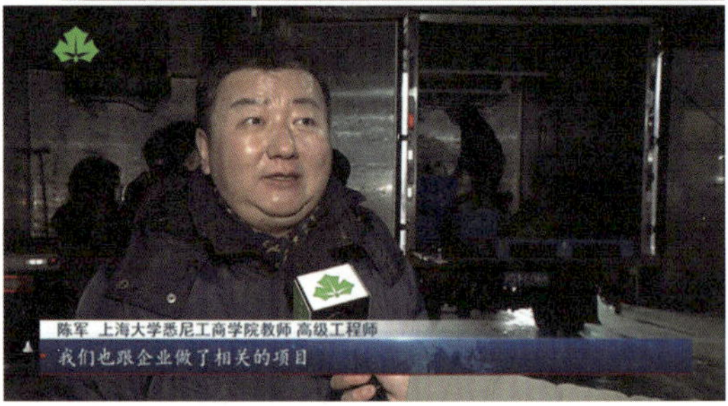

2022年2月7日　上海教育电视台报道《上海大学：大学生走进“田野”体验“菜篮子”的数字化升级》新闻。

2023年2月7日　2023年环上大科技园建设领导小组会议在环上大科技园召开。

2024年
农历甲辰年

2月

February

星期三 Wednesday

7日

十二月廿八

记事

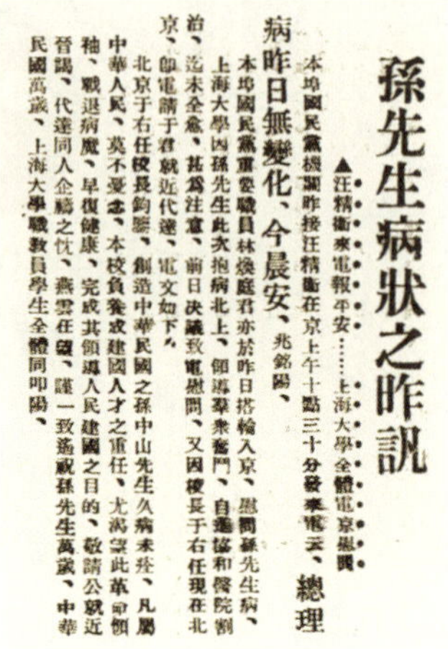

孫先生病狀之昨訊

▲汪精衛來電報平安……上海大學全體電京慰問

本埠國民黨機關昨接汪精衛在京上午十點三十分發來電云、總理病昨日無變化、今晨安、兆銘陽、

本埠國民黨重要職員林煥庭君亦於昨日搭輪入京、慰問孫先生病、

上海大學因孫先生此次抱病北上、領導羣衆奮鬥、自進協和醫院割治、迄未全愈、甚爲注意、前日決議致電慰問、又因校長于右任現在北京、即電請于君就近代達、電文如下、

北京于右任校長鈞鑒、創造中華民國之孫中山先生久病未痊、凡屬中華人民、莫不憂念、本校負養成建國人才之重任、尤渴望此革命領袖、戰退病魔、早復健康、完成其領導人民建國之目的、敬請公就近晉謁、代達同人企禱之忱、燕雲在望、謹一致遙祝孫先生萬歲、中華民國萬歲、上海大學職教員學生全體同叩陽、

1925年2月8日　《民国日报》《申报》等报刊登上海大学师生电请校长于右任慰问孙中山的消息。

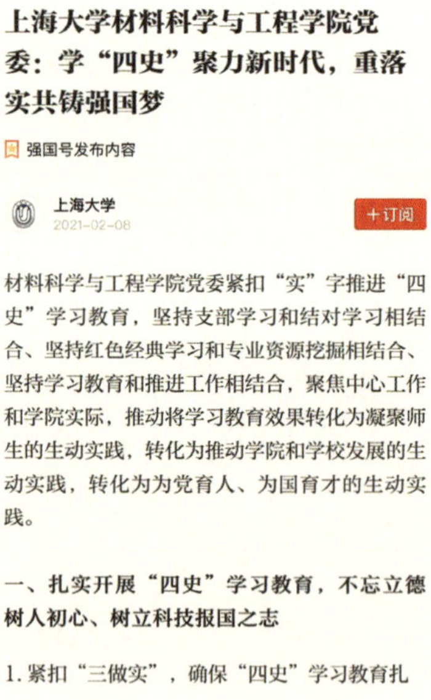

上海大学材料科学与工程学院党委：学“四史”聚力新时代，重落实共铸强国梦

强国号发布内容

上海大学
2021-02-08
十订阅

材料科学与工程学院党委紧扣“实”字推进“四史”学习教育，坚持支部学习和结对学习相结合、坚持红色经典学习和专业资源挖掘相结合、坚持学习教育和推进工作相结合，聚焦中心工作和学院实际，推动将学习教育效果转化为凝聚师生的生动实践，转化为推动学院和学校发展的生动实践，转化为为党育人、为国育才的生动实践。

一、扎实开展“四史”学习教育，不忘立德树人初心、树立科技报国之志

1. 紧扣“三做实”，确保“四史”学习教育扎

2021年2月8日　“学习强国”刊登《上海大学材料科学与工程学院党委：学“四史”聚力新时代，重落实共铸强国梦》的消息。

2024年
农历甲辰年

2月

February

星期四　Thursday

8 日

十二月廿九

记事

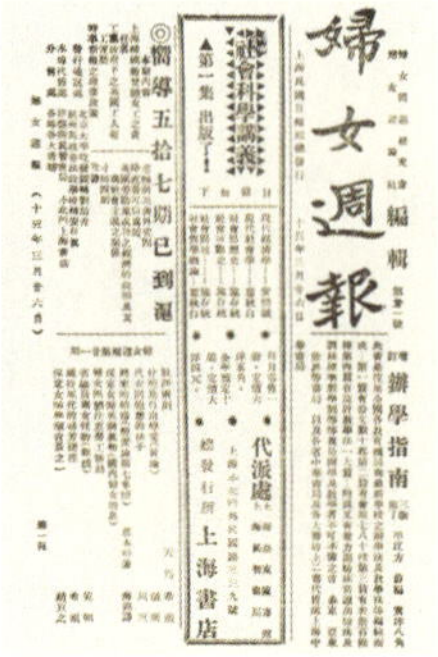
婦女週報

社會科學講義

第一集出版了

婦女週報五拾七期已到滬

辦學指南

代派處

總發行所 上海書店

1924年2月　上海书店陆续出版根据上海大学社会学系的讲义整理的《社会科学讲义》第一至第四集。该丛书1927年1月由汉口长江书店再版。

2022年2月9—10日　上海大学举办2022年春季中层正职干部、系主任专题（提升治理效能与纪念建校百年）研修班。

2024年
农历甲辰年

2月

February

星期五 Friday

9日

除夕

十二月三十

记事

被壓迫的勞動者起來啊！

——爲二七和列甯週年紀念而作——

何秉彝

我們同樣是受環境所支配的人，處在現社會之中，不能將社會加以改造，引被壓迫被剝削的人類到光明之路，入幸福之園，這才真覺羞塌慚愧，隱恨啊！何況號稱覺悟智識份子呢？人們既爲有理性的感情動物，生存不能脫離的現社會裏，不能打破思想，解放羣衆，解放自己，實在是一場可恨而可畜的事呀！

自從原始共產社會崩壞私有財產成立，階級發生，社會隨此經濟制度之變遷，政治組織應其需要而順流實現，產生國家，從此後，人類都生活在那階級鬥爭之社會而演行。馬克思說：「一切過去的歷史，都是階級鬥爭史」。如果我們了解了上述的事實，和規律性的條件，就可以知道社會隨此經濟制度之變更而進化，人類即因此進程而常在奴隸所有者的國家，封建領主底國家，以至於資產者階級底國家中，繼續進行其不同的階級鬥爭：；奴隸，農奴，和無產階級也即常受這不同的壓迫，掠取，剝削些極惡的痛苦「！可憐啊！如果我們以清明的眼光去仔細觀察，就可以知道 無論何種過去的社會裏，不管他有甚麼的表面上的太平，必定有無數的可憐人—受階級壓迫的人在其中叫！在這資本家主義社會下底大多數的勞動者，他們所受的無形(?)的痛苦，比什麼都還要利害些。 現在所謂有階級覺悟的人—被壓迫者，他們爲什麼要起來革資產階級的命？爲什麼發生一個國際的代表無產階級的政黨—國際共產黨？ 一九一七年，十一月七日俄羅斯的無產階級，爲什麼要起來推翻資本家，而變爲無產階級專政，建設蘇維埃共產主義共和國呢？不是因爲他們得了癲什病，亦不過是他們心裏想要如此做，實在是由於這資本主義之進攻，使他們不能不如是的呀！階級性那裏有調和之可能，這乃是社會必然的進程，要想世界真正和平，全人類皆能享真正的幸福，實在是要向着這條路上走才可以啊！ 老實的說：現在的國家—除蘇維埃外，盡都是他們資產階級的國家，一切的政治組織，盡都是以擁護他們—資產階級—底利益，而壓迫，剝削勞動者的工具，那裏能夠爲窮苦的勞動者，謀一些兒的幸福呢！ 眼前的事實，過去的歷史—就拿民國十二年的二月七日，京漢鐵路工人慘被萬惡的軍閥—吳佩孚，蕭耀南—慘殺事來看，不是個最明顯的例麼？ 如果我們不看清楚這層起來奮鬥，解放自己，只是糊裏糊塗的過去，要想太上政府，發財老爺，有朝一日，開個洪恩，行個大善，給點好處與我們，是千萬不能夠的。

我們半殖民地的中國，既受帝國主義之掠取又受軍閥之壓迫，自然我們爲要求民族之解放，必要聯合全國各階級民衆起來革命，打倒推翻他們的，但是，這還不算被壓迫剝削的勞動界底工作完結，現在世界的資本主義，已經發展到了極盛的時期，快要普遍獨臨到全世界的任何貧苦民衆了，更「聯合戰線：」實行「無產階級革命」的運動，才是勞動者更重要的切膚之事呢。

全國被壓迫被剝削的勞動者，，你們還記得麼？ 首個列甯之死，不覺已經週年，而二七京漢工友之遺慘鉅事，更已經過去兩年了，想你們回憶起來，必要興奮罷。

1925年2月10日　《民国日报》副刊《觉悟》发表何秉彝的《被压迫的劳动者起来啊！——为二七和列宁周年纪念而作》文章。

1996年2月　上海大学校长钱伟长在上海大学乐乎楼会晤上海市市长徐匡迪，商谈上海大学新校区选址方案。

2024年
农历甲辰年

2月

February

星期六 Saturday

10日

春节

一月初一

记事

1999年2月　钱伟长校长巡视上海大学新校区建设工地。

2007年2月11日　上海大学党委副书记滕建勇走访困难学生。

2024年
农历甲辰年

2月 February

星期日 Sunday

11日

一月初二

记事

1925年2月12—18日　《民国日报》刊登《上海大学第二次录取新生揭晓》的消息。

上海大學第二次錄取新生揭曉

校長邵仲輝

2021年2月12日　辛丑牛年正年初一，上海大学党委书记成旦红、副书记欧阳华走访、慰问寒假期间坚守工作岗位的教职员工。

2012年2月12日　德国潘茨伯格一级文理中学交流代表团对上大附中进行为期7天的修学访问。2014年8月，上大附中交流代表团回访。此次文化交流是上大附中师生首次走出国门尝试教育国际化，开启了与世界各国开展校际师生和教育项目交流。

2024年
农历甲辰年

2月 February

星期一 Monday

12日

一月初三

记事

微言教育

礼敬中华优秀传统文化

第三届“礼敬中华优秀传统文化”系列活动示范项目名单

学校	项目名称
北京航空航天大学	践行经典通识之道 感悟中华文明之美 ——北航知行文科试验班“文化游学”实践项目探索
中国石油大学（北京）	依托“三走三学” 传承家国情怀
首都经济贸易大学	礼敬中华传统文化 打造“1234”育人工程
吉林大学	以青年文化书院为载体开拓优秀传统文化育人新阵地
哈尔滨工业大学	坚持航天梦引领 精育追梦人方阵 ——哈尔滨工业大学打造航天文化育人体系
同济大学	滋养浩然正气 点燃信仰明灯 ——同济大学创新手段传唱、传播、传承“红岩精神”
上海大学	从“大国方略”到“创新中国” ——上海大学成功打造“中国”品牌课
华中科技大学	公德长征，我们永远在路上 ——华中科技大学“礼敬中华优秀传统文化”系列活动
中南大学	升华爱国情怀 共践核心价值观 ——中南大学国旗班20年筑梦路
西藏大学	爱国情 强国志 报国行 ——西藏大学举行系列礼敬中华优秀传统文化活动

2017年2月13日　教育部公布第三届“礼敬中华优秀传统文化”系列活动示范项目名单，上海大学“从‘大国方略’到‘创新中国’——上海大学成功打造‘中国’品牌课” 入选。

2024年
农历甲辰年

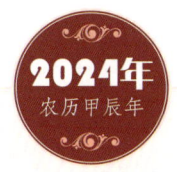

2月

February

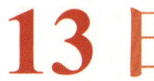

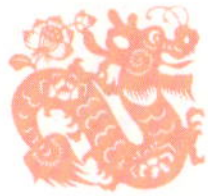

星期二 Tuesday

13日

一月初四

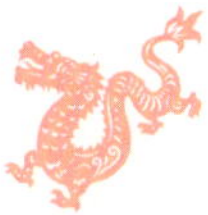

记事

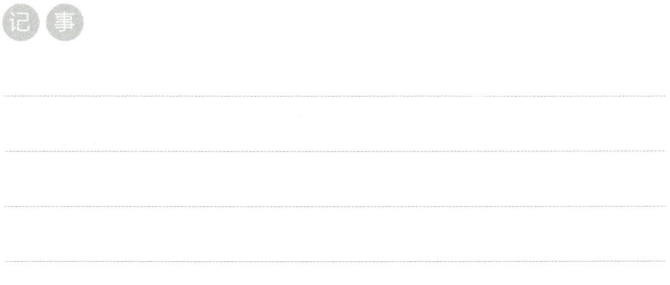

上海大學昨開行政委員會議

本埠上海大學、因開學期近、該校最高行政機關行政委員會、特于日昨舉行第十八次會議、討論今後進行方針、茲探聞該會討論事件如下、(一)報告上學期決算、(二)審查本學期預算、(三)規定開課日期、(四)辦理伙食方法、(五)整理圖書館、組織圖書委員會、推定周越然・陳望道・施存統・三主任為委員、(六)議定學校徽章形式、職員學生校役以三種顏色為分別云、

上大附中添聘教職員

上海大學在江灣建築新校舍、已告落成、準備遷入、該校附屬中學、准定本月二十日在新校開學、原任英文教員沈觀瀾、已派往國外留學、張崇德亦有派往湘粵等地考察之說、故擬請前蘇州樂益女中教員侯紹裘(復旦大學畢業)擔任高中英文、增聘天津南開中學教員汪志青擔任高中國文心理等科、前上海景賢女中教務主任王芝九擔任高中歷史、東南大學學員蔡文星女士擔任初中數學兩班、原有教員如張作人・楊賢江・馮三昧・黃文容・陳蔭三・吳庶怙女士等、均繼續聘請、至職員方面、除教務主任訓育主任、仍由鍾伯庸高爾柏兩人擔任外、其事務主任一職、業由侯紹裘擔任、又該中學一切費用、均行酌減

1924年2月14日　《申报》《新闻报》等报刊登上海大学召开行政委员会议的消息。

1927年2月14日　《申报》刊登《上大附中添聘教职员》的消息。

光明 新闻 news.gmw.cn　首页>首页 > 光明日报

上海大学与法国技术大学集团合作培养工程师

2005-02-16　来源：光明日报　作者:记者 曹继军 我有话说

本报讯 上海大学与法国技术大学集团2月14日签约,决定合作培养高级工程技术人才。双方将合作创办上海大学中欧工程技术学院,按中国及欧洲工程师培养标准联合培养学生 每年通过高考进入学院就读的中国学生,在上海大学完成本科学业后,优秀者将赴法国及欧洲攻读硕士学位;学院也将接受法国及欧洲其

他国家学生就读硕士课程,并颁发相应文凭。

2005年2月14日　上海大学—法国技术大学集团合作办学上海大学中欧工程技术学院（筹）签约仪式在上海大学举行；上海市欧美同学会上海大学分会迎新大会暨理事会在上海大学召开。

2024年
农历甲辰年

2月 February

星期三 Wednesday

14日

一月初五

记事

2022年2月15日　教育部副部长翁铁慧至上海大学调研。

2022年2月15日　壬寅虎年正月十五，上海大学举行“正月十五闹元宵，五洲学子助冬奥”中外师生元宵游园会。

2024年
农历甲辰年

2月

February

星期四 Thursday

15日

一月初六

记事

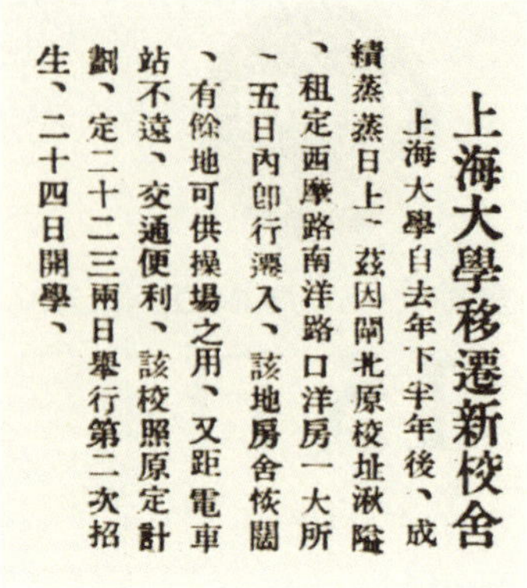

上海大學移遷新校舍

上海大學自去年下半年後、成績蒸蒸日上、茲因閘北原校址湫隘、租定西摩路南洋路口洋房一大所、五日內即行遷入、該地房舍恢闊、有餘地可供操場之用、又距電車站不遠、交通便利、該校照原定計劃、定二十二三兩日舉行第二次招生、二十四日開學、

上海大學招生

級次 報名 資格 考期及地點

上海大學附屬中學招生

本校招考插班新生初中一二三年級各二十名高中一二年級各十名（考試科目）國文英文數學常識（初中區社會科自然科之常識高中區社會學經濟學之常識）口試（報名）即日起二月十九日止向上海閘北青雲路本校報名（試期）二月二十日上午九時起在上海江灣本校新校舍

1924年2月16—18日　《民国日报》《申报》《新闻报》等报刊登上海大学迁移校舍的消息。

1927年2月16日　《申报》刊登《上海大学附属中学招生》《上海大学招生》广告。

2023年2月16日　上海大学在2022年中国政府采购峰会上获"中国政府采购奖·年度创新奖"，为上海市唯一获奖的高校。

2022年
农历甲辰年

2月

February

星期五 Friday

16日

一月初七

记事

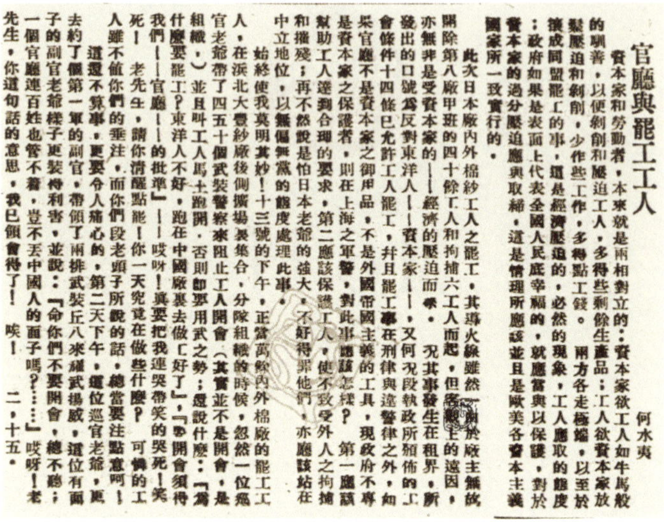

官廳與罷工工人

何冰夷

資本家和勞動者，本來就是兩相對立的：資本家欲工人如牛馬般的馴善，以便剝削和壓迫工人，多得些剩餘生產品；工人欲資本家放鬆壓迫和剝削，少作些工作，多得點工錢。兩方各走極端，以至於演成同盟罷工的事，這是經濟壓迫的，必然的現象，工人應取的態度；政府如果是表面上代表全國人民底幸福的，就應當與以保護，對於資本家的過分壓迫應與取締，這是情理所應該並且是歐美各資本主義國家所一致實行的。

此次日本廠內外棉紗工人之罷工，其導火線雖然由於廠主無故開除第八廠甲班的四十餘工人和拘捕六工人而起，但客觀上的遠因，亦無非是受資本家的——經濟的壓迫而來。況其事發生在租界，所發出的口號爲反對東洋人——資本家——，又何況段執政所頒佈的工會條件十四條巳允許工人罷工，并且罷工事在刑律與違警律之外，如果官廳不是資本家之御用品，不是外國帝國主義的工具，現政府不專是資本家之保護者，則在上海之軍警，對此事應該怎樣？ 第一應該幫助工人達到合理的要求，第二應該保護工人，使不致受外人之拘捕和摧殘；再不然說是怕日本老爺的強大，不好得罪他們，亦應該站在中立地位，以無偏無黨的態度處理此事。

始終使我莫明其妙！十三號的下午，正當萬餘內外棉廠的罷工工人，在浜北大豐紗廠後側曠場裏集合，分隊組織的時候，忽然一位巡官老爺帶了四五十個武裝警察來阻止工人開會（其實並不是開會，是組織，）並且叫工人馬上跑開，否則即要用武之勢；還說什麼：「爲什麼要罷工？東洋人不好，跑在中國廠裏去做「好了」，『要開會須得我們——官廳——的批準』——哎呀！真要把我連哭帶笑的哭死！笑死！ 老先生，請你清醒點能！你一天究竟在做些什麼？ 可憐的工人雖不值你們的垂注，而你們段老頭子所說的話，總當要注點意啊！

這還不算事，更要令人痛心的，第二天下午，這位巡官老爺，更去約了個第一軍的副官，帶領了兩排武裝丘八來耀武揚威，這位有面子的副官老爺樣子更裝得利害，並說：「命你們不要開會，總不聽；一個官廳連百姓也管不着，豈不丟中國人的面子嗎？……」哎呀！老先生，你這句話的意思，我巳領會得了！ 唉！ 二，十五。

1925年2月17日　《民国日报》副刊《觉悟》发表何秉彝（署名“何冰夷”）的《官厅与罢工工人》文章。

2023年2月17日　上海大学未来技术学院院长、人工智能研究院执行院长彭艳教授获“何梁何利基金2022年度科学与技术创新奖”。

2024年
农历甲辰年

2月 February

星期六 Saturday

17日

一月初八

记事

上海大學開學通告

本校大學部定於三月一日中學部定於二月二十日在江灣上士路新築校舍開學凡我同學務於開學日前到學務處註册課報到

行政委員會

上海大學招生

級次 報名 資格 考期及地點

上海江灣本校新校舍

上海大學附屬中學招生

1927年2月18日　《申报》刊登《上海大学开学通告》和《上海大学招生》《上海大学附属中学招生》广告。

2004年2月　上海大学校长钱伟长接受《新民晚报》记者、国家女子足球队前副队长孙雯采访。

2024年
农历甲辰年

2月 February

星期日 Sunday

18日

一月初九

记事

1962年2月19日　上海科学技术大学工程力学系、无线电电子学系和自动化系三、四年级学生迁入位于嘉定区的原中国科学院上海电子学研究所校舍。

2013年2月19日　上海大学文学院召开党政干部学习会。

2024年
农历甲辰年

2月

February

星期一　Monday

19日

一月初十　雨水

记事

1990年2月20日　上海大学文学院迁至三门路661号。

2007年2月　上海大学傅家谟教授领衔的“珠江三角洲环境中毒害有机污染物研究”获2006年度国家自然科学奖二等奖。

2024年

农历甲辰年

2月

February

星期二 Tuesday

20日

一月十一

记事

2019年2月21日　中国航空发动机集团有限公司—上海大学合作交流会在上海大学召开。

2022年2月21日　上海大学与中国科学院上海微系统与信息技术研究所合作交流座谈会召开。

2024年

农历甲辰年

2月 February

星期三 Wednesday

21日

一月十二

记事

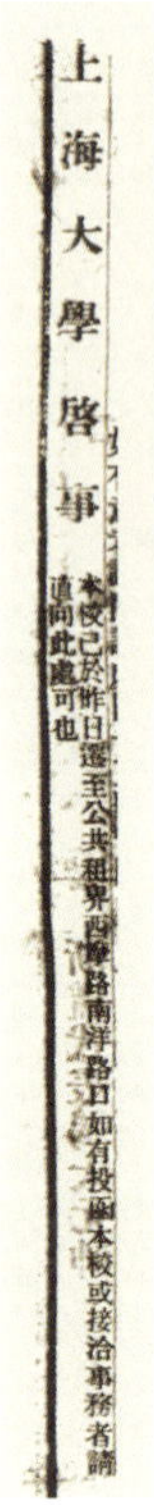

上海大學啓事
本校已於昨日遷至公共租界西摩路南洋路口如有投函本校或接洽事務者請逕向此處可也

1924年2月22日　上海大学迁入公共租界西摩路（今陕西北路）新校址。

1995年2月22日　上海大学与上海社会科学院联合办学培养研究生协议书签字仪式举行。

1995年2月22日　上海大学与中科院生理所、细胞所、植生所组建上海大学生命科学学院合作协议签字仪式举行。

2024年
农历甲辰年

2月

February

星期四　Thursday

22日

一月十三

记事

上海大學附設英數高等補習科招生
本大學特設此科專為內地中學畢
業生或有相當程度者謀補習之各

1924年2月23日　《申报》刊登《上海大学附设英数高等补习科招生》广告。

2022年2月23日　上海大学党委书记成旦红赴钱伟长学院开展调研，以“赓续红色基因，弘扬科学家精神”为主题，与钱伟长学院师生共话钱伟长教育思想和青年使命担当。

2024年

农历甲辰年

2月

February

星期五 Friday

23日

一月十四

记事

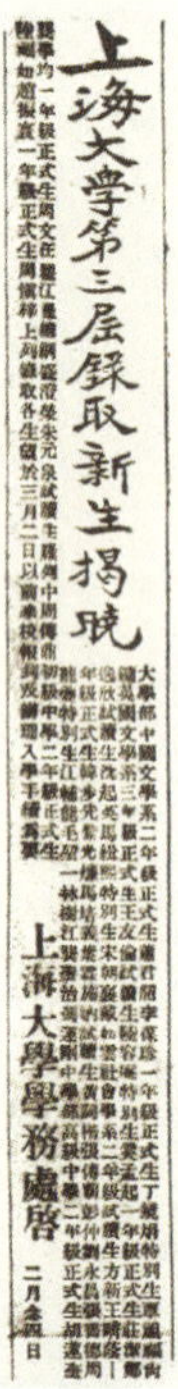

上海大學第三屆錄取新生揭曉

上海大學學務處啓

二月念四日

1924年2月24—28日　《民国日报》刊登《上海大学第三届录取新生揭晓》的消息。

2023年2月24日　由上海广播电视台、新华社上海分社、上海大学主办的2023年“美好社区　先锋行动”启动仪式暨首批项目阶段总结报告会在上海图书馆东馆举行。

2024年
农历甲辰年

2月 February

星期六 Saturday

24日

一月十五

记事

2023年2月25日　上海大学校长、中国科学院院士刘昌胜带队赴福建省三明市调研，与三明市委副书记、市长李春就推进沪明人才合作进行座谈交流。

2023年2月25日　上海大学中共党史党建研究院揭牌仪式暨“大融合视野下中共党史党建学科创新发展”学术论坛在上海大学举行。

2024年
农历甲辰年

2月

February

星期日 Sunday

25日

一月十六

记事

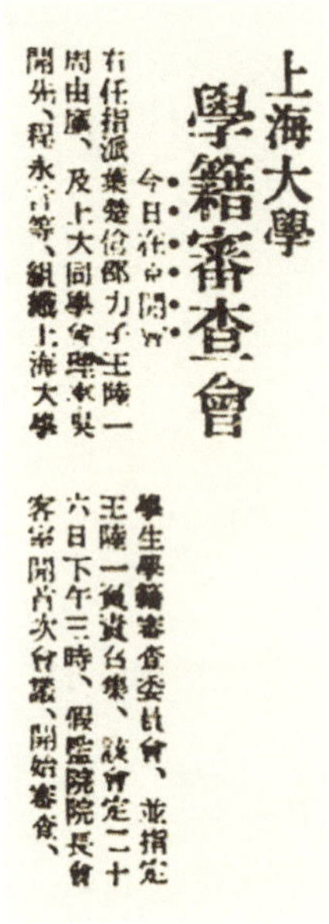

上海大學學籍審查會

今日在申開會

右任指派葉楚傖邵力子王陸一周由廑、及上大同學會常務委員開先、程永言等、組織上海大學學生學籍審查委員會、並指定王陸一負責召集、該會定二十六日下午三時、假監察院院長會客室開首次會議、開始審查、

1937年2月26日　《新闻报》《时报》等报刊登上海大学学籍审查会开会的消息。

2009年2月　上海大学举行费孝通教育奖学金颁奖典礼。

2024年
农历甲辰年

2月

February

星期一　Monday

26日

一月十七

记事

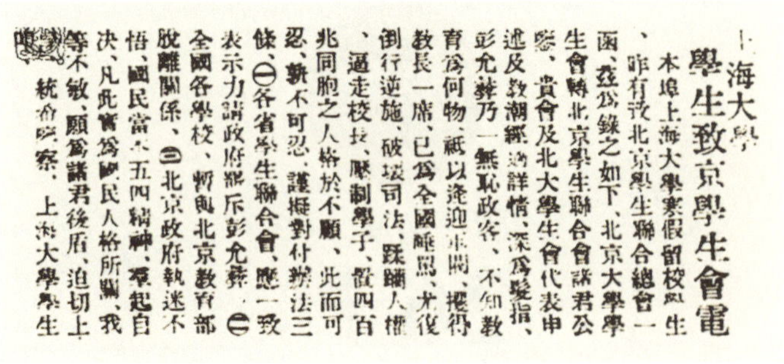

上海大學學生致京學生會電

本埠上海大學寒假留校學生、昨有致北京學生聯合總會一函、茲為錄之如下、北京大學學生會轉北京學生聯合會諸君公鑒、貴會及北大學生會代表申述及教潮經過詳情、深為髮指、彭允彝乃一無恥政客、不知教育為何物、祇以逢迎軍閥、攫得教長一席、已為全國唾罵、尤復倒行逆施、破壞司法、蹂躪人權、逼走校長、壓制學子、置四百兆同胞之人格於不顧、此而可忍、孰不可忍、謹擬對付辦法三條、(一)各省學生聯合會、應一致表示力請政府罷斥彭允彝、(二)全國各學校、暫與北京教育部脫離關係、(三)北京政府執迷不悟、國民當本五四精神、奮起自決、凡此實為國民人格所關、我等不敏、願為諸君後盾、迫切上陳、統希鑒察、上海大學學生

1923年2月27日　《民国日报》《时报》等报刊登上海大学寒假留校学生致北京学生联合总会电文。

2009年2月　上海大学民乐团获全国第二届大学生艺术展演活动器乐节目甲组一等奖。

2024年
农历甲辰年

2月 February

星期二 Tuesday

27日

一月十八

记事

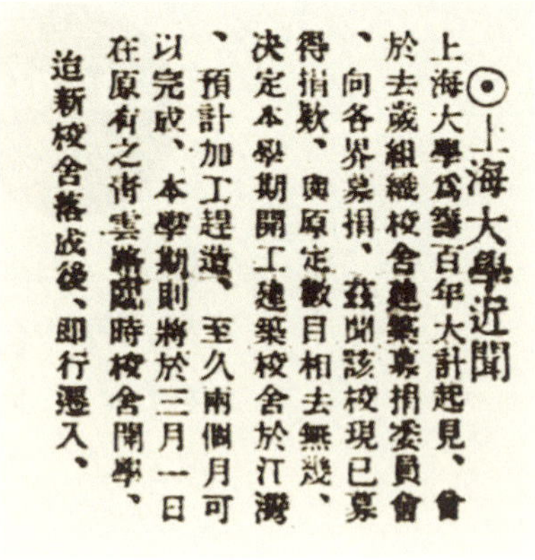

⊙上海大學近聞

上海大學爲籌百年大計起見、會於去歲組織校舍建築募捐委員會、向各界募捐、茲聞該校現已募得捐款、與原定數目相去無幾、決定本學期開工建築校舍於江灣、預計加工趕造、至久兩個月可以完成、本學期則將於三月一日在原有之靑雲路臨時校舍開學、迨新校舍落成後、即行遷入、

1926年2月28日 《申报》《时报》等报刊登上海大学将开工建筑江湾校舍的消息。

2022年2月28日　上海集成电路紧缺人才培训重大项目启动暨首期开班仪式举行。

2024年
农历甲辰年

2月 February

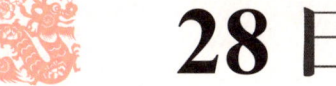

星期三 Wednesday

28日

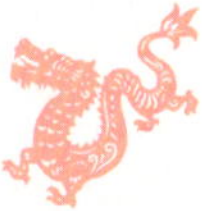

一月十九

记事

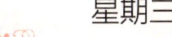

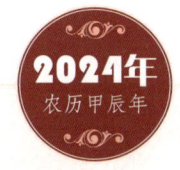

1924年春　上海大学全体学生合影。

2012年2月29日　上海大学举行2010—2011学年玄陵体育暨艺术精英奖励基金颁奖典礼。

2024年
农历甲辰年

2月

February

星期四 Thursday

29日

一月二十

记事

2024
3月
March

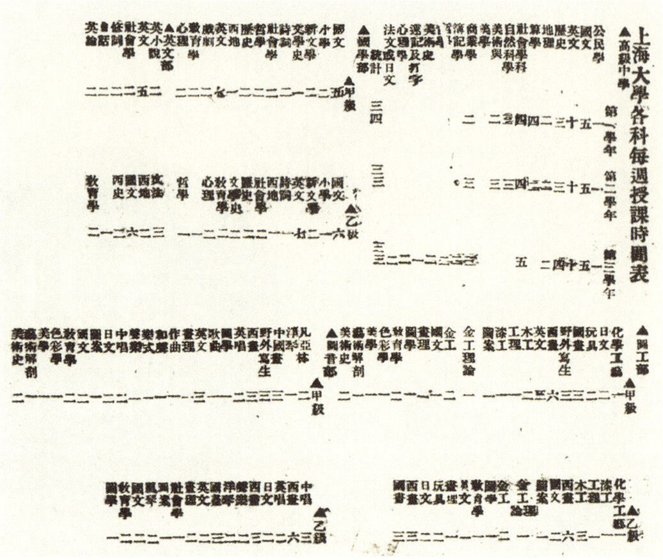

上海大學各科每週授課時間表

▲高級中學

公民學　國文　英文　歷史　地理　算學　社會學科　自然科學　美術與　美學　商業學　簿記學　美術史　選記及哲学　心理學　法文或日文　統計

第一學年　一五十三二四四　二　二　三四

第二學年　一五十三二二四三三　三　三三

第三學年　一五十四二　五　三二二一二二二二三三

▲國學部

▲甲級　國文　小學　新文學　文學史　詩詞　社會學　哲學　歷史　西地　英文　戲劇　教育學　心理

五二二一二二二二一七二二二

▲英文學部　英文小說　英文　社會學　修詞　會話　英論

二五二二二二

▲乙級　國文　小學　新文學　英文　詩詞　西地　社會學　國史　文學史　教育學　心理　哲學　文法　西地　國文　西史　教育學

六一二七一一二二二二二二一一　三二六二一二

▲圖工部

▲甲級　化學工藝　日文　玩具　圖畫　野外寫生　西畫　英文　木工　工理　漆工　圖案　金工理論　金工　國文　畫理　圖學　教育學　色彩學　美學　藝術解剖　美術史

一二二三三六三二一一一　一　二一一一二一一一二

▲音樂部

▲甲級　凡亞林　洋琴　中國畫　野外寫生　西畫　英唱　圖學　歌曲　英文　畫理　作曲　和聲學　樂式　樂學　中唱　日文　圖案　國文　教育學　色彩學　美學　藝術解剖　美術史

二一三三三二一一一三　一一一一二二一二二一一一二

▲乙級　中唱　西畫　英唱　日文　西畫　鋼琴　洋琴　國文　英文　畫理　社會學　圖案　風琴　國文　教育學　圖學

三六二二三二二三二二一一二二二一

▲乙級　化學工藝　漆工　工理　木工　西畫　西文　圖案　金工理論　金工　圖學　教育學　國文　美理　玩具　日文　西畫　國畫

一一一三六二一一　一二一一一一二二三三

1923年3月1—3日　《民国日报》刊登《上海大学各科每周授课时间表》。

2012年3月1日　中共上海市委组织部、市教卫组织干部处领导及专家一行来上海大学开展干部人事档案审核验收工作，上海大学干部人事档案工作获评优秀。

2024年

农历甲辰年

3月

March

星期五　Friday

1日

一月廿一

记事

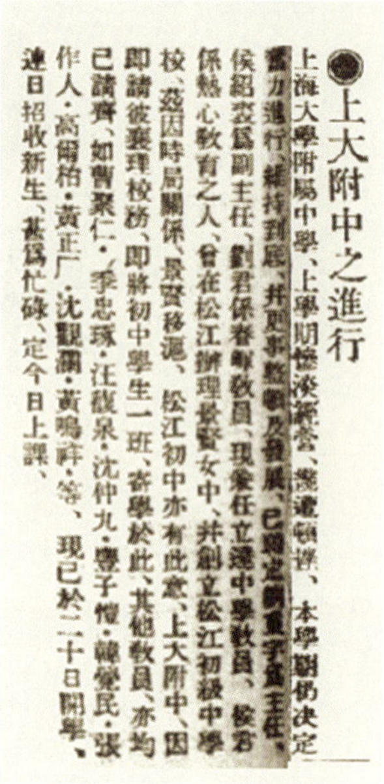

上大附中之進行

上海大學附屬中學、上學期慘淡經營、幾遭頓挫、本學期仍決定奮力進行、維持到底、并更事整頓及發展、已聘定劉重民爲主任、侯紹裘爲副主任、劉君係春暉教員、現兼任立達中學教員、侯君係熱心教育之人、曾在松江辦理景賢女中、并創立松江初級中學校、茲因時局關係、景賢移滬、松江初中亦有此意、上大附中、因即請彼襄理校務、即將初中學生一班、寄學於此、其他教員、亦均已請齊、如曹聚仁・季忠琢・汪馥泉・沈仲九・豐子愷・韓覺民・張作人・高爾柏・黃正厂・沈觀瀾・黃鳴祥・等、現已於二十日開學、連日招收新生、甚爲忙碌、定今日上課、

1925年3月2日 《申报》刊登《上大附中之进行》的消息。

2023年3月2日 上海大学第二十一期“我与书记面对面”座谈会召开。

2024年

农历甲辰年

3月

March

星期六 Saturday

2日

一月廿二

记事

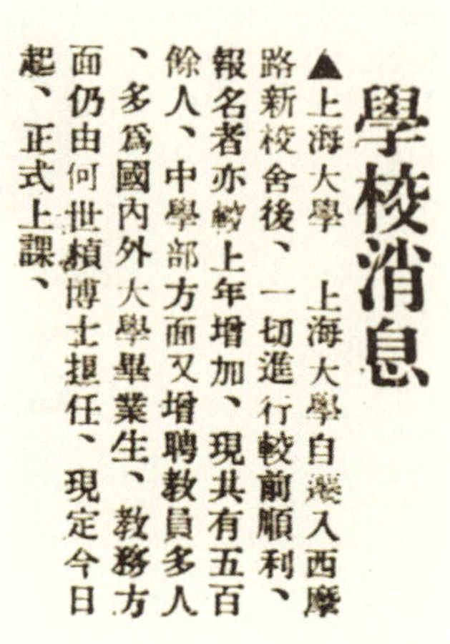

學校消息

▲上海大學　上海大學自遷入西摩路新校舍後、一切進行較前順利、報名者亦較上年增加、現共有五百餘人、中學部方面又增聘教員多人、多爲國內外大學畢業生、教務方面仍由何世楨博士担任、現定今日起、正式上課、

1924年3月3—4日　《民国日报》《申报》等报刊登消息，介绍上海大学迁入西摩路新校舍后的情况。

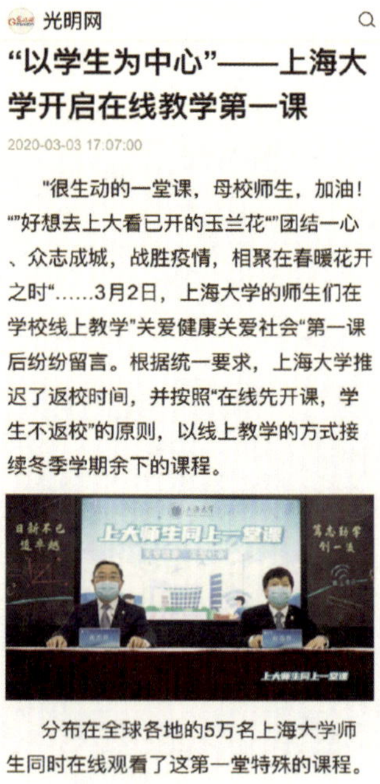

光明网

“以学生为中心”——上海大学开启在线教学第一课

2020-03-03 17:07:00

“很生动的一堂课，母校师生，加油！“”好想去上大看已开的玉兰花“”团结一心、众志成城，战胜疫情，相聚在春暖花开之时“……3月2日，上海大学的师生们在学校线上教学”关爱健康关爱社会“第一课后纷纷留言。根据统一要求，上海大学推迟了返校时间，并按照“在线先开课，学生不返校”的原则，以线上教学的方式接续冬季学期余下的课程。

分布在全球各地的5万名上海大学师生同时在线观看了这第一堂特殊的课程。

2020年3月3日　“光明网”报道《“以学生为中心”——上海大学开启在线教学第一课》的消息。

2024年
农历甲辰年

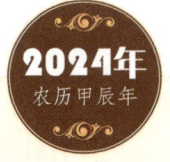

3月

March

星期日 Sunday

3 日

一月廿三

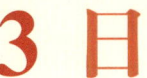

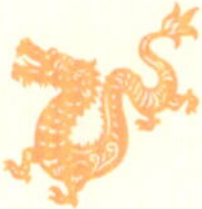

记事

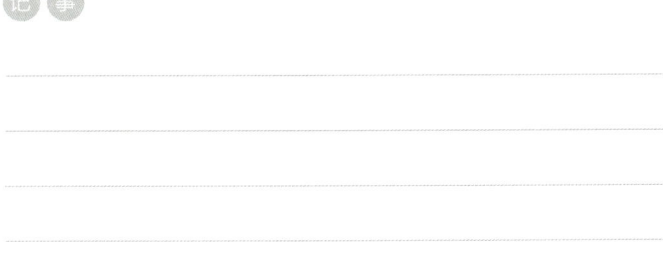

1923年3月4—30日　《民国日报》《申报》等报刊登《上海大学续招生》广告。

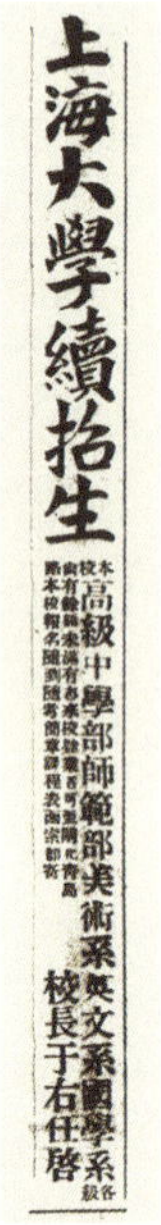
上海大學續招生
本校高級中學部師範部美術系英文系國學系各級尚有餘額未滿有志來校肄業者可至閘北青島路本校報名隨到隨考簡章課程表函索即寄
校長于右任啓

2013年3月4日　中山大学审计处副处长丁朝霞、上海财经大学审计处处长钱玲率专兼职审计队伍访问上海大学交流审计信息化工作。

2017年3月4—5日　由孔子学院总部、汉考国际和泰国国家旅游局联合主办的“最美泰国”HSK演讲大赛在曼谷举行，由上海大学和宋卡王子大学普吉分校合作开办的宋卡王子大学普吉孔子学院获“孔子学院特别贡献奖”，学生官佳佳获总决赛优秀奖。

2024年

农历甲辰年

3月

March

星期一 Monday

4日

一月廿四

记事

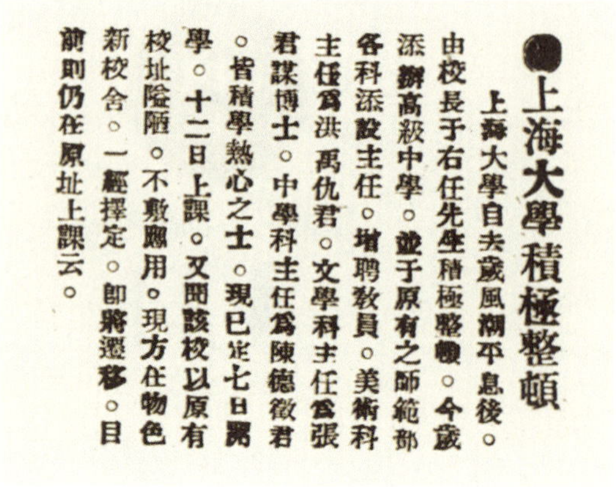

上海大學積極整頓

上海大學自去歲風潮平息後。由校長于右任先生積極整頓。今歲添辦高級中學。並于原有之師範部各科添設主任。增聘教員。美術科主任爲洪禹仇君。文學科主任爲張君謀博士。中學科主任爲陳德徵君。皆積學熱心之士。現已定七日開學。十二日上課。又聞該校以原有校址隘陋。不敷應用。現方在物色新校舍。一經擇定。即將遷移。目前則仍在原址上課云。

1923年3月5—6日　《民国日报》《申报》等报刊登上海大学积极整顿、添设主任、增聘教员的消息。

2023年3月5日　“临泮之春”海上沙龙暨上海大学教育发展基金会答谢会召开。

2024年
农历甲辰年

3月 March

星期二 Tuesday

5日

一月廿五 惊蛰

记事

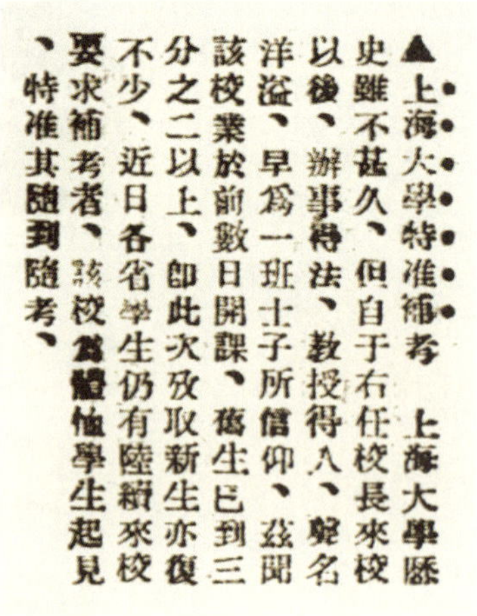

▲上海大學特准補考　上海大學歷史雖不甚久、但自于右任校長來校以後、辦事得法、教授得人、聲名洋溢、早爲一班士子所信仰、茲聞該校業於前數日開課、舊生已到三分之二以上、卽此次投取新生亦復不少、近日各省學生仍有陸續來校要求補考者、該校爲體恤學生起見、特准其隨到隨考、

1925年3月6日　《民国日报》《新闻报》等报刊登上海大学特准补考的消息。

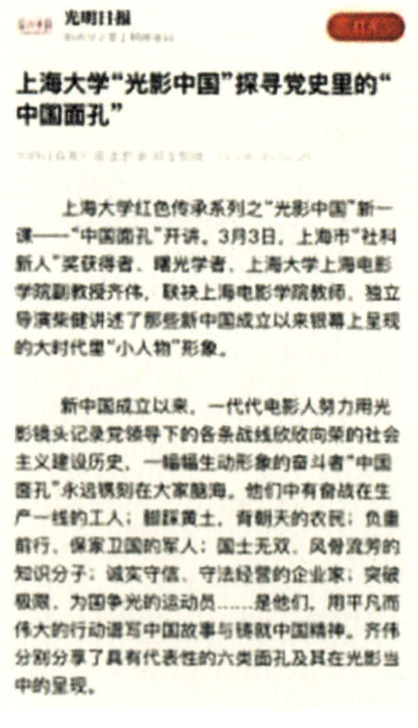

光明日报

上海大学“光影中国”探寻党史里的“中国面孔”

上海大学红色传承系列之“光影中国”新一课——“中国面孔”开讲。3月3日，上海市“社科新人”奖获得者、曙光学者、上海大学上海电影学院副教授齐伟，联袂上海电影学院教师、独立导演柴健讲述了那些新中国成立以来银幕上呈现的大时代里“小人物”形象。

新中国成立以来，一代代电影人努力用光影镜头记录党领导下的各条战线欣欣向荣的社会主义建设历史，一幅幅生动形象的奋斗者“中国面孔”永远镌刻在大家脑海。他们中有奋战在生产一线的工人；脚踩黄土，背朝天的农民；负重前行，保家卫国的军人；国士无双、风骨流芳的知识分子；诚实守信、守法经营的企业家；突破极限，为国争光的运动员……是他们，用平凡而伟大的行动谱写中国故事与铸就中国精神。齐伟分别分享了具有代表性的六类面孔及其在光影当中的呈现。

2021年3月6日　“光明日报”报道《上海大学“光影中国”探寻党史里的“中国面孔”》的消息。

2024年
农历甲辰年

3月

March

星期三 Wednesday

6日

一月廿六

记事

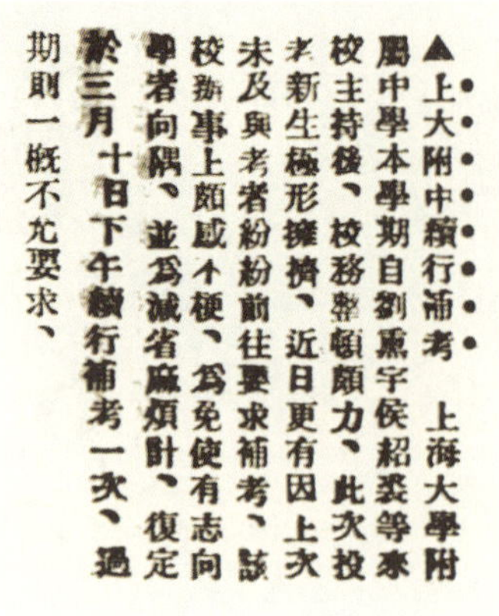

▲上大附中續行補考　上海大學附屬中學本學期自劉薰宇侯紹裘等來校主持後、校務整頓頗力、此次投考新生極形擁擠、近日更有因上次未及與考者紛紛前往要求補考、該校務事上頗感不便、爲免使有志向學者向隅、並爲減省麻煩計、復定於三月十日下午續行補考一次、過期則一概不允要求、

1925年3月7日　《民国日报》刊登《上大附中续行补考》的消息。

2023年3月7日　上海大学召开第二十七次党的建设工作会议暨2023年全面从严治党工作会议。

2024年
农历甲辰年

3月

March

星期四　Thursday

7日

一月廿七

记事

2023年3月8日　为庆祝“三八”国际劳动妇女节，上海大学召开“凝聚‘她’力量　奋进新征程”第二十二期“我与书记面对面”座谈会。

2023年3月8日　上海大学举行2023年上半年退役学生欢迎大会暨新兵出征仪式。

2024年

农历甲辰年

3月

March

星期五 Friday

8日

妇女节

一月廿八

记事

2023年3月9日　上海大学与中央广播电视总台上海总站战略合作签约仪式在上海国际传媒港园区举行。

2023年3月9日　上海市教委财务与国有资产管理处何斌处长、时珺副处长一行到上海大学调研并指导工作。

2024年
农历甲辰年

3月 March

星期六 Saturday

9日

一月廿九

记事

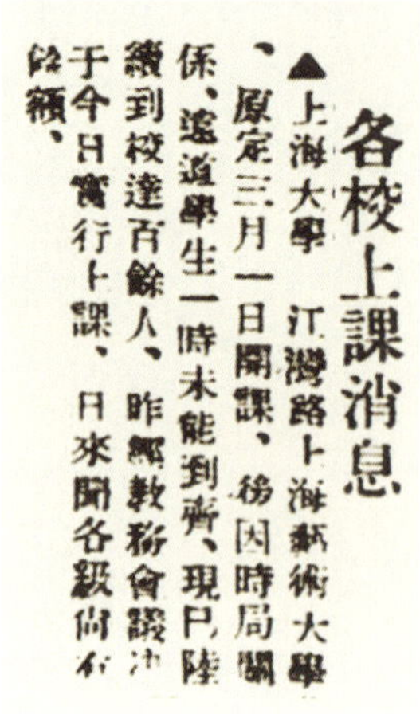

各校上課消息

▲上海大學　江灣路上海藝術大學、原定三月一日開課、務因時局關係、遠道學生一時未能到齊、現已陸續到校達百餘人、昨經教務會議決于今日實行上課、　日來開各級尚有餘額、

1927年3月10日　《时报》刊登上海大学延期开学的消息。

2023年3月10日　上海大学与上海电机学院党委中心组联组学习会在上海大学召开。

2024年
农历甲辰年

3月

March

星期日 Sunday

10日

二月初一

记事

2013年3月11日　爱沙尼亚塔尔图大学Volli Kalm校长一行访问上海大学。

2016年3月11日　“聚焦创新需求，推进大型龙头企业合作——上海大学—海尔集团产学研对接交流会”在上海大学召开。

2024年

农历甲辰年

3月 March

星期一 Monday

11日

二月初二

记事

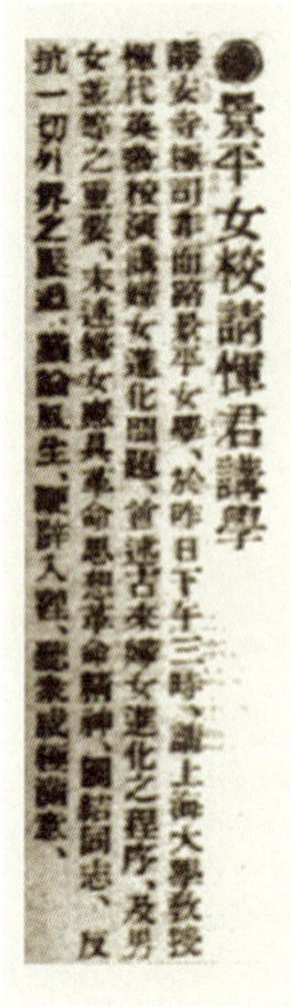

●景平女校請惲君講學

靜安寺路司非而路景平女學、於昨日下午三時、請上海大學教授惲代英教授演講婦女進化問題、首述古來婦女進化之程序、及男女互愛之重要、末述婦女應具革命思想革命精神、團結同志、反抗一切外界之壓迫、議論風生、語語入耳、聽衆頗極滿意、

1925年3月12日　《申报》刊登景平女校请上海大学恽代英教授讲学的消息。

2021年3月12日　上海大学举行2021年上半年新兵出征仪式。

2024年

农历甲辰年

3月

March

星期二　Tuesday

12日

二月初三

记事

2017年3月13日　乌兹别克斯坦著名诗人及社会活动家阿里舍尔·纳沃伊雕像揭幕仪式在上海大学举行。

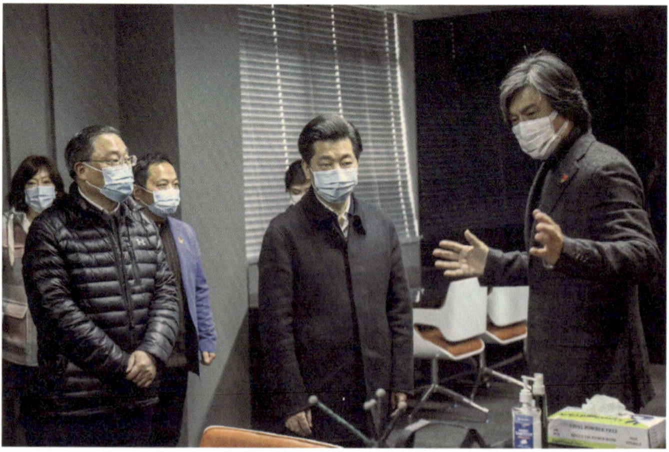

2020年3月13日　中共上海市委副书记、政法委书记廖国勋来上海大学调研党建工作和智库建设。

2024年

农历甲辰年

3月

March

星期三 Wednesday

13日

二月初四

记事

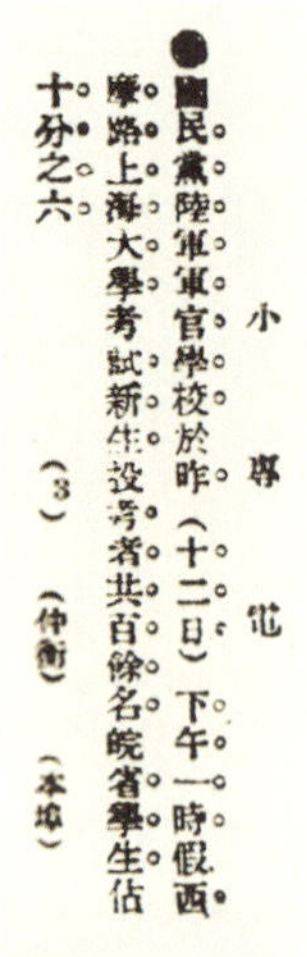

小專電

●國民黨陸軍軍官學校於昨（十二日）下午一時假西摩路上海大學考試新生投考者共百餘名皖省學生佔十分之六（3）（仲衡）（本埠）

1924年3月14日　《时报》刊登《小专电》，报道国民党陆军军官学校假上海大学考试的消息。

2023年3月14日　中国科学院院士、清华大学原校长顾秉林教授一行访问上海大学并出席计算固体物理与材料设计科学前沿座谈会。

2023年3月14日　上海大学与上海市残疾人联合会党委中心组交流会在上海大学召开。

2024年
农历甲辰年

3月

March

星期四 Thursday

14日

二月初五

记事

2014年3月15日　联合国教科文组织专家、原中央教育科学研究所所长朱小蔓教授，国家教师教学发展示范中心主任胡卫平教授，中央教育科学研究院杨希洁博士等应邀对上大附中重点课题“高中阶段资优生培养的实践研究”“优质高中资优生健全人格培养的实证研究”方案进行论证。

2023年3月15日　上海大学举行钱伟长讲坛第65讲“伟长先生精神的传承与青年的成长”。

2024年

农历甲辰年

3月

March

星期五　Friday

15日

二月初六

记事

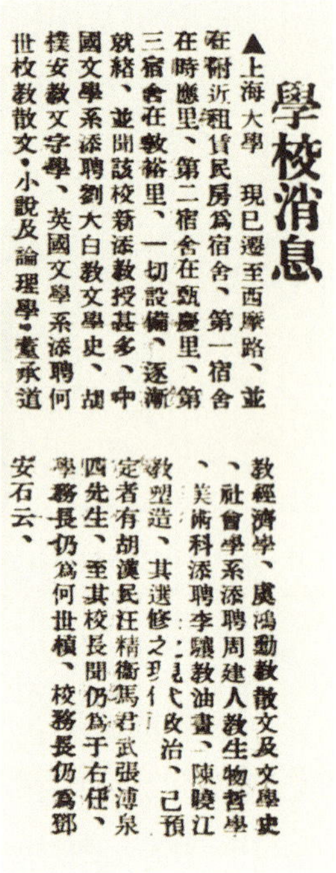

學校消息

▲上海大學　現已遷至西摩路、並在附近租賃民房爲宿舍、第一宿舍在時應里、第二宿舍在甄慶里、第三宿舍在敦裕里、一切設備、逐漸就緒、並聞該校新添教授甚多、中國文學系添聘劉大白教文學史、胡樸安教文字學、英國文學系添聘何世校教散文·小說及論理學·蕭承道教經濟學、虞鴻勳教散文及文學史、社會學系添聘周建人教生物哲學、美術科添聘李驤教油畫、陳曉江教塑造、其選修之現代政治、已預定者有胡漢民汪精衛馮君武張溥泉四先生、至其校長聞仍爲于右任、學務長仍爲何世楨、校務長仍爲鄧安石云、

1924年3月16日　《民国日报》《新闻报》等报刊登上海大学租定西摩路附近时应里、甄庆里、敦裕里民房为学校宿舍及新聘教授等消息。

2020年3月16日　上海大学绍兴研究院正式揭牌成立暨第一届理事会会议召开。

2024年
农历甲辰年

3月

March

星期六　Saturday

16日

二月初七

记事

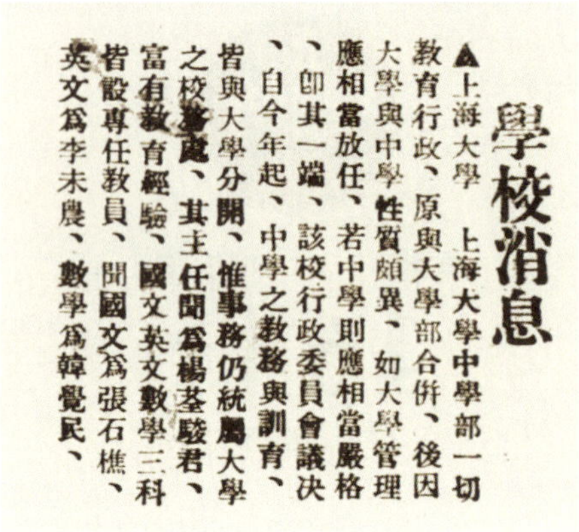

學校消息

▲上海大學　上海大學中學部一切教育行政、原與大學部合併、後因大學與中學性質頗異、如大學管理應相當放任、若中學則應相當嚴格、卽其一端、該校行政委員會議决、自今年起、中學之教務與訓育、皆與大學分開、惟事務仍統屬大學之校務處、其主任聞爲楊荃駿君、富有教育經驗、國文英文數學三科皆設專任教員、聞國文爲張石樵、英文爲李未農、數學爲韓覺民、

上海大學添招俄文新生廣告

本校因應社會之需求特開俄文新生從字母教起有志者請於本月十八日以前來校報名可也學費每半年十元

1924年3月17日　《民国日报》刊登《上海大学添招俄文新生广告》和上海大学中学部消息；《申报》刊登《上海大学之新教职员》的消息。

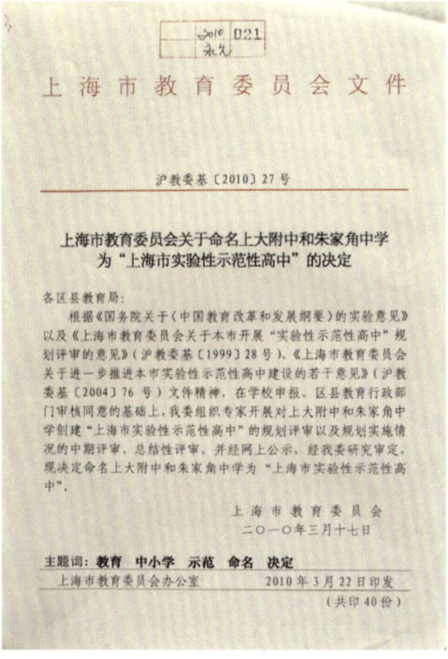

2010 021
永久

上 海 市 教 育 委 员 会 文 件

沪教委基〔2010〕27号

上海市教育委员会关于命名上大附中和朱家角中学为“上海市实验性示范性高中”的决定

各区县教育局：

根据《国务院关于〈中国教育改革和发展纲要〉的实验意见》以及《上海市教育委员会关于本市开展“实验性示范性高中”规划评审的意见》（沪教委基〔1999〕28号）、《上海市教育委员会关于进一步推进本市实验性示范性高中建设的若干意见》（沪教委基〔2004〕76号）文件精神，在学校申报、区县教育行政部门审核同意的基础上，我委组织专家开展对上大附中和朱家角中学创建“上海市实验性示范性高中”的规划评审以及规划实施情况的中期评审、总结性评审，并经网上公示，经我委研究审定，现决定命名上大附中和朱家角中学为“上海市实验性示范性高中”。

上 海 市 教 育 委 员 会
二〇一〇年三月十七日

主题词：教育　中小学　示范　命名　决定

上海市教育委员会办公室　2010年3月22日印发

（共印40份）

2010年3月17日　上海市教育委员会发布沪教委基〔2010〕27号文件，正式命名上大附中为“上海市实验性示范性高中”。

2024年
农历甲辰年

3月

March

星期日 Sunday

17日

二月初八

记事

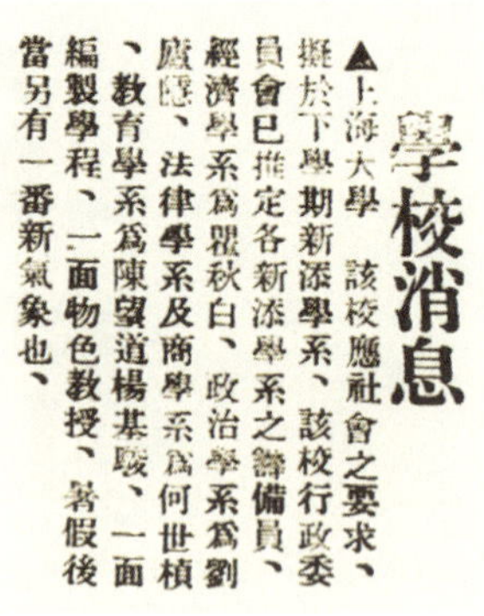

學校消息

▲上海大學　該校應社會之要求、擬於下學期新添學系、該校行政委員會已推定各新添學系之籌備員、經濟學系爲瞿秋白、政治學系爲劉廬隱、法律學系及商學系爲何世楨、教育學系爲陳望道楊基駿、一面編製學程、一面物色教授、暑假後當另有一番新氣象也、

1924年3月18日　《民国日报》《申报》《新闻报》等报刊登上海大学下学年拟新设学系的消息。

2012年3月18日　上海大学召开“211工程”建设项目（三期）验收会。

2024年
农历甲辰年

3月 March

星期一 Monday

18日

二月初九

记事

上海大學附屬中學校續招高中一年級男女插班生十名

1926年3月19—21日　《民国日报》《申报》等报刊登《上海大学附属中学校续招高中一年级男女插班生十名》广告。

2002年3月19—20日　上海大学召开“211工程”“九五”期间建设项目（一期）验收会。

2024年

农历甲辰年

3月 March

星期二 Tuesday

19日

二月初十

记事

出版界消息

上海大學學生所組織之孤星社、成立以來、社員日益增多、公推于右任校長爲名譽社長、於二月二十五日起發行孤星旬刊、由安劍平編輯、現已出至第三期、銷數頗廣、第四期出「追悼列寧號」第五期出「戀愛號」、凡贊助該社宗旨者、均可加入爲社員云、

1924年3月20日　《申报》刊登《出版界消息》，介绍孤星社及《孤星》旬刊。

上大附中之近訊

上海大學附屬中學、本屆添招各級（除高三）插班生、投考者甚爲踴躍、現開課已屆半月、而遠道投考者、尚陸續在途、校務執行會、遂決定將高中一年級餘額十名、先行續招、聞該校以造就建國人才爲宗旨、於社會科學極爲注重、其招生廣告已見十九日申報及民國日報、又新請各科教員、如蔣光赤任社會學、梅電龍任政治經濟、朱復劉志新任英文、畢任庸任國文、王芝九任文化史近世史、吳臨五女士任圖畫、張世璋女士任數學、徐誠美女士任音樂、均已到校授課矣、

1926年3月20日　《申报》《时报》等报刊登上大附中新聘教员等消息。

2019年3月20日　爱尔兰科克大学校长Patrick O' Shea一行访问上海大学。

2024年
农历甲辰年

3月 March

星期三 Wednesday

20日

二月十一 春分

记事

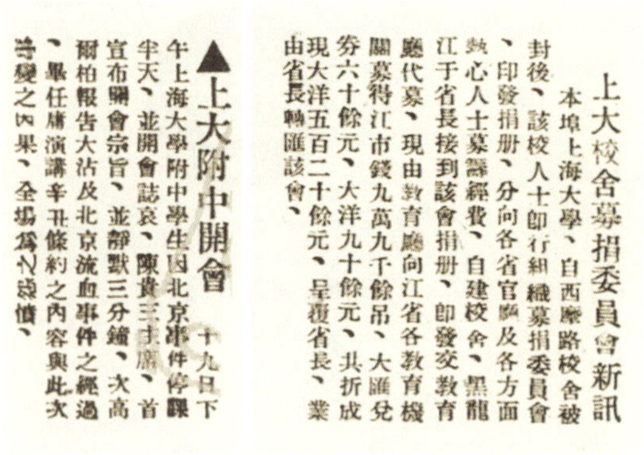

上大校舍募捐委員會新訊

本埠上海大學、自西摩路校舍被封後、該校人士卽行組織募捐委員會、印發捐册、分向各省官廳及各方面熱心人士募器經費、自建校舍、黑龍江于省長接到該會捐册、卽發交教育廳代募、現由教育廳向江省各教育機關募得江市錢九萬九千餘吊、大匯兌劵六十餘元、大洋九十餘元、共折成現大洋五百二十餘元、呈覆省長、業由省長轉匯該會、

▲上大附中開會

十九日下午上海大學附中學生因北京事件停課半天、並開會誌哀、陳貴三主席、首宣布開會宗旨、並靜默三分鐘、次高爾柏報告大沽及北京流血事件之經過、舉任庸演講辛丑條約之內容與此次事變之因果、全場為之氣憤、

1926年3月21日　《民国日报》副刊《觉悟》刊登《上大校舍募捐委员会新讯》；《民国日报》刊登《上大附中开会》的消息。

2003年3月　上海大学校长钱伟长到文学院和历史系、中文系教授座谈。

2024年
农历甲辰年

3月 March

星期四 Thursday

21日

二月十二

记事

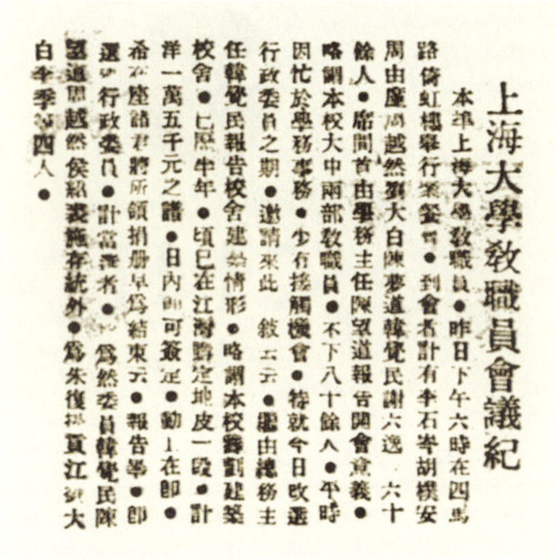

上海大學教職員會議紀

本埠上海大學教職員●昨日下午六時在四馬路倚虹樓舉行聚餐會●到會者計有李石岑胡樸安周由廑馮越然劉大白陳望道韓覺民謝六逸　六十餘人●席間首由學務主任陳望道報告開會意義●略謂本校大中兩部教職員●不下八十餘人●平時因忙於學務事務●少有接觸機會●特就今日改選行政委員之期●邀請來此敘云云●繼由總務主任韓覺民報告校舍建築情形●略謂本校籌劃建築校舍●已歷半年●頃已在江灣購定地皮一段●計洋一萬五千元之譜●日內即可簽定●動工在即●希各位諸君將所領捐冊早爲結束云●報告畢●即選舉行政委員●計當選者●爲然委員韓覺民陳望道馮越然侯紹裘施存統外●爲朱復擬員江劉大白李季等四人●

1926年3月22日　《民国日报》副刊《觉悟》刊登《上海大学教职员会议纪》。

2021年3月22日　上海大学召开全国“两会”精神传达学习会暨上海大学党委理论学习中心组（扩大）学习会。第十三届全国人大代表、上海社会科学院副院长张兆安，第十三届全国政协委员、上海大学副校长汪小帆分别作了辅导报告。

2024年
农历甲辰年

3月

March

星期五　Friday

22日

二月十三

记事

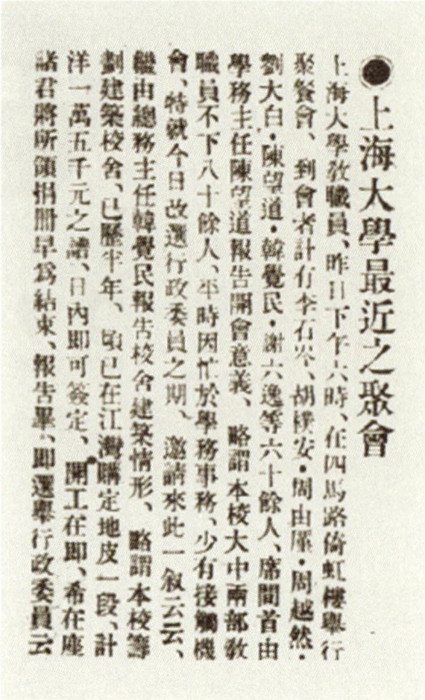

●上海大學最近之聚會

上海大學教職員、昨日下午六時、在四馬路倚虹樓舉行聚餐會、到會者計有李石岑、胡樸安・周由廑・周越然・劉大白・陳望道・韓覺民・謝六逸等六十餘人、席間首由學務主任陳望道報告開會意義、略謂本校大中兩部教職員不下八十餘人、平時因忙於學務事務、少有接觸機會、特藉今日改選行政委員之期、邀請來此一敘云云、繼由總務主任韓覺民報告校舍建築情形、略謂本校籌劃建築校舍、已歷半年、頃已在江灣購定地皮一段、計洋一萬五千元之譜、日內即可簽定、開工在即、希在座諸君將所領捐冊早爲結束、報告畢、即選舉行政委員云

1926年3月23日　《申报》刊登《上海大学最近之聚会》的消息。

2020年3月23日　上海大学校史工程推进会、校史馆与匡迪书屋展示调整会议在钱伟长图书馆召开。

2024年

农历甲辰年

3月

March

星期六 Saturday

23日

二月十四

记事

1925年3月24日 《民国日报》刊登《上大平民夜校继续开办》的消息。

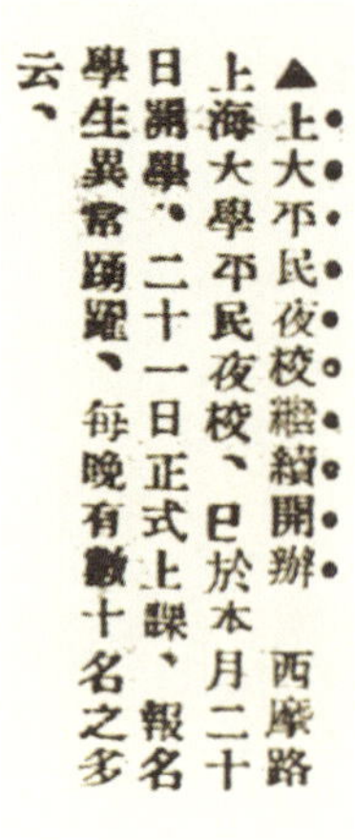
▲上•大•平•民•夜•校•繼•續•開•辦• 西摩路上海大學平民夜校、已於本月二十日開學、二十一日正式上課、報名學生異常踴躍、每晚有數十名之多云、

2013年3月24日 上海大学校长罗宏杰与土耳其文化旅游部部长厄马尔·切利克为上海大学土耳其研究中心揭牌；2017年，土耳其研究中心成为学校首个由教育部批准备案建设的国别和区域研究中心。

2020年3月24日 上海大学召开第二十四次党的建设工作会议暨2020年全面从严治党工作会议。

2024年
农历甲辰年

3月 March

星期日 Sunday

24日

二月十五

记事

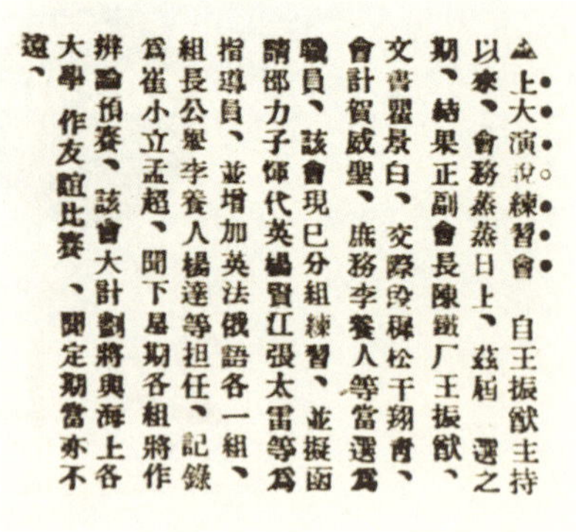

上大演說練習會 自王振猷主持以來，會務蒸蒸日上，茲屆 選之期，結果正副會長陳鐵厂王振猷，文書瞿景白，交際段稱松干翔青，會計賀威聖，庶務李養人等當選爲職員，該會現已分組練習，並擬函請邵力子惲代英楊賢江張太雷等爲指導員，並增加英法俄語各一組，組長公舉李養人楊達等担任，記錄爲崔小立孟超，聞下星期各組將作辨論預賽，該會大計劃將與海上各大學 作友誼比賽 ，聞定期當亦不遠，

1925年3月25日

《民国日报》刊登《上大演说练习会》的消息。

2021年3月25日　《中国教育报》刊登《学好党史这门必修课——上海教育系统运用课堂主渠道深入开展党史学习教育》的消息。

2024年
农历甲辰年

3月

March

星期一 Monday

25日

二月十六

记事

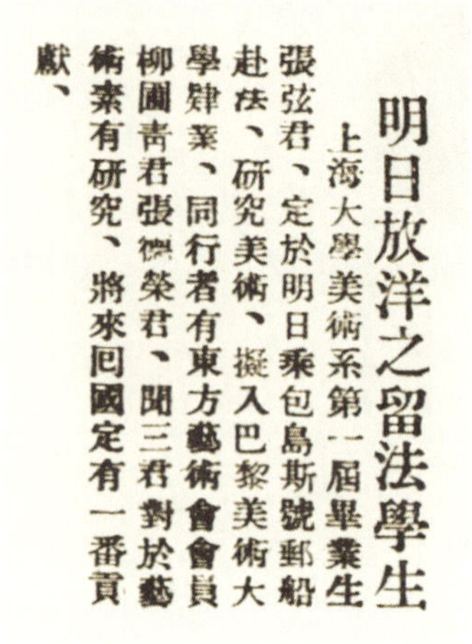

明日放洋之留法學生

上海大學美術系第一屆畢業生張弦君、定於明日乘包島斯號郵船赴法、研究美術、擬入巴黎美術大學肄業、同行者有東方藝術會會員柳圖靑君張[illegible]榮君、聞三君對於藝術素有研究、將來囘國定有一番貢獻、

1924年3月26日 《民国日报》《申报》等报刊登《明日放洋之留法学生》的消息。

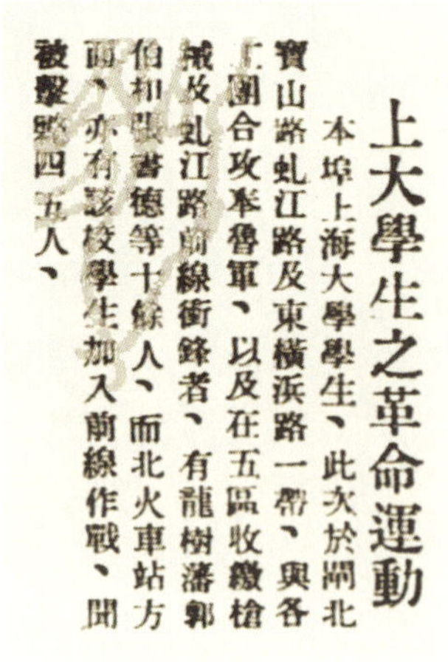

上大學生之革命運動

本埠上海大學學生、此次於閘北寶山路虬江路及東橫浜路一帶、與各工團合攻奉魯軍、以及在五區收繳槍械及虬江路前線衝鋒者、有龍樹藩郭伯和張書德等十餘人、而北火車站方面、亦有該校學生加入前線作戰、聞被擊斃四五人、

1927年3月26日 《民国日报》刊登《上大学生之革命运动》的消息。

2018年3月26日 上海大学育才大工科——“人工智能”第一课开讲（主讲顾骏、郭毅可）。

2024年
农历甲辰年

3月 March

星期二 Tuesday

26日

二月十七

记事

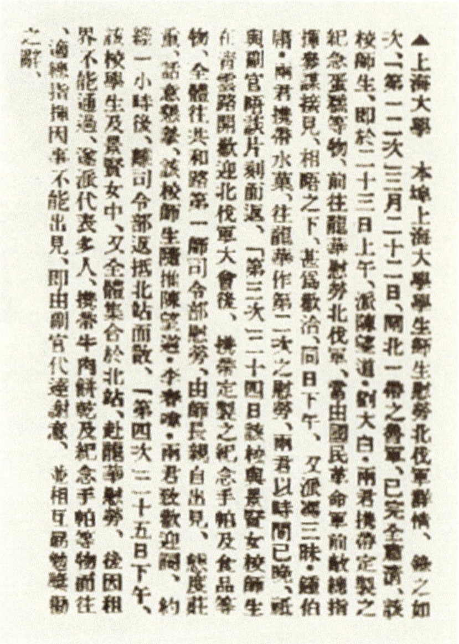

▲上海大學　本埠上海大學學生師生慰勞北伐軍詳情、錄之如次、「第一次」三月二十二日、閘北一帶之魯軍、已完全肅清、該校師生、即於二十三日上午、派陳望道・劉大白・兩君携帶定製之紀念蛋糕等物、前往龍華慰勞北伐軍、當由國民革命軍前敵總指揮參謀接見、相晤之下、甚爲歡洽、同日下午、又派蔣三昧・鍾伯庸・兩君携帶水菓、往龍華作第二次之慰勞、兩君以時間已晚、祇與副官晤談片刻而返、「第三次」二十四日該校與景賢女校師生在青雲路開歡迎北伐軍大會後、携帶定製之紀念手帕及食品等物、全體往共和路第一師司令部慰勞、由師長親自出見、態度莊重、話意懇摯、該校師生隨推陳望道・李春蕃・兩君致歡迎詞、約經一小時後、離司令部返抵北站而散、「第四次」二十五日下午、該校學生及景賢女中、又全體集合於北站、赴龍華慰勞、後因租界不能通過、遂派代表多人、携帶牛肉餅乾及紀念手帕等物前往、適總指揮因事不能出見、即由副官代達謝意、並相互勗勉勗勵之辭、

1927年3月27日
《申报》刊登上海大学师生慰劳北伐军的消息。

2023年3月27日　上海大学医学院朝晖教育发展基金捐赠暨2021—2022学年“朝晖”奖学金颁奖仪式在上海朝晖药业有限公司举行。

2024年
农历甲辰年

3月 March

星期三 Wednesday

27日

二月十八

记事

2021年3月28日　新时代重大主题电视剧的创新生产学术研讨会在上海大学召开。

2021年3月28日　第十届上海市工程训练综合能力竞赛暨第七届全国大学生工程训练综合能力竞赛选拔赛的四个赛项活动在同济大学落幕。上海大学本科生竞赛队伍再创佳绩，四支队伍获得特等奖，一支队伍获得一等奖。

2024年

农历甲辰年

3月

March

星期四 Thursday

28日

二月十九

记事

文匯報 教科卫 7

上海大学“课程思政”探索渐入佳境，“大国方略”系列进入“四重奏”

在“时代音画”中解码中国文化

对话院士，小学生问出“大问题”

2017年3月29日　《文汇报》刊登《在“时代音画”中解码中国文化：上海大学“课程思政”探索渐入佳境，“大国方略”系列进入“四重奏”》的消息。

2019年3月29日　在清明节前夕，钱伟长学院和上大基础教育集团师生共赴滨海古园，缅怀追思钱伟长老校长。

2024年
农历甲辰年

3月

March

星期五　Friday

29日

二月二十

记事

2006年3月30日　上海大学校长钱伟长与首届校长奖学金获奖学生亲切交谈。

2023年3月30日　上海市教卫工作党委系统“伟大工程”系列示范党课（第四季）“传承百年荣光，培育时代新人”主题党课暨上海大学“开学第一课”在上海大学举行。

2024年

农历甲辰年

3月

March

星期六 Saturday

30日

二月廿一

记事

1925年3月31日　《民国日报》《新闻报》等报刊登上海大学聘定校医的消息。

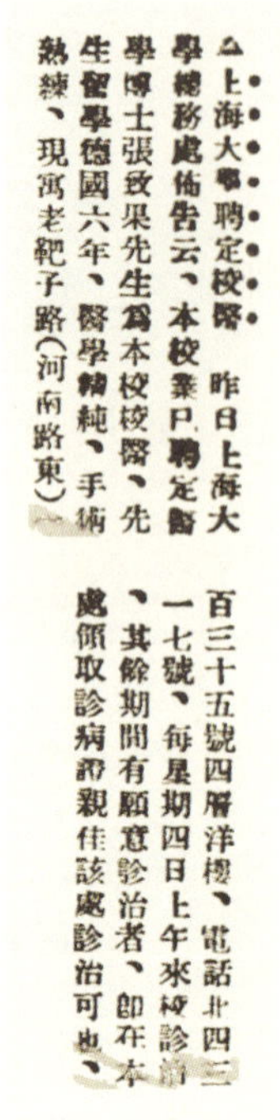
△上海大學聘定校醫 昨日上海大學總務處佈告云、本校業已聘定醫學博士張致果先生爲本校校醫、先生留學德國六年、醫學精純、手術熟練、現寓老靶子路(河南路東)一百三十五號四層洋樓、電話北四二一七號、每星期四日上午來校診治、其餘期間有願意診治者、即在本處領取診病證親往該處診治可也、

2008年3月31日　上海大学金属材料工程专业成为首个由教育部批准的国家级特色专业建设点的学科。

2018年3月31日　上海大学日本校友会成立大会在日本东京召开。

2024年

农历甲辰年

3月

March

星期日　Sunday

31日

二月廿二

记事

2021
4月
April

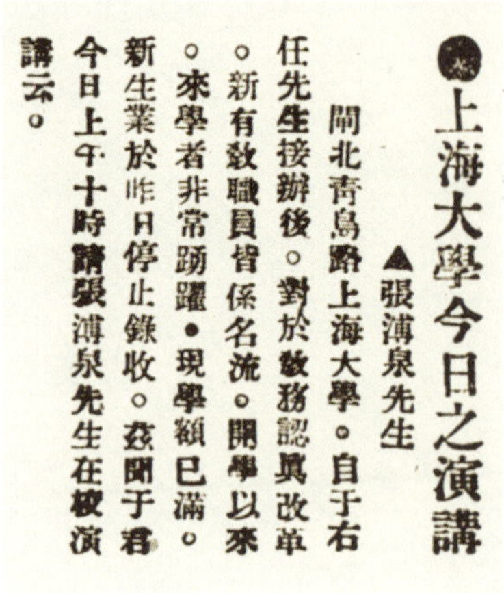

上海大學今日之演講

▲張溥泉先生

閘北青島路上海大學。自于右任先生接辦後。對於教務認眞改革。新有教職員皆係名流。開學以來。來學者非常踴躍。現學額已滿。新生業於昨日停止錄收。茲聞于君今日上午十時請張溥泉先生在校演講云。

1923年4月1日　张溥泉（张继）在上海大学作“个人与社会”的演讲。

2019年4月1日　第十三届全国政协委员、上海大学副校长汪小帆为研究生作“从‘两会’看当代研究生的使命担当”专题讲座。

2024年
农历甲辰年

4月 April

星期一 Monday

1日

二月廿三

记事

2009年4月　上海大学第五次学生代表大会召开。

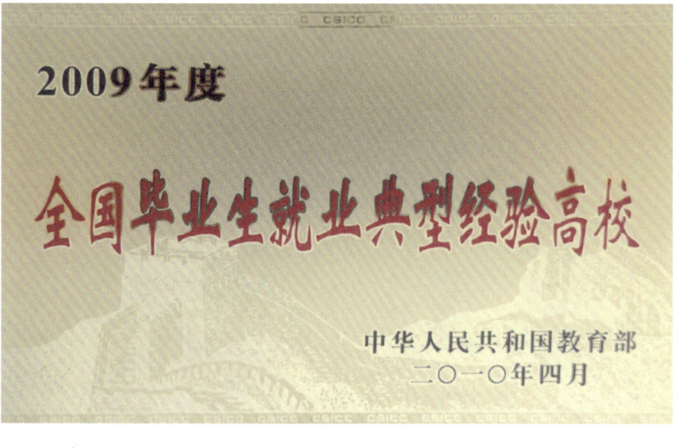

2010年4月　教育部授予上海大学“2009年度全国毕业生就业典型经验高校”荣誉。

2024年

农历甲辰年

4月

April

星期二 Tuesday

2日

二月廿四

记事

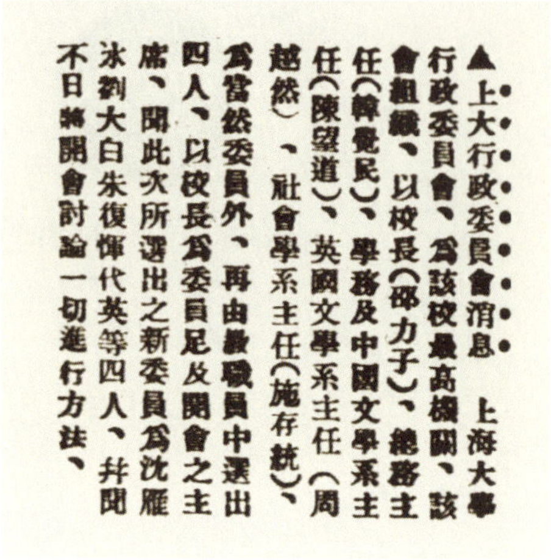

▲上大行政委員會消息　上海大學行政委員會、爲該校最高機關、該會組織、以校長(邵力子)、總務主任(韓覺民)、學務及中國文學系主任(陳望道)、英國文學系主任（周越然）、社會學系主任(施存統)、爲當然委員外、再由敎職員中選出四人、以校長爲委員長及開會之主席、聞此次所選出之新委員爲沈雁冰劉大白朱復惲代英等四人、幷聞不日將開會討論一切進行方法、

1925年4月3日　《民国日报》刊登《上大行政委员会消息》。

2013年4月3日　上海大学—肯塔基大学全面合作推进会暨“2+2”双学位签字仪式举行。

2024年

农历甲辰年

4月 April

星期三 Wednesday

3日

二月廿五

记事

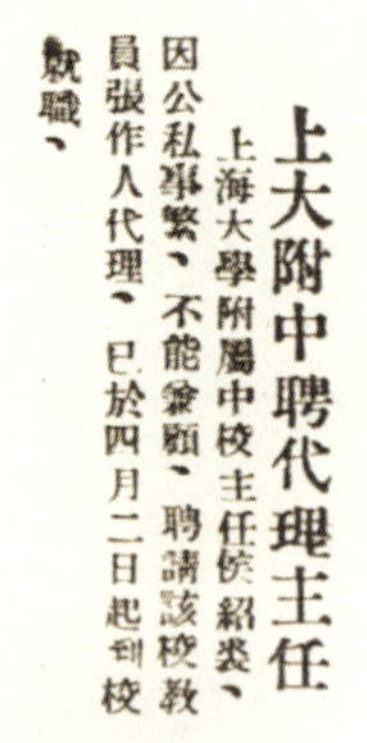

上大附中聘代理主任

上海大學附屬中校主任侯紹裘、因公私事繁、不能兼顧、聘請該校教員張作人代理、已於四月二日起到校就職、

1927年4月4日　《民国日报》《申报》《新闻报》等报刊登上大附中聘（定）代理主任的消息。

2023年4月4日　上海大学召开参加教育部新一轮本科教育教学审核评估工作启动会。

2023年4月4日　上海大学与上海市黄浦区人民政府战略合作协议签约仪式举行。

2024年
农历甲辰年

4月

April

星期四 Thursday

4日

清明节

二月廿六 清明

记事

●上海大學創辦平民學校

本埠上海大學、自遷移西摩路以來、對於校務、銳意圖謀發展、如新校舍建築之籌措、添辦學系之規畫、皆勇猛進行不遺餘力、該校人士向以改造社會爲職志、對於社會事業、尤具勇敢進取的精神、近聞該校因鑒於中國現社會實有提倡平民教育之必要、爰于四月一日、召集籌辦平民教育大會、首由校務長鄧安石說明開會宗旨、次由程永言君報告參預全國平民教育運動大會之經過情形、復次討論實施平民教育之種種方案、當場即通過上大平民夜校組織大綱、並於教授及學生中、公舉卜世畸·程永言·馬建民·劉劍華·郭鐵·楊國輔·朱義權·王秋心等八人爲上大平民義務學校執行委員、就日招生籌辦一切云、

1924年4月5日　《民国日报》《申报》《新闻报》等报刊登上海大学创办平民学校的消息。

●上海大學今日開春季同樂會

本埠上海大學及附中、爲歡迎新同學及聯絡感情起見、特定於今日下午一時、在該校社會學系第五教室舉行春季同樂會、其秩序已擬定者、除主席報告及自由演講外、並表演雙簧、唱歌、粵曲、跳舞、英文唱歌、京曲、新劇、火棍、國技、寧波調等各種遊戲、校外人亦可隨意參加、

1926年4月5日　《新闻报》刊登《上海大学今日开春季同乐会》的消息。

1980年4月5日　复旦大学分校召开第一届运动会，图为历史系79级学生入场。

2024年
农历甲辰年

4月 April

星期五 Friday

5日

二月廿七

记事

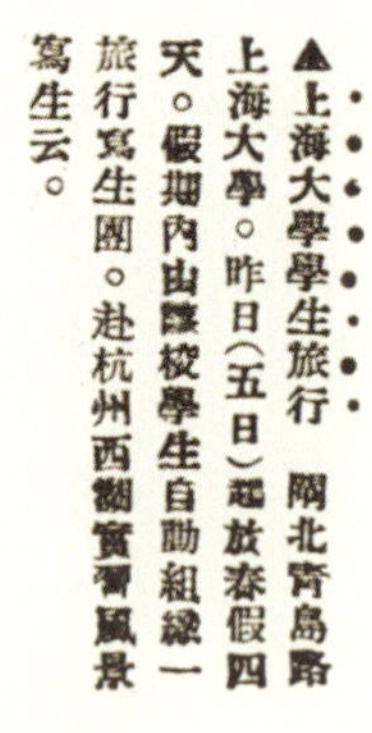

▲上海大學學生旅行　閘北青島路上海大學。昨日（五日）起放春假四天。假期內由該校學生自動組織一旅行寫生團。赴杭州西湖實習風景寫生云。

1923年4月6日　《民国日报》《申报》等报刊登上海大学学生赴杭州西湖实习风景写生的消息。

2019年4月6日　上海大学翔英学院翔英奖励基金捐赠注资签约仪式暨唐翔千先生铜像揭幕仪式在上海大学翔英大楼举行。

2024年

农历甲辰年

4月

April

星期六　Saturday

6日

二月廿八

记事

2015年4月7日　上海大学党委书记、校长罗宏杰一行到美术学院调研高峰学科申报工作进展。

2016年4月7日　2016年上海高校思想政治理论课建设工作推进会在上海大学召开。

2024年
农历甲辰年

4月 April

星期日 Sunday

7日

二月廿九

记事

1989年4月 钱伟长校长主持上海工业大学科技工作座谈会（左起：徐匡迪、钱伟长、校学术委员会主任委员艾维超）。

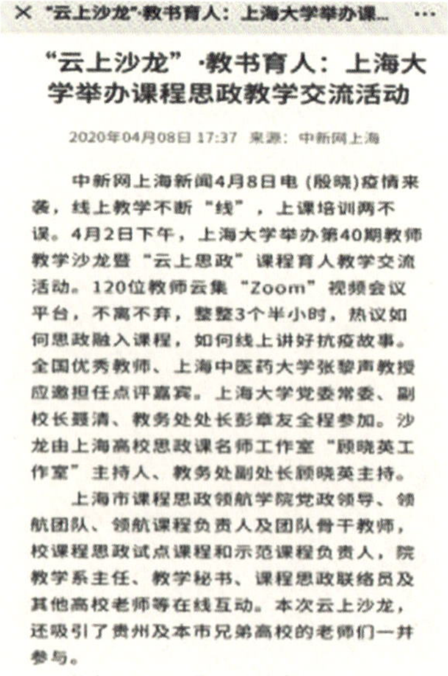

× "云上沙龙"·教书育人：上海大学举办课... ···

"云上沙龙"·教书育人：上海大学举办课程思政教学交流活动

2020年04月08日 17:37 来源：中新网上海

中新网上海新闻4月8日电（殷晓）疫情来袭，线上教学不断"线"，上课培训两不误。4月2日下午，上海大学举办第40期教师教学沙龙暨"云上思政"课程育人教学交流活动。120位教师云集"Zoom"视频会议平台，不离不弃，整整3个半小时，热议如何思政融入课程，如何线上讲好抗疫故事。全国优秀教师、上海中医药大学张黎声教授应邀担任点评嘉宾。上海大学党委常委、副校长聂清、教务处处长彭章友全程参加。沙龙由上海高校思政课名师工作室"顾晓英工作室"主持人、教务处副处长顾晓英主持。

上海市课程思政领航学院党政领导、领航团队、领航课程负责人及团队骨干教师，校课程思政试点课程和示范课程负责人，院教学系主任、教学秘书、课程思政联络员及其他高校老师等在线互动。本次云上沙龙，还吸引了贵州及本市兄弟高校的老师们一并参与。

2020年4月8日 "中国新闻网"报道《"云上沙龙"·教书育人：上海大学举办课程思政教学交流活动》的消息。

2024年

农历甲辰年

4月

April

星期一　Monday

8日

二月三十

记事

▲上海大學 本埠上海大學校舍建築委員會、近在江灣購定地基一段、計二十餘畝、昨日已交換錢契、并由該會委員親蒞該地、會勘立界、又該校募捐委員會、以校基既已決定、開工在卽、正發函催各募捐人趕交捐款、

1926年4月9日 《民国日报》《新闻报》《时报》等报刊登上海大学在江湾购定校舍地基的消息。

2019年4月9日 上海大学党委书记、校长金东寒一行赴上海机器人研发与转化功能型平台、上海电科集团调研。

2024年

农历甲辰年

4月 April

星期二 Tuesday

9日

三月初一

记事

上海大学 Shanghai University 新闻网
SHU NEWS ·首页

上海大学荣膺首届“上海市文明校园”称号

发布日期: 2019/04/11 投稿: 甄杰 部门: 宣传部 浏览次数: 1108 返回

4月10日下午，2019年上海市精神文明建设工作会议在上海展览中心友谊会堂召开。会上，上海大学获得首届“上海市文明校园”称号。此外，十一年来用音乐温暖“星星的孩子”的上海交响乐团离休干部、我校音乐学院名誉院长曹鹏荣获“2018年度上海市社会主义精神文明好人好事”奖。我校党委副书记、纪委书记段勇代表学校领取了奖状，曹鹏先生也接受了颁奖。此前，我校已连续11次被评为上海市文明单位，并于2017年11月荣获首届“全国文明校园”称号。此次，上海大学又荣获首届“上海市文明校园”，充分彰显了我校文明校园创建工作的卓越成效和扎实底蕴。

“上海市文明校园”是由中共上海市委、上海市人民政府命名表彰的先进称号。在本轮（2017-2018年度）“上海市文明校园”创建工作中，我校以习近平新时代中国特色社会主义思想为指导，以立德树人为根本，以培育和践行社会主义核心价值观为主线，主动对标创建指标体系，不断深化创建内涵，形成了独具特色的校园文化创建品牌。

2019年4月10日　2019年上海市精神文明建设工作会议在上海展览中心友谊会堂召开，上海大学获首届“上海市文明校园”称号。

2023年4月10日　上海大学党委书记成旦红、党委副书记欧阳华、人文社科处处长曾军和外国语学院院长尚新一行访问中国外文局。

2024年
农历甲辰年

4月 April

星期三 Wednesday

10日

三月初二

记事

2021年4月11日　上海大学医学院党委组织2020级研究生走进溯园，祭奠革命先烈，致敬革命英雄，追溯老上大峥嵘岁月，深入领悟和传承红色基因。

2022年4月11日　上海大学微电子学院暨集成电路交叉学科建设咨询线上会议召开。

2024年
农历甲辰年

4月

April

星期四 Thursday

11日

三月初三

记事

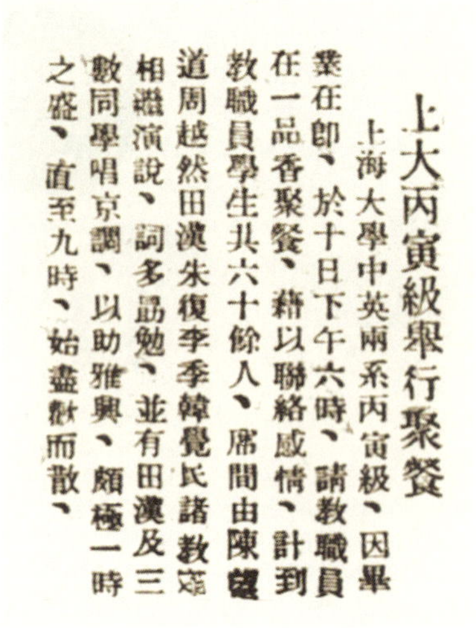

上大丙寅級舉行聚餐

上海大學中英兩系丙寅級、因畢業在卽、於十日下午六時、請教職員在一品香聚餐、藉以聯絡感情、計到教職員學生共六十餘人、席間由陳望道周越然田漢朱復李季韓覺民諸教席相繼演說、詞多勗勉、並有田漢及三數同學唱京調、以助雅興、頗極一時之盛、直至九時、始盡歡而散、

1926年4月12日 《民国日报》刊登《上大丙寅级举行聚餐》的消息。

2023年4月12日　上海大学医学院与中国质量认证中心现代服务业测评业务操作中心战略合作协议签约仪式在上海大学举行。

2024年
农历甲辰年

4月

April

星期五　Friday

12日

三月初四

记事

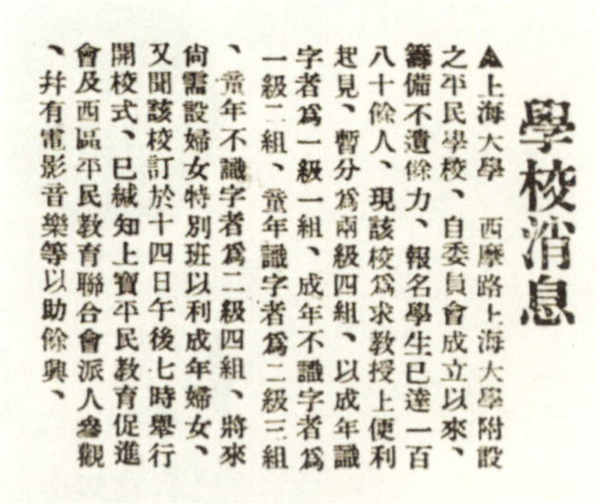

學校消息

▲上海大學　西摩路上海大學附設之平民學校、自委員會成立以來、籌備不遺餘力、報名學生已達一百八十餘人、現該校爲求教授上便利起見、暫分爲兩級四組、以成年識字者爲一級一組、成年不識字者爲一級二組、童年識字者爲二級三組、童年不識字者爲二級四組、將來尚需設婦女特別班以利成年婦女、又聞該校訂於十四日午後七時舉行開校式、已緘知上寶平民教育促進會及西區平民教育聯合會派人參觀、并有電影音樂等以助餘興、

1924年4月13日
《民国日报》《申报》等报刊登上海大学平民学校的消息。

2007年4月13日　上海大学人才学院师生开展结对活动。

2023年4月13日　上海大学书院制及“一站式”学生社区工作领导小组会暨本科生书院工作推进会召开。

2024年
农历甲辰年

4月

April

星期六　Saturday

13日

三月初五

记事

1937年4月14日　《民报》《中央日报》《大公报（上海）》等报刊登上海大学同学会总会为庆祝于右任六十寿辰拟集资建立右任图书馆的消息。

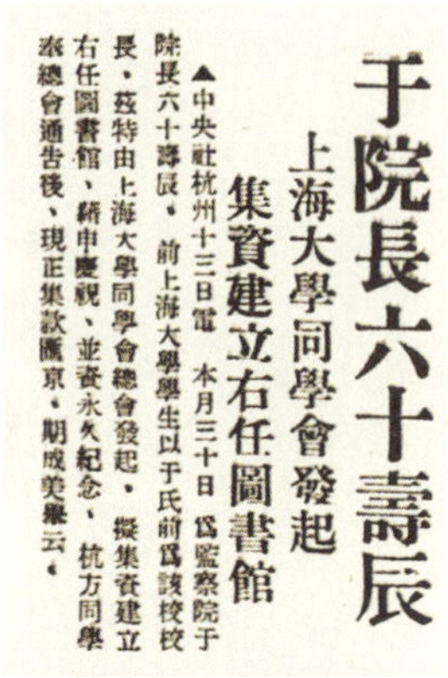

于院長六十壽辰

上海大學同學會發起
集資建立右任圖書館

▲中央社杭州十三日電　本月三十日爲監察院于院長六十壽辰，前上海大學學生以于氏前爲該校校長，茲特由上海大學同學會總會發起，擬集資建立右任圖書館，藉申慶祝，並資永久紀念，杭方同學奉總會通告後，現正集款滙京，期成美舉云。

2023年4月14日　上海大学召开学习贯彻习近平新时代中国特色社会主义思想主题教育动员大会。

2024年

农历甲辰年

4月

April

星期日 Sunday

14日

三月初六

记事

1923年4月15日　《民国日报》《申报》等报刊登李大钊在上海大学作“演化与进步”演讲的消息。

◉李大釗今晨在上海大學演說
前北京大學教授李大釗君、現已抵滬、上海大學校長于右任君、請其於今日（星期日）上午十時到校講演、演題爲『演化與進步』云、

2014年4月15日　上海大学与巴林大学共建的巴林大学孔子学院揭牌，上海市副市长翁铁慧出席。

2023年4月15日　全国非物质文化遗产名词审定委员会2023年工作会议在上海大学召开。

2024年
农历甲辰年

4月

April

星期一　Monday

15日

三月初七

记事

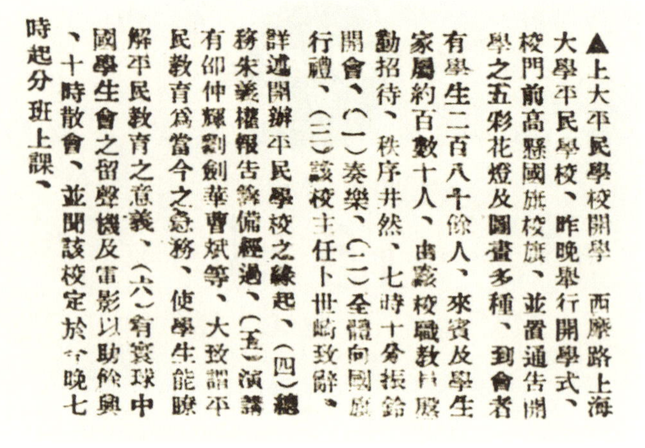

▲上大平民學校開學　西摩路上海大學平民學校、昨晚舉行開學式、校門前高懸國旗校旗、並置通告牌學之五彩花燈及圖畫多種、到會者有學生二百八十餘人、來賓及學生家屬約百數十人、由該校職教員殷勤招待、秩序井然、七時十分振鈴開會、(一)奏樂、(二)全體向國旗行禮、(三)該校主任卜世畸致辭、詳述開辦平民學校之緣起、(四)總務朱義權報告籌備經過、(五)演講有邵仲輝劉劍華曹斌等、大致謂平民教育爲當今之急務、使學生能瞭解平民教育之意義、(六)有寰球中國學生會之留聲機及電影以助餘興、十時散會、並聞該校定於今晚七時起分班上課、

1924年4月16日　《民国日报》《申报》等报刊登上海大学平民学校开学的消息。

2020年4月16日　“学习强国”报道《〈媒体中的我们——聚焦上海大学课程思政〉：创新思政教学彰显上大特质》的消息。

2024年
农历甲辰年

4月

April

星期二 Tuesday

16日

三月初八

记事

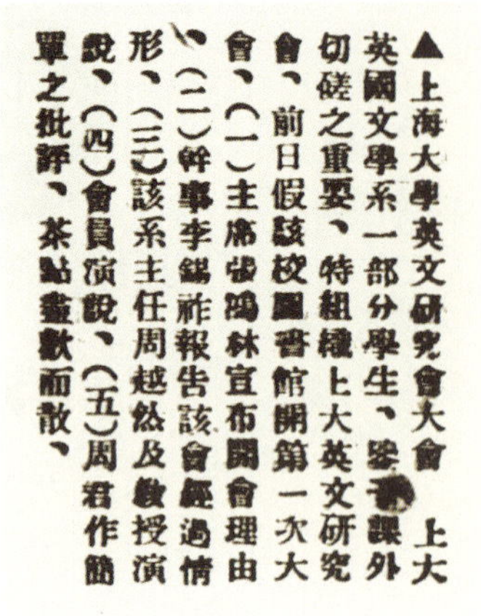

▲上海大學英文研究會大會　上大英國文學系一部分學生、鑒於課外切磋之重要、特組織上大英文研究會、前日假該校圖書館開第一次大會、(一)主席尚鴻林宣布開會理由、(二)幹事李錫祚報告該會經過情形、(三)該系主任周越然及教授演說、(四)會員演說、(五)周君作簡單之批評、茶點盡歡而散、

1925年4月17日　《民国日报》刊登《上海大学英文研究会大会》的消息。

2019年4月17日　上海大学举办第九届社团文化节（上海大学社团文化节始于2011年）。

2024年
农历甲辰年

4月

April

星期三　Wednesday

17日

三月初九

记事

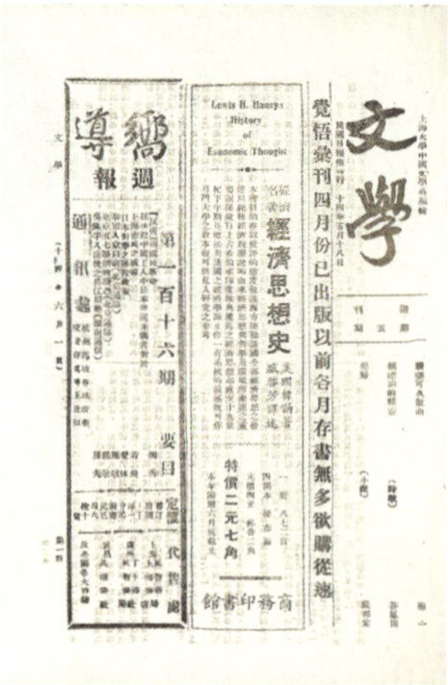

文學

覺悟彙刊四月份已出版以前合月存書無多欲購從速

Lewis H. Haney: History of Economic Thought

經濟思想史

特價二元七角

商務印書館

嚮導週報

第一百十六期

要目

1925年4月18日　杨杏佛到上海大学作“从社会方面观察中国政治之前途”的演讲；《民国日报》刊登《上大刊行文学周刊》的消息。

2013年4月18日　教育部、上海市人民政府共建上海大学协议签字仪式在北京举行，教育部部长、党组书记袁贵仁，上海市市长杨雄出席签约仪式；上海市副市长翁铁慧与教育部副部长鲁昕签署《关于共建上海大学的协议》。

2024年
农历甲辰年

4月

April

星期四 Thursday

18日

三月初十

记事

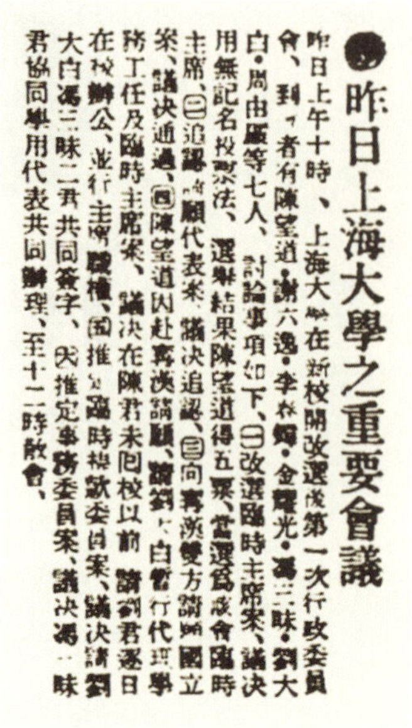

昨日上海大學之重要會議

昨日上午十時、上海大學在新校開改選後第一次行政委員會、到會者有陳望道・謝六逸・李春蕃・金耀光・馮三昧・劉大白・周由廑等七人、討論事項如下、(一)改選臨時主席案、議決用無記名投票法、選舉結果陳望道得五票、當選爲該會臨時主席、(二)追認前顧代表案、議決追認、(三)向寧漢雙方請願國立案、議決通過、(四)陳望道因赴寧漢請願、請劉大白暫行代理學務主任及臨時主席案、議決在陳君未回校以前、請劉君逐日在校辦公、並行主席職權、(五)推定臨時籌款委員案、議決請劉大白馮三昧二君共同簽字、(六)推定事務委員案、議決馮三昧君協同學用代表共同辦理、至十二時散會、

1927年4月19日　《民国日报》《申报》《新闻报》等报刊登上海大学举行行政委员会会议的消息。

2021年4月19日　应上海大学校长、学术委员会主任刘昌胜邀请，浙江大学学术委员会主任张泽院士、副秘书长朱敏洁和华东理工大学学术委员会秘书长吕遐一行访问上海大学。

2024年

农历甲辰年

4月

April

星期五　Friday

19日

三月十一　谷雨

记事

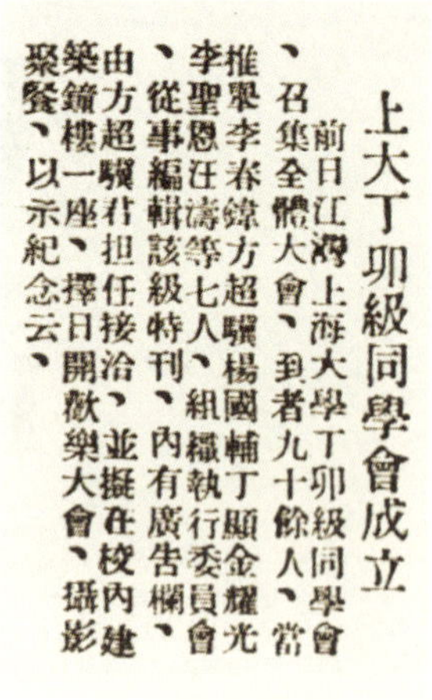

上大丁卯級同學會成立

前日江灣上海大學丁卯級同學會、召集全體大會、到者九十餘人、當推舉李春鐘方超驥楊國輔丁顯金耀光李聖思汪濤等七人、組織執行委員會、從事編輯該級特刊、內有廣告欄、由方超驥君担任接洽、並擬在校內建築鐘樓一座、擇日開歡樂大會、攝影聚餐、以示紀念云、

1927年4月20日　《民国日报》《新闻报》等报刊登上海大学丁卯级同学会成立的消息。

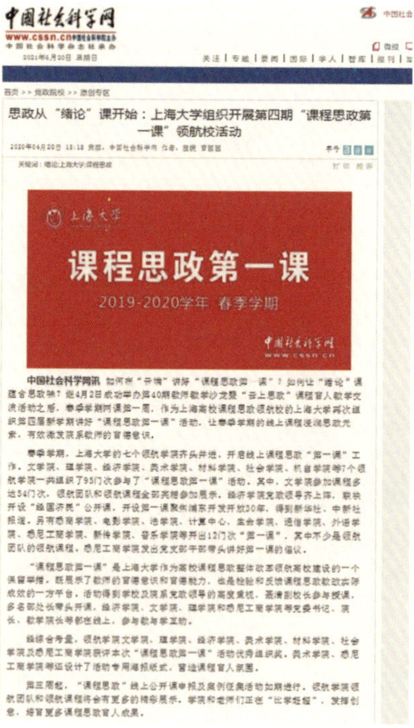

中国社会科学网
www.cssn.cn 中国社会科学院主办
中国社会科学杂志社承办
2021年6月20日 星期日

关注 | 专题 | 要闻 | 国际 | 学人 | 智库 | 报刊

首页 >> 党政院校 >> 原创专区

思政从“绪论”课开始：上海大学组织开展第四期“课程思政第一课”领航校活动

2020年04月20日 18:18 来源：中国社会科学网

关键词：绪论;上海大学;课程思政

上海大学
课程思政第一课
2019-2020学年 春季学期
中国社会科学网
www.cssn.cn

中国社会科学网讯 如何在“云端”讲好“课程思政第一课”？如何让“绪论”课蕴含思政味？继4月2日成功举办第40期教师教学沙龙暨“云上思政”课程育人教学交流活动之后，春季学期网课第一周，作为上海高校课程思政领航校的上海大学再次组织第四届新学期讲好“课程思政第一课”活动，让春季学期的线上课程浸润思政元素，有效激发院系教师的育德意识。

春季学期，上海大学的七个领航学院齐头并进，开启线上课程思政“第一课”工作。文学院、理学院、经济学院、美术学院、材料学院、社会学院、机自学院等7个领航学院一共组织了95门次参与了“课程思政第一课”活动。其中，文学院参加课程多达54门次，领航团队和领航课程全部亮相参加展示。经济学院党政领导齐上阵，联袂开设“经国济民”公开课，开设第一课聚焦浦东开发开放30年，得到新华社、中新社报道。另有[illegible]学院、电影学院、法学院、计算中心、生命学院、通信学院、外语学院、悉尼工商学院、新传学院、音乐学院等开出12门次“第一课”，其中不少是领航团队的领航课程。悉尼工商学院发出党支部干部带头讲好第一课的倡议。

“课程思政第一课”是上海大学作为高校课程思政整体改革领航高校建设的一个保留举措，既展示了教师的育德意识和育德能力，也是检验和反馈课程思政教改实际成效的一方平台。活动得到学校及院系党政领导的高度重视，聂清副校长参与授课，多名部处长带头开课，经济学院、文学院、理学院和悉尼工商学院等党委书记、院长、教学院长等都在线上，参与教与学互动。

经综合考量，领航学院文学院、理学院、经济学院、美术学院、材料学院、社会学院及悉尼工商学院获评本次“课程思政第一课”活动优秀组织奖。美术学院、悉尼工商学院等还设计了活动专用海报版式，营造课程育人氛围。

第三周起，“课程思政”线上公开课申报及案例征集活动如期进行。领航学院领航团队和领航课程将会有更多的精彩展示。学院和老师们正在“比学赶超”，发挥创意，培育更多课程思政育人成果。

2020年4月20日
“中国社会科学网”报道《思政从“绪论”课开始：上海大学组织开展第四期“课程思政第一课”领航校活动》的消息。

2024年
农历甲辰年

4月

April

星期六 Saturday

20日

三月十二

记事

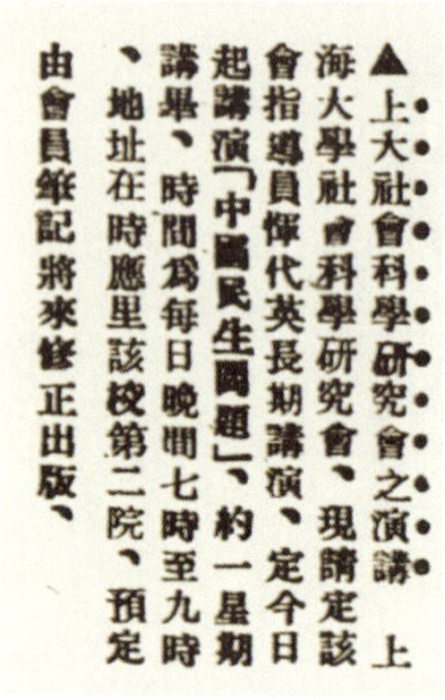

▲上大社會科學研究會之演講　上海大學社會科學研究會、現請定該會指導員惲代英長期講演、定今日起講演「中國民生問題」、約一星期講畢、時間為每日晚間七時至九時、地址在時應里該校第二院、預定由會員筆記將來修正出版、

1925年4月21日 《民国日报》刊登《上大社会科学研究会之演讲》的消息。

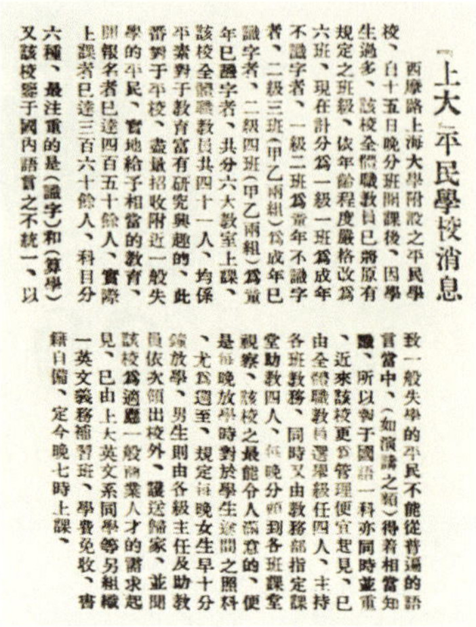

『上大』平民學校消息

西摩路上海大學附設之平民學校、自十五日晚分班開課後、因學生過多、該校全體職教員已將原有規定之班級、依年齡程度嚴格改為六班、現在計分為一級一班為成年不識字者、一級二班為童年不識字者、二級三班(甲乙兩組)為成年已識字者、二級四班(甲乙兩組)為童年已識字者、共分六大教室上課、該校全體職教員共四十一人、均係平素對于教育富有研究興趣的、此番對于平校、盡量招收附近一般失學的平民、實地給予相當的教育、聞報名者已達四百五十餘人、實際上課者已達三百六十餘人、科目分六種、最注重的是(識字)和(算學)又該校鑒于國內語言之不統一、以致一般失學的平民不能從普遍的語言當中、(如演講之類)得着相當知識、所以對于國語一科亦同時並重、近來該校更為管理便宜起見、已由全體職教員選舉級任四人、主持各班教務、同時又由教務部指定課堂助教四人、每晚分師到各班課堂視察、該校之最能令人滿意的、便是每晚放學時對於學生途間之照料、尤為週至、規定每晚女生早十分鐘放學、男生則由各級主任及助教員依次領出校外、護送歸家、並聞該校為適應一般商業人才的需求起見、已由上大英文系同學等另組織一英文義務補習班、學費免收、書籍自備、定今晚七時上課、

1924年4月21日 《民国日报》刊登《“上大”平民学校消息》。

2011年4月21日 教育部副部长李卫红等到上海大学“毛泽东思想和中国特色社会主义理论体系概论”课堂听课（主讲胡申生、顾晓英）。

2023年4月21日 上海大学党委书记成旦红到马克思主义学院参加“习近平新时代中国特色社会主义思想概论”课程组集体备课。

2024年

农历甲辰年

4月

April

星期日　Sunday

21日

三月十三

记事

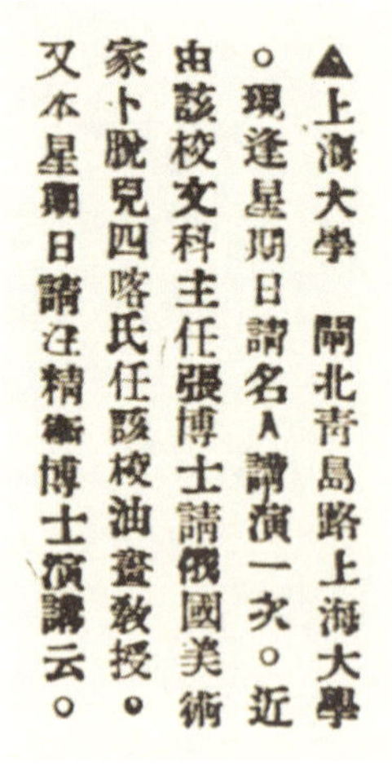
▲上海大學　閘北青島路上海大學
○現逢星期日請名人講演一次。近
由該校文科主任張博士請俄國美術
家卜脫兒四喀氏任該校油畫教授。
又本星期日請汪精衛博士演講云。

1923年4月22日　《民国日报》刊登上海大学请俄国美术家卜脱儿四喀氏任油画教授及汪精卫演讲的消息。

2023年4月22日　沃顿—上大全球青年领导力项目启动仪式在上海大学举行。

2024年
农历甲辰年

4月

April

星期一 Monday

22日

三月十四

记事

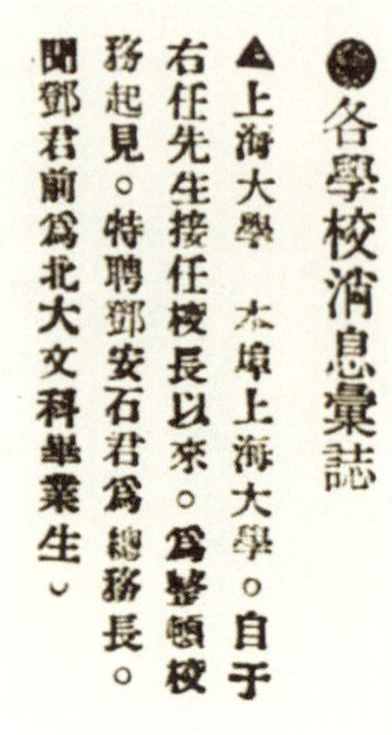

●各學校消息彙誌

▲上海大學　本埠上海大學。自于右任先生接任校長以來。爲整頓校務起見。特聘鄧安石君爲總務長。聞鄧君前爲北大文科畢業生、

1923年4月23日　《民国日报》《申报》《新闻报》等报刊登上海大学聘邓中夏（邓安石）为总务长的消息。

2023年4月23日　2023年上海大学“人工智能”战略推进会暨人工智能研究院学术委员会第二次会议召开。

2024年
农历甲辰年

4月 April

星期二　Tuesday

23日

三月十五

记事

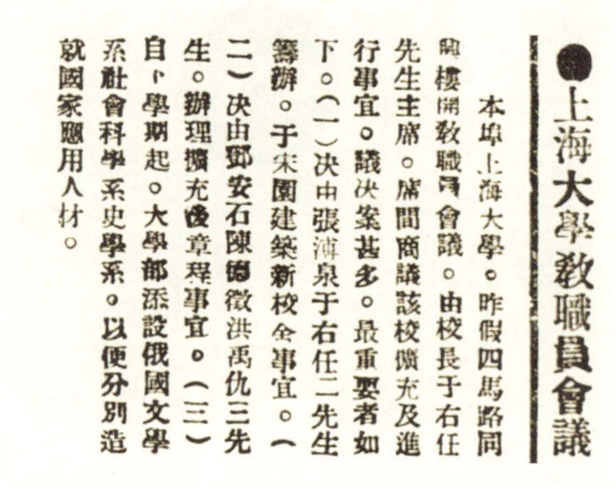

上海大學教職員會議

本埠上海大學。昨假四馬路同興樓開教職員會議。由校長于右任先生主席。席間商議該校擴充及進行事宜。議決案甚多。最重要者如下。(一)決由張溥泉于右任二先生籌辦。于宋園建築新校舍事宜。(二)決由鄧安石陳德徵洪禹仇三先生。辦理擴充後章程事宜。(三)自下學期起。大學部添設俄國文學系社會科學系史學系。以便分別造就國家應用人材。

1923年4月24日　《民国日报》《申报》《新闻报》《时报》等报刊登上海大学举行教职员会议的消息。

2013年4月24日　上海大学举行“微慈善，传递大爱心；心系雅安，我们在行动”第四届慈善文化节爱心义卖会。

2024年
农历甲辰年

4月

April

星期三　Wednesday

24日

三月十六

记事

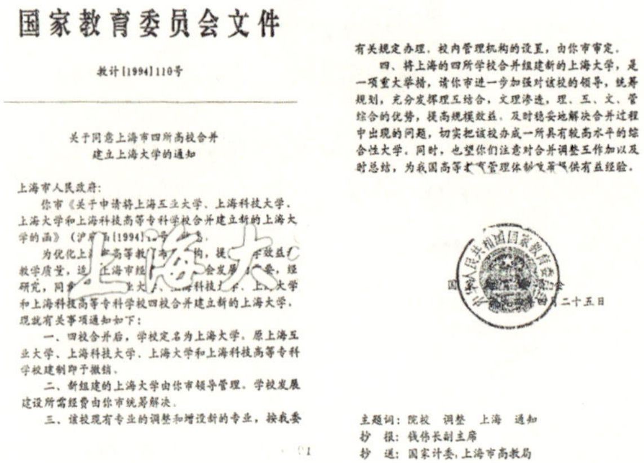

国家教育委员会文件

教计[1994]110号

关于同意上海市四所高校合并
建立上海大学的通知

上海市人民政府：

你市《关于申请将上海工业大学、上海科技大学、上海大学和上海科技高等专科学校合并建立新的上海大学的函》（沪府函[1994][illegible]号）[illegible]。

为优化上[illegible]高等教[illegible]构，提[illegible]效益[illegible]教学质量，适[illegible]上海市经[illegible]会发展[illegible]委，经研究，同[illegible]大[illegible]、[illegible]海科技[illegible]、上[illegible]大学和上海科技高等专科学校四校合并建立新的上海大学，现就有关事项通知如下：

一、四校合并后，学校定名为上海大学。原上海工业大学、上海科技大学、上海大学和上海科技高等专科学校建制即予撤销。

二、新组建的上海大学由你市领导管理。学校发展建设所需经费由你市统筹解决。

三、该校现有专业的调整和增设新的专业，按我委有关规定办理。校内管理机构的设置，由你市审定。

四、将上海的四所学校合并组建新的上海大学，是一项重大举措，请你市进一步加强对该校的领导，统筹规划，充分发挥理工结合，文理渗透，理、工、文、管综合的优势，提高规模效益。及时稳妥地解决合并过程中出现的问题，切实把该校办成一所具有较高水平的综合性大学。同时，也望你们注意对合并调整工作加以及时总结，为我国高等[illegible]管理体制[illegible]供有益经验。

国[illegible]会
[illegible]二十五日

主题词：院校　调整　上海　通知
抄　报：钱伟长副主席
抄　送：国家计委，上海市高教局

1994年4月25日　国家教育委员会关于同意上海市四所高校合并建立上海大学的通知。

2015年4月25—26日　由中国大学生体育协会网球分会主办、上海大学承办的2014—2015中国大学生网球联赛（上海站）在上海大学举行，来自上海、江苏和浙江三省市21所院校的42支代表队参加了比赛。

2024年

农历甲辰年

4月

April

星期四 Thursday

25日

三月十七

记事

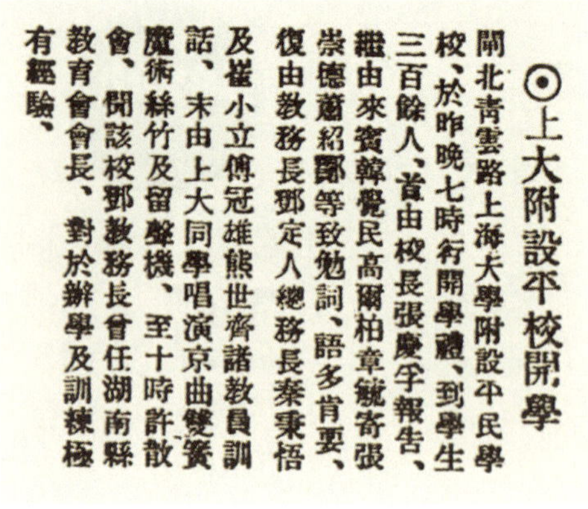

⊙上大附設平校開學

閘北青雲路上海大學附設平民學校，於昨晚七時行開學禮，到學生三百餘人，首由校長張慶孚報告、繼由來賓韓覺民高爾柏章毓寄張崇德蕭紹鄴等致勉詞，語多肯要、復由教務長鄧定人總務長秦秉梧及崔小立傅冠雄熊世齊諸教員訓話、末由上大同學唱演京曲雙簧魔術絲竹及留聲機、至十時許散會、聞該校鄧教務長曾任湖南縣教育會會長、對於辦學及訓練極有經驗、

1926年4月26日　《申报》《时报》等报刊登上海大学平民学校的消息。

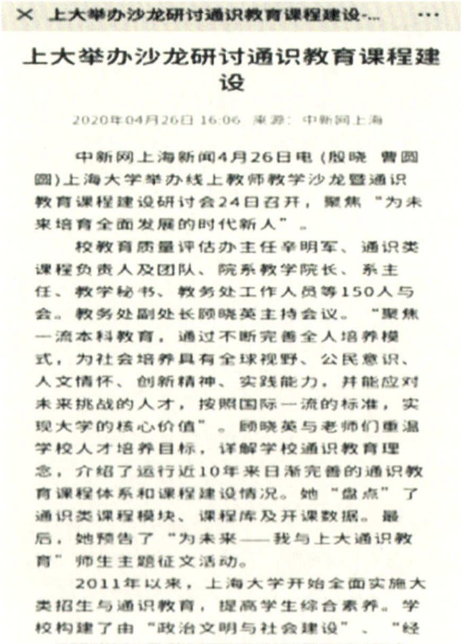

× 上大举办沙龙研讨通识教育课程建设-... ···

上大举办沙龙研讨通识教育课程建设

2020年04月26日 16:06 来源：中新网上海

中新网上海新闻4月26日电（殷晓 曹圆圆）上海大学举办线上教师教学沙龙暨通识教育课程建设研讨会24日召开，聚焦“为未来培育全面发展的时代新人”。

校教育质量评估办主任辛明军、通识类课程负责人及团队、院系教学院长、系主任、教学秘书、教务处工作人员等150人与会。教务处副处长顾晓英主持会议。“聚焦一流本科教育，通过不断完善全人培养模式，为社会培养具有全球视野、公民意识、人文情怀、创新精神、实践能力，并能应对未来挑战的人才，按照国际一流的标准，实现大学的核心价值”。顾晓英与老师们重温学校人才培养目标，详解学校通识教育理念，介绍了运行近10年来日渐完善的通识教育课程体系和课程建设情况。她“盘点”了通识类课程模块、课程库及开课数据。最后，她预告了“为未来——我与上大通识教育”师生主题征文活动。

2011年以来，上海大学开始全面实施大类招生与通识教育，提高学生综合素养。学校构建了由“政治文明与社会建设”、“经

2020年4月26日　“中国新闻网”报道《上大举办沙龙研讨通识教育课程建设》的消息。

2024年
农历甲辰年

4月 April

星期五 Friday

26日

三月十八

记事

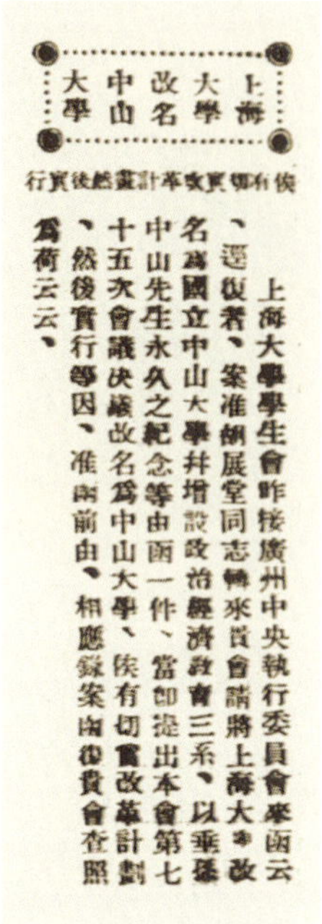
上海大學改名中山大學

俟有切實改革計畫然後實行

上海大學學生會昨接廣州中央執行委員會來函云、逕復者、案准胡展堂同志轉來貴會請將上海大學改名爲國立中山大學并增設政治經濟教育三系、以垂孫中山先生永久之紀念等由函一件、當卽提出本會第七十五次會議決議改名爲中山大學、俟有切實改革計劃、然後實行等因、准函前由、相應錄案函復貴會查照爲荷云云、

1925年4月27日　《民国日报》刊登《上海大学改名中山大学 俟有切实改革计划然后实行》的消息。

2021年4月27日　上海大学校长刘昌胜走进“中国近现代史纲要”课堂，为钱伟长学院近100名本科生上主题为“赓续红色基因，传承上大精神”的思政课。

2024年
农历甲辰年

4月 April

星期六 Saturday

27日

三月十九

记事

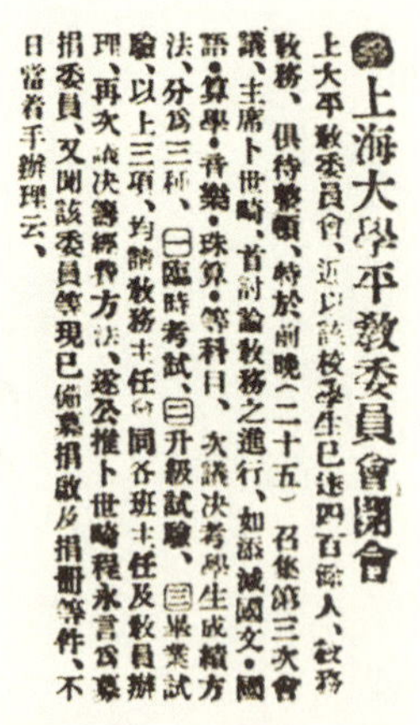

上海大學平教委員會開會

上大平敎委員會、近以該校學生已達四百餘人、敎務敎務、俱待整頓、特於前晚（二十五）召集第三次會議、主席卜世畸、首討論敎務之進行、如添減國文·國語·算學·音樂·珠算·等科目、次議決考學生成績方法、分爲三種、㈠臨時考試、㈡升級試驗、㈢畢業試驗、以上三項、均請敎務主任會同各班主任及敎員辦理、再次議決籌經費方法、遂公推卜世畸程永言爲募捐委員、又聞該委員等現已備募捐啟及捐冊等件、不日當着手辦理云、

1924年4月28日　《新闻报》刊登《上海大学平教委员会开会》的消息。

2016年4月28日　上海大学来华留学生校友分会成立。

2023年4月28日　上海大学党委副书记、校长刘昌胜带队赴哈尔滨工程大学、哈尔滨工业大学调研交流。

2024年
农历甲辰年

4月

April

星期日 Sunday

28日

三月二十

记事

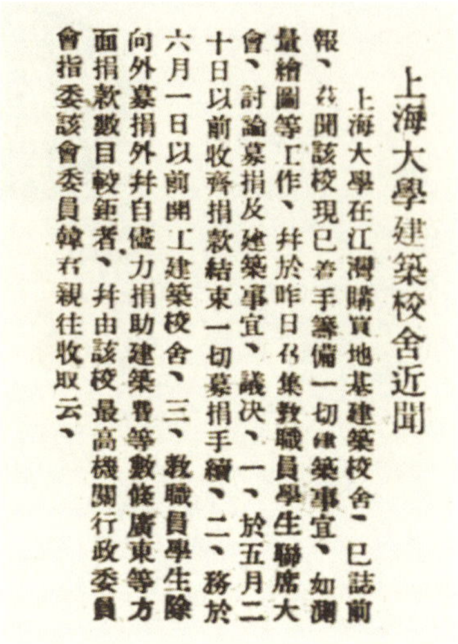

上海大學建築校舍近聞

上海大學在江灣購買地基建築校舍、已誌前報、茲聞該校現已着手籌備一切建築事宜、如測量繪圖等工作、并於昨日召集教職員學生聯席大會、討論募捐及建築事宜、議決、一、於五月二十日以前收齊捐款結束一切募捐手續、二、務於六月一日以前開工建築校舍、三、教職員學生除向外募捐外并自儘力捐助建築費等數條廣東等方面捐款數目較鉅者、并由該校最高機關行政委員會指委該會委員韓右親往收取云、

1926年4月29日 《民国日报》副刊《觉悟》刊登《上海大学建筑校舍近闻》。

2021年4月29日 上海市教卫工作党委系统“伟大工程”系列示范党课——“赓续红色基因 坚守育人初心”在上海大学开讲。

2024年
农历甲辰年

4月 April

星期一 Monday

29日

三月廿一

记事

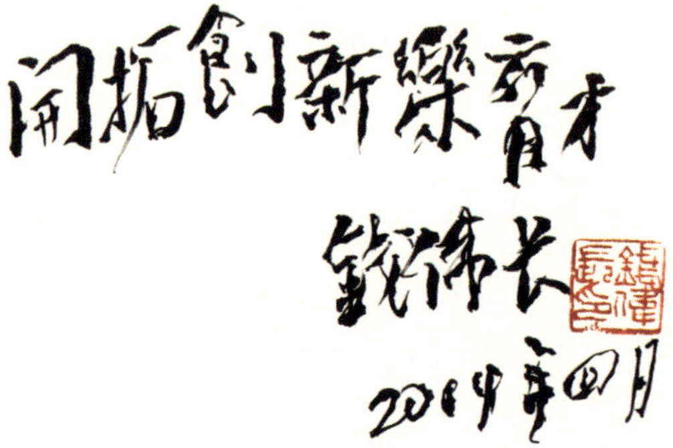

2004年4月　上大附中名誉校长钱伟长为上大附中题词“开拓创新乐育才”。

2021年4月30日　上海大学举行庆祝中国共产党建党100周年、纪念五四运动暨第十届“文学之夜”活动。

2024年

农历甲辰年

4月

April

星期二 Tuesday

30日

三月廿二

记事

2024

5月

May

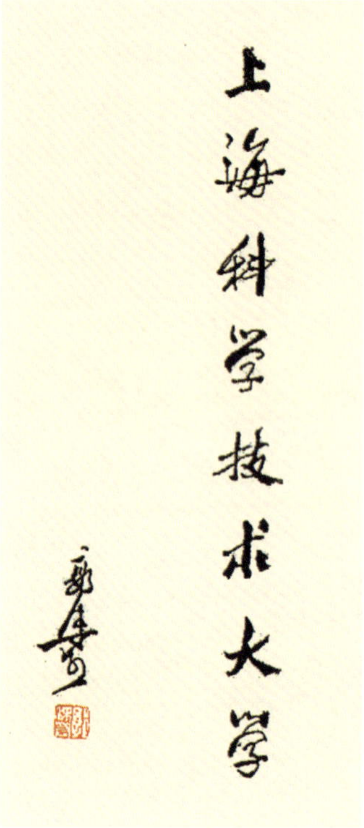

1959年5月　中国科学院院长郭沫若为上海科学技术大学题写校名。

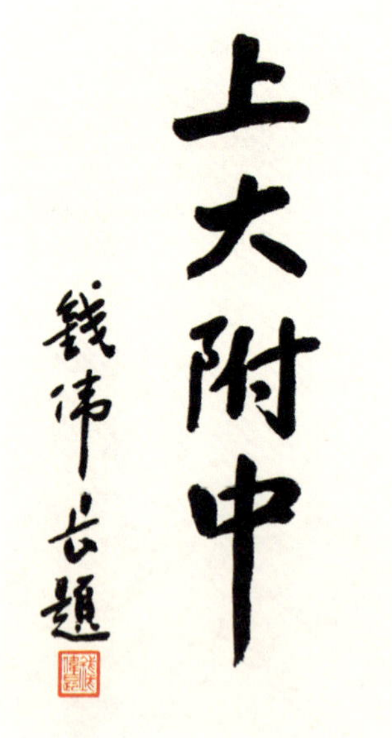

2003年5月　上海市宝山区委区政府聘请全国政协副主席、上海大学校长钱伟长任上大附中名誉校长。钱伟长受聘后为上大附中题写校名。

2024年
农历甲辰年

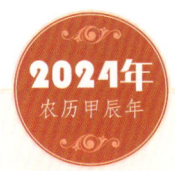

5月 May

星期三 Wednesday

1日

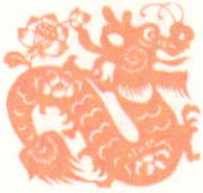

劳动节

三月廿三

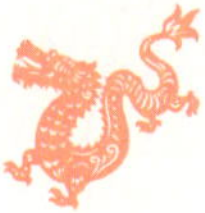

记事

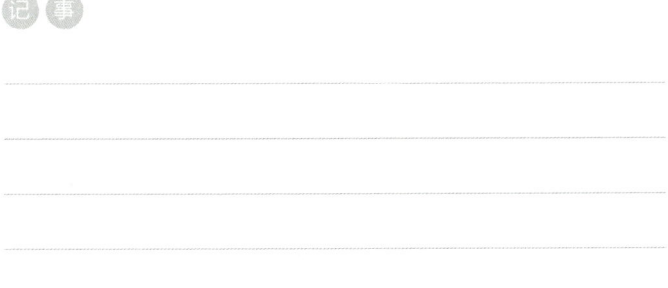

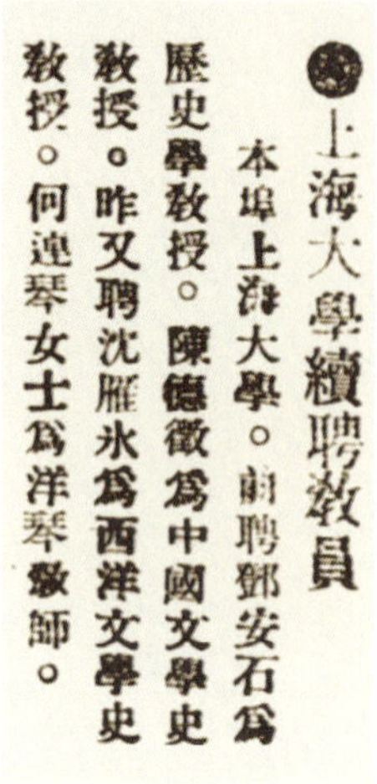

上海大學續聘教員

本埠上海大學。前聘鄧安石爲歷史學教授。陳德徵爲中國文學史教授。昨又聘沈雁氷爲西洋文學史教授。何連琴女士爲洋琴教師。

1923年5月2日　《民国日报》刊登《上海大学续聘教员》的消息。

2000年5月　上大附中正式开工建设。工程占地面积200余亩，总建筑面积7万余平方米，总投资2.4亿元。

2024年
农历甲辰年

5月 May

星期四 Thursday

2日

三月廿四

记事

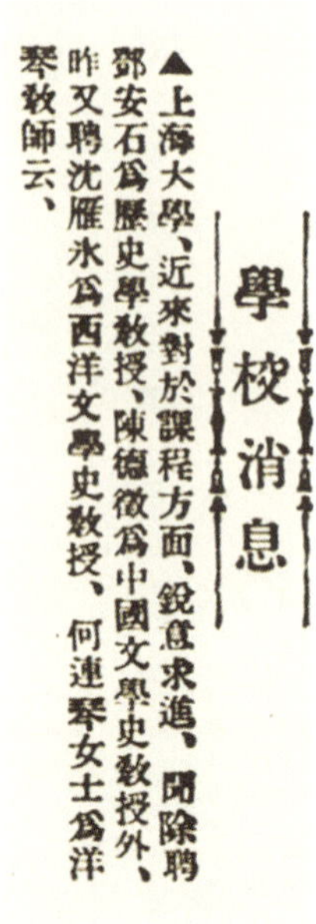

學校消息

▲上海大學、近來對於課程方面、銳意求進、聞除聘鄧安石爲歷史學敎授、陳德徵爲中國文學史敎授外、昨又聘沈雁冰爲西洋文學史敎授、何連琴女士爲洋琴敎師云、

1923年5月3日　《申报》《新闻报》等报刊登上海大学添聘教师的消息。

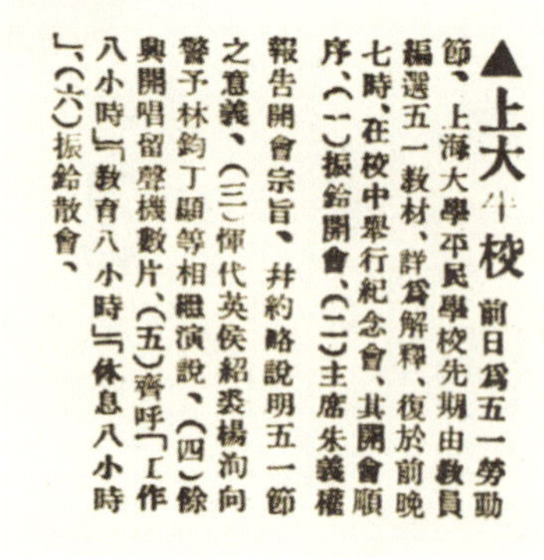

▲上大平校　前日爲五一勞動節、上海大學平民學校先期由敎員編選五一敎材、詳爲解釋、復於前晚七時、在校中舉行紀念會、其開會順序、(一)振鈴開會、(二)主席朱義權報告開會宗旨、并約略說明五一節之意義、(三)惲代英侯紹裘楊洵向警予林鈞丁顯等相繼演說、(四)餘興開唱留聲機數片、(五)齊呼「工作八小時」「敎育八小時」「休息八小時」、(六)振鈴散會、

1925年5月3日　《民国日报》《申报》等报刊登上海大学平民学校的消息。

2013年5月3日　上海大学举行2012 年度研究生国家奖学金颁奖典礼。

2024年
农历甲辰年

5月 May

星期五 Friday

3日

三月廿五

记事

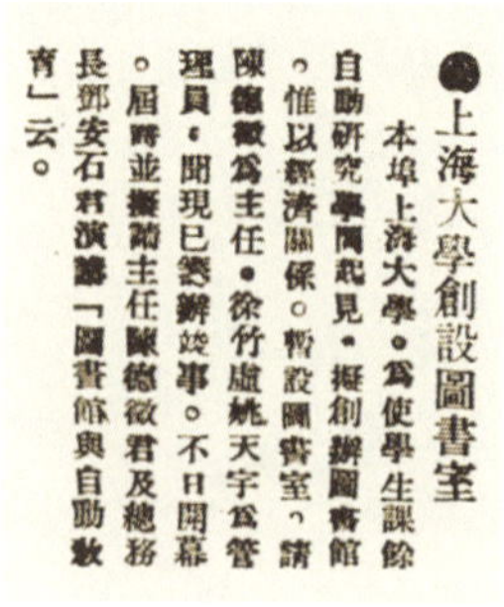

上海大學創設圖書室

本埠上海大學•爲使學生課餘自動研究學問起見•擬創辦圖書館，惟以經濟關係。暫設圖書室，請陳德徵爲主任•徐竹虛姚天宇爲管理員•聞現已籌辦該事。不日開幕。屆時並擬請主任陳德徵君及總務長鄧安石君演講「圖書館與自動教育」云。

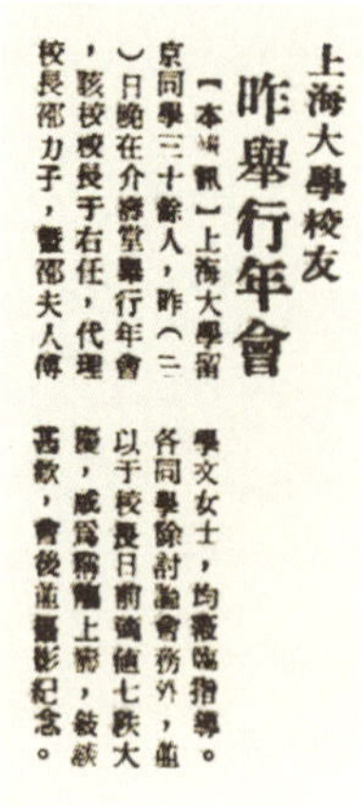

上海大學校友
昨舉行年會

【本報訊】上海大學留京同學三十餘人，昨（二）日晚在介壽堂舉行年會，該校校長于右任，代理校長邵力子，暨邵夫人傅學文女士，均蒞臨指導。各同學除討論會務外，並以于校長日前適值七秩大慶，咸爲稱觴上壽，兹祝嵩款，會後並攝影紀念。

1948年5月4日　《中央日报》刊登《上海大学校友昨举行年会》的消息。

1923年5月4日　《民国日报》《申报》《新闻报》等报刊登上海大学创设图书室的消息。

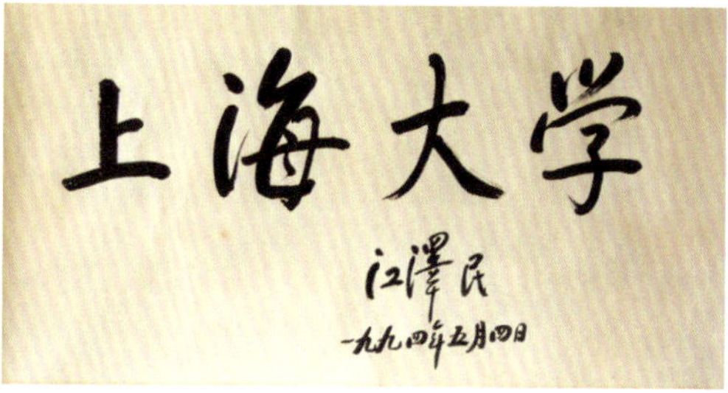

1994年5月4日　江泽民为上海大学题写校名。

2015年5月4日　上海大学举行省部共建高品质特殊钢冶金与制备国家重点实验室揭牌仪式。

2024年
农历甲辰年

5月 May

星期六 Saturday

4日

青年节

三月廿六

记事

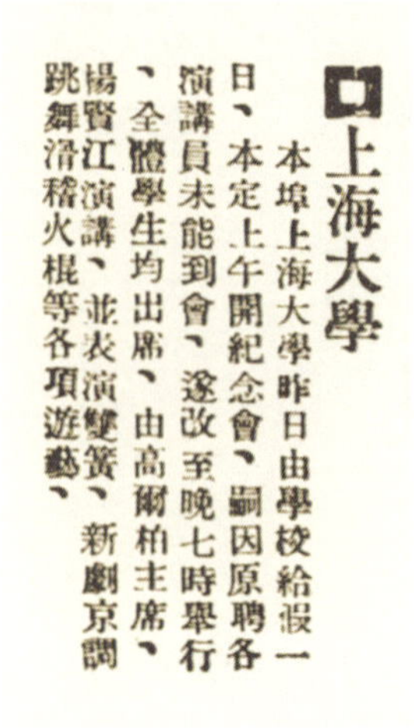

◎上海大學

本埠上海大學昨日由學校給假一日、本定上午開紀念會、嗣因原聘各演講員未能到會、遂改至晚七時舉行、全體學生均出席、由高爾柏主席、楊賢江演講、並表演雙簧、新劇京調跳舞滑稽火棍等各項遊藝、

1926年5月5日　《民国日报》刊登上海大学召开五四纪念会的消息。

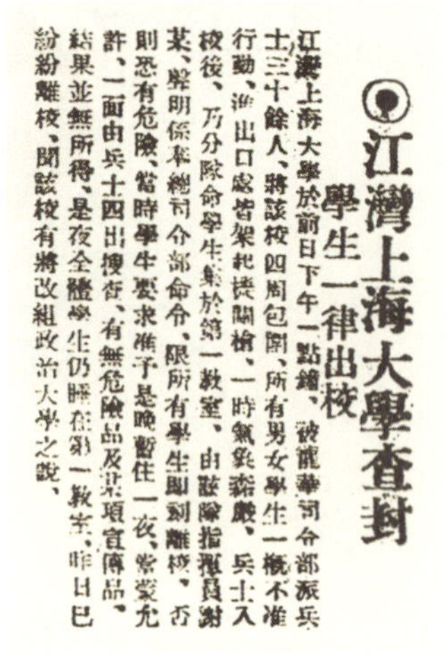

◎江灣上海大學查封 學生一律出校

江灣上海大學於前日下午一點鐘、被龍華司令部派兵士三十餘人、將該校四周包圍、所有男女學生一概不准行動、並出口處皆架起機關槍、一時氣象森嚴、兵士入校後、乃分隊命學生集於第一教室、由該隊指揮員對衆、聲明係奉總司令部命令、限所有學生即刻離校、否則恐有危險、當時學生要求准予是晚暫住一夜、當蒙允許、一面由兵士四出搜查、有無危險品及宣傳品、結果並無所得、是夜全體學生仍睡在第一教室、昨日已紛紛離校、聞該校有將改組政治大學之說、

1927年5月5日　《时报》刊登《江湾上海大学查封・学生一律出校》的消息。

2017年5月5日　上海大学校长金东寒受聘担任上大附中名誉校长。

2024年
农历甲辰年

5月 May

星期日 Sunday

5日

三月廿七 立夏

记事

⊙上海大學查封後之布告

前敘政治部於五月二日派教育股股長梁麟總司令部特務處陳衛隊長、前往江灣查封上海大學、將該校學生全體遣散、所有學生行李書籍等、概令其自由搬出、唯學校公物則由教育股派員協同江灣警署檢查封閉、並派警駐守、聞國民革命軍總司令以政治人才需用孔亟、擬即辦政治訓練班一所、即以該校房屋爲所址、茲錄政部布告如下、 查上海大學爲破壞國民黨反動份子之巢穴、業經查獲有據、茲特派員前往查封、除飭令該校先行全部解散聽候查辦外、合將查封該校緣由布告、俾衆周知、此佈、

1927年5月6日 《时报》刊登《上海大学查封后之布告》。

2004年5月6日 上海大学战略发展专家咨询会召开。

2024年
农历甲辰年

5月 May

星期一 Monday

6日

三月廿八

记事

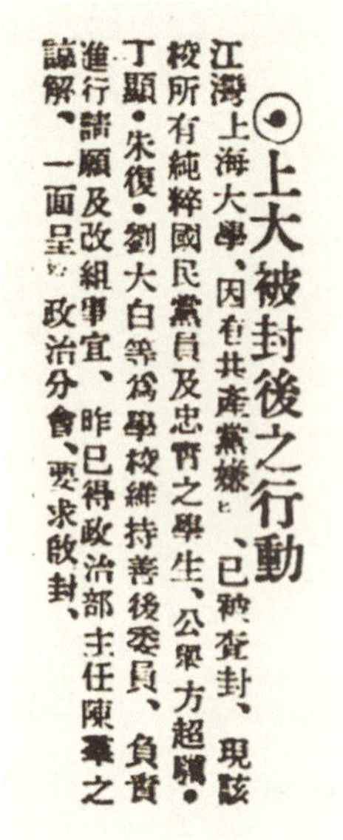

⊙上大被封後之行動

江灣上海大學、因有共產黨嫌疑、已被查封、現該校所有純粹國民黨員及忠實之學生、公舉方超驥・丁顯・朱復・劉大白等爲學校維持善後委員、負責進行請願及改組事宜、昨已得政治部主任陳羣之諒解、一面呈請政治分會、要求啓封、

1927年5月7日　《时报》刊登《上大被封后之行动》的消息；《新闻报》刊登《上大维持善后委员呈请启封》的消息。

2021年5月7日　由上海大学和上汽通用汽车携手举办的“致匠心”专场活动在上海大学举行，来自教育、医疗、民航、汽车领域的优秀标杆齐聚上海大学，分享各自的匠心故事。

2024年
农历甲辰年

5月 May

星期二 Tuesday

7日

三月廿九

记事

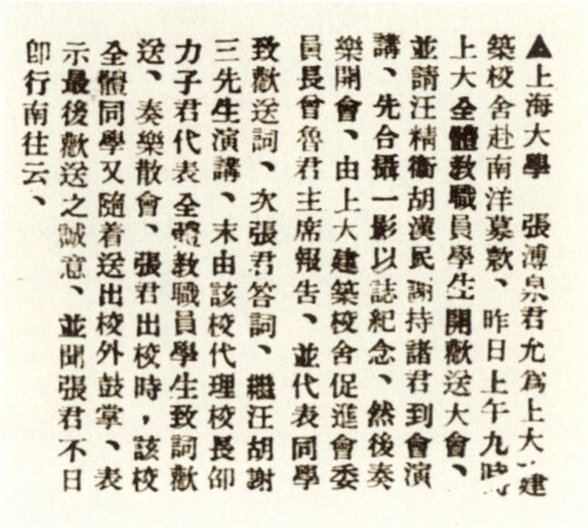

▲上海大學　張溥泉君允爲上大建築校舍赴南洋募款、昨日上午九時上大全體教職員學生開歡送大會、並請汪精衛胡漢民謝持諸君到會演講、先合攝一影以誌紀念、然後奏樂開會、由上大建築校舍促進會委員長曾魯君主席報告、並代表同學致歡送詞、次張君答詞、繼汪胡謝三先生演講、末由該校代理校長邵力子君代表全體教職員學生致詞歡送、奏樂散會、張君出校時，該校全體同學又隨着送出校外鼓掌、表示最後歡送之誠意、並聞張君不日即行南往云、

1924年5月8日　《民国日报》《新闻报》等报刊登上海大学师生欢送张溥泉（张继）赴南洋为上海大学建筑校舍募款的消息。

光明日报

打开

上海大学“课程思政”在《红色传承》中汲取营养

人民共和国度过了七十华诞，中国共产党也将在明年迎来百岁诞辰。如今，在世的老红军战士寥若晨星，健在的老八路军、老新四军也已为数不多。记述革命前辈的英雄事迹，为“四史”学习教育积累生动素材，就成了一件非常紧迫而有意义的工作。

早在2012年10月，上海大学影视艺术技术学院的王晓川就与上海市新四军历史研究会理事余江如联合发起，开展了以《红色传承》为主题的电视纪录片创作工程。纪录片以客观记录和人物采访的方式，记述在世的老红军、八路军和新四军老战士亲身经历的革命故事与峥嵘岁月，参与创作的上海大学新闻传播学科和戏剧影视学科的研究生累计已有300余名。

八年来，团队采访过一大批革命老战士，有老红军战士胡守富、洪明贵，新四军老战士陈尔胜、阎道彰，八路军老战士贾德发和老地下党员刘燕如等，创作完成了100集《红色传承》电视纪录片，包括《长征的故事》、《新四军对日伪作战经典战例》、《上海解放的故事》等，分20期全部在上海广播电视台视频点播

2020年5月8日　“光明日报”报道《上海大学“课程思政”在〈红色传承〉中汲取营养》的消息。

2024年

农历甲辰年

5月

May

星期三 Wednesday

8日

四月初一

记事

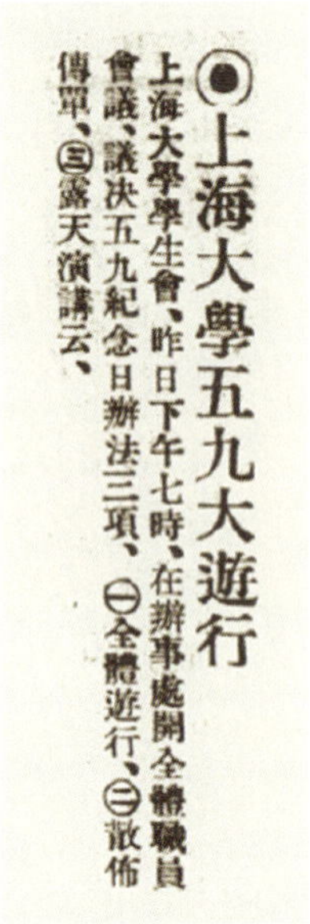

⊙上海大學五九大遊行

上海大學學生會、昨日下午七時、在辦事處開全體職員會議、議決五九紀念日辦法三項、㈠全體遊行、㈡散佈傳單、㈢露天演講云、

1923年5月9日　《申报》刊登《上海大学五九大游行》的消息。

2019年5月9日　上海大学第七届国际文化节开幕式暨第十三届国际文化风情展举行（上海大学国际文化节始于2007年）。

2024年
农历甲辰年

5月 May

星期四 Thursday

9日

四月初二

记事

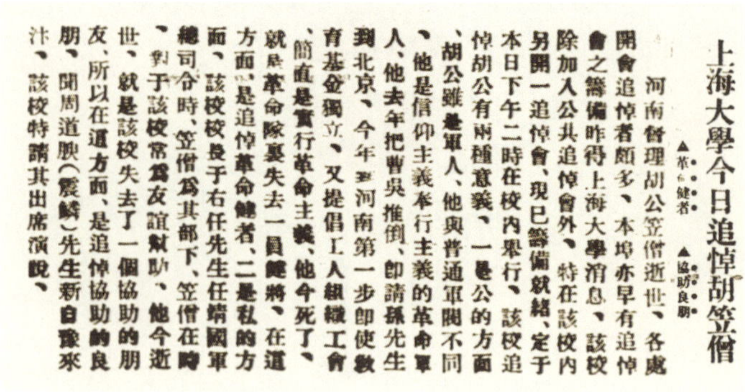

上海大學今日追悼胡笠僧

▲革命健者 ▲協助良朋

河南督理胡公笠僧逝世、各處開會追悼者頗多、本埠亦早有追悼會之籌備昨得上海大學消息、該校除加入公共追悼會外、特在該校內另開一追悼會、現已籌備就緒、定于本日下午二時在校內舉行、該校追悼胡公有兩種意義、一是公的方面、胡公雖是軍人、他與普通軍閥不同、他是信仰主義奉行主義的革命軍人、他去年把曹吳推倒、即請孫先生到北京、今年到河南第一步即使教育基金獨立、又提倡工人組織工會、簡直是實行革命主義、他今死了、就是革命隊裏失去一員健將、在這方面、是追悼革命健者、二是私的方面、該校校長于右任先生任靖國軍總司令時、笠僧爲其部下、笠僧在時、對于該校常爲友誼幫助、他今逝世、就是該校失去了一個協助的朋友、所以在這方面、是追悼協助的良朋、聞周道腴(震鱗)先生新自豫來汴、該校特請其出席演說、

1925年5月10日　《民国日报》刊登《上海大学今日追悼胡笠僧》《上大川同学开会》的消息。

2023年5月10日　临港实验室与上海大学战略合作框架协议签约仪式在上海大学举行。

2024年
农历甲辰年

5月 May

星期五 Friday

10日

四月初三

记事

華德博士在上大演講

▲今日起共四天

華德博士、爲美國著名之社會學者、此次來華、在北京廣東各大學均曾講演、滬上各校亦多請往演講、惟博士願擬作一比較有系統的講演、適上海大學亦以此爲請、遂定今日起在該校接連演講四天、對於社會科學及社會問題爲有系統之討論、講演時間、今日至十三日(星期一至星期三)均下午四時至六時、十四日(星期四)則爲上午九時至十一時、

1925年5月11日　《民国日报》刊登《华德博士在上大演讲·今日起共四天》的消息。

2016年5月11日　“学·思·行”——上海大学第十四届研究生学术节闭幕。

2024年
农历甲辰年

5月

May

星期六 Saturday

11日

四月初四

记事

上海大學圖書館徵求圖書

敝校創設圖書館，原以爲吾等學子自由研究之需。惟開辦之初，書籍不多，勢不得不向各界懇切徵求。務希海內外熱心教育諸君，欣然惠贈。不計性質，不計册數（多多益善）如蒙俯許，乞寄敝校圖書館爲幸！

上海大學圖書館敬啓

1923年5月12日至6月19日　《民国日报》刊登《上海大学图书馆征求图书》的消息。

2017年5月12日　由上海大学共建的泰国宋卡王子大学普吉孔子学院、爱尔兰科克大学孔子学院、土耳其海峡大学孔子学院、美国肯塔基大学孔子学院和巴林王国巴林大学孔子学院等五家孔院联席会议在巴林大学召开。

2024年
农历甲辰年

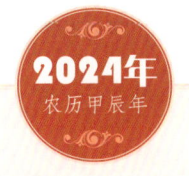

5月

May

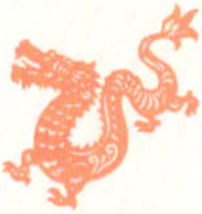

星期日 Sunday

12日

四月初五

记事

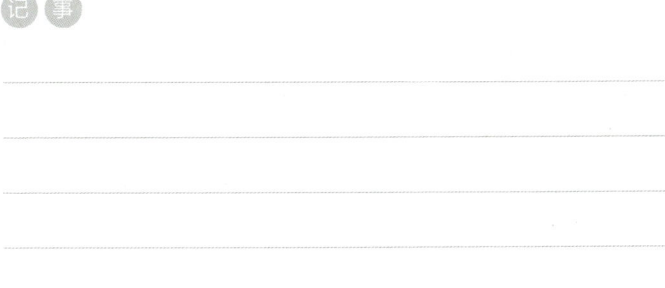

1923年5月13日　《民国日报》《申报》等报刊登马君武到上海大学演讲的消息。

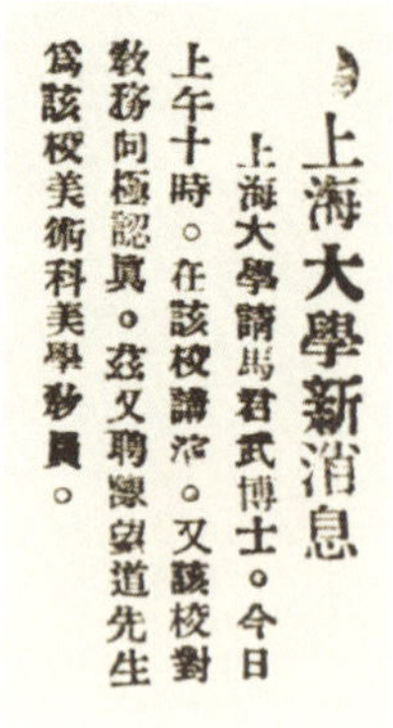

上海大學新消息

上海大學請馬君武博士。今日上午十時。在該校講演。又該校對教務向極認眞。茲又聘繆斂道先生爲該校美術科美學教員。

1988年5月13日　上海市研究生科技学术协会成立大会在上海工业大学召开，钱伟长校长出席。

2016年5月13日　上海市教育系统"劳模创新工作室"——吴明红有机污染物控制工作室揭牌仪式在上海大学举行。

2024年
农历甲辰年

5月 May

星期一 Monday

13日

四月初六

记事

2014年5月14日　陈嘉庚科学奖报告会在上海大学召开。

2019年5月　上海大学羽毛球运动员在第七届中国大学生阳光体育羽毛球比赛中获女双亚军。

2024年
农历甲辰年

5月

May

星期二 Tuesday

14日

四月初七

记事

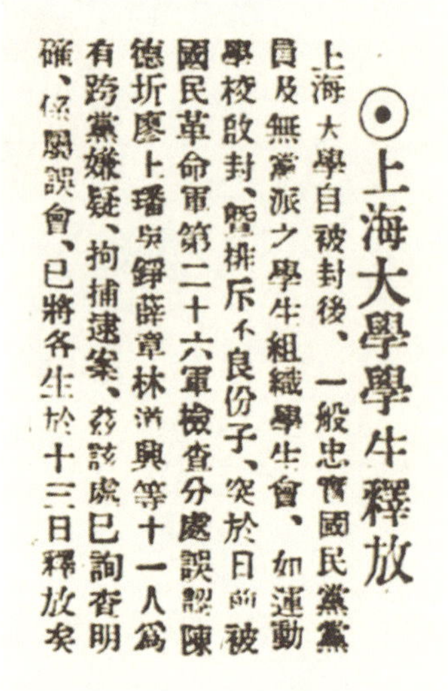

⊙上海大學學生釋放

上海大學自被封後、一般忠實國民黨黨員及無黨派之學生組織學生會、如運動學校啓封、暨排斥不良份子、突於日前被國民革命軍第二十六軍檢查分處誤認陳德圻廖上璠吳鏵薛章林洪興等十一人爲有跨黨嫌疑、拘捕逮案、茲該處已詢查明確、係屬誤會、已將各生於十三日釋放矣

1927年5月15日　《申报》《时报》等报刊登上海大学被拘学生已释放的消息。

1989年5月15日　上海科技专科学校召开庆祝建校30周年大会。

2024年

农历甲辰年

5月

May

星期三 Wednesday

15日

四月初八

记事

1927年5月16日　《申报》刊登《上大学生会请派员到校维持》的消息。

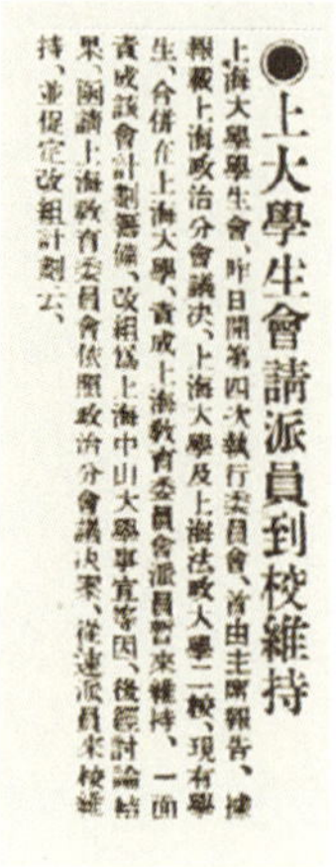

上大學生會請派員到校維持

上海大學學生會、昨日開第四次執行委員會、首由主席報告、據報載上海政治分會議決、上海大學及上海法政大學二校、現有學生、合併在上海大學、責成上海教育委員會派員暫來維持、一面責成該會計劃籌備、改組為上海中山大學事宜等因、後經討論結果、函請上海教育委員會依照政治分會議決案、從速派員來校維持、並促定改組計劃云、

1988年5月16日　上海工业大学与上海科学技术大学共建计算机学院成立大会召开（左起：上海科学技术大学校长郭本瑜、上海市副市长谢丽娟、上海工业大学校长钱伟长）。

2023年5月16日　“涵养优良学风 勇攀学术高峰 矢志科技报国”全国首批科学家精神教育基地揭牌仪式暨上海大学第二十一届研究生学术节开幕式举行。

2024年

农历甲辰年

5月

May

星期四 Thursday

16日

四月初九

记事

上海大學書報流通處啓事

敝處爲宣傳文化起見，有書報流通處的組織，經售國內各大書社的出版品——社會科學新文學自然科學一類的書籍和刊物。各地出版的書報，如願委託代售，極表歡迎。請將代派簡章和書目寄來，以便查考，並賜寄最近出版的書籍和刊物，以察試敝處的銷場，不勝盼感！惠函寄上海西摩路

上海大學書報流通處謹啓

1924年5月17日　《民国日报》刊登《上海大学书报流通处启事》。

光明日报　打开

2021量子计算黑客松大赛圆满落幕

光明日报客户端　2021-05-17 21:17

5月16日，2021量子计算黑客松决赛在上海大学理学院量子人工智能科学技术研究中心圆满落幕。本次大赛历时三个月多月，吸引了来自全国各大高校的293名学生，78个团队的积极参与。经过层层选拔，7支队伍脱颖而出，冲进决赛。经过综合笔试和答辩两个环节的激烈角逐，来自中山大学的选手最终摘得桂冠。

量子科技是一项对传统技术体系产生冲击、进行重构的重大颠覆性技术创新，量子计算则被认为是未来具有颠覆性影响的新型计算模式之一。为了体现前沿性和交叉性，参赛题目涉及量子计算、量子化学、机器学习等学科交叉。本届大赛是上海大学与华为的第二次合作，规模比上届更大，赛题更难，吸引了广大量子爱好者的关注。大赛的举办对实现校企联动，推动交叉创新的量子人才培养具有积极作用，有助于形成涉及学术研究、人才培养、科学普及和科技产业化的良好量子科技生态圈。

2021年5月17日　“光明日报”报道《2021量子计算黑客松大赛圆满落幕》的消息。

2024年
农历甲辰年

5月 May

星期五 Friday

17日

四月初十

记事

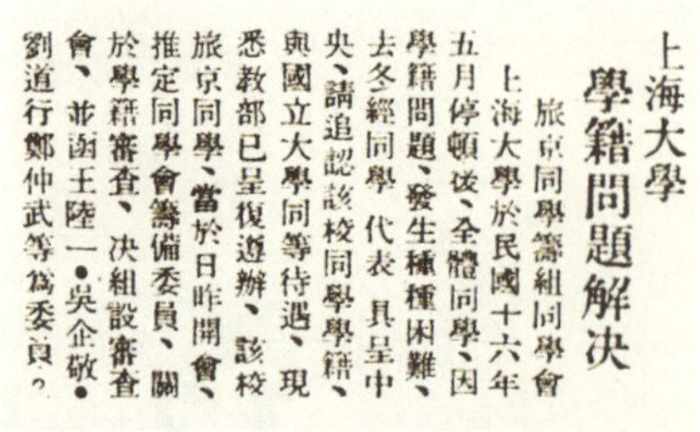

上海大學學籍問題解決

旅京同學籌組同學會

上海大學於民國十六年五月停頓後、全體同學、因學籍問題、發生種種困難、去冬經同學代表具呈中央、請追認該校同學學籍、與國立大學同等待遇、現悉教部已呈復遵辦、該校旅京同學、當於日昨開會、推定同學會籌備委員、關於學籍審查、決組設審查會、並函王陸一•吳企敬•劉道行鄭仲武等爲委員。

1936年5月18日 《中央日报》刊登《上海大学学籍问题解决·旅京同学筹组同学会》的消息。

2019年5月18日　上海大学悉尼工商学院建院25周年纪念活动暨中澳合作办学典型案例研讨会在上海大学举行。

× 上海大学召开新时代领航高校思政课+... ···

上海大学召开新时代领航高校思政课+课程思政创新教学研讨会

2020年05月18日 07:59 来源：中新网上海

中新网上海新闻5月18日电（殷晓）上海大学15日举办“新时代领航高校思政课+课程思政教学创新研讨会”。来自复旦大学、上海交通大学、上海中医药大学的五名嘉宾与上海大学马克思主义学院教师代表、课程思政领航团队负责人代表、部分领航课程负责人及教师工作部、人事处、宣传部负责人共30余人与会。

本次研讨会其实也是全国政协委员、上海大学副校长汪小帆教授的调研会。他即将赴京参加全国政协会议。他关切的话题是线上高校思政课教学与课程思政教学中存在的问题及解决对策。本次研讨会由上海大学党

2020年5月18日　“中国新闻网”报道《上海大学召开新时代领航高校思政课+课程思政创新教学研讨会》的消息。

2024年
农历甲辰年

5月

May

星期六　Saturday

18日

四月十一

记事

1989年5月19日　上海科技大学召开庆祝建校30周年大会。

1995年5月19日　上海大学召开影视艺术技术学院、生命科学学院、外国语学院成立大会。

2024年
农历甲辰年

5月 May

星期日 Sunday

19日

四月十二

记事

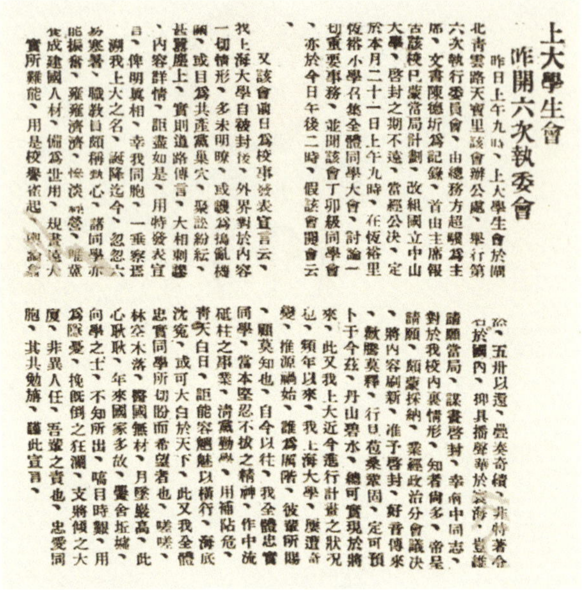

上大學生會
昨開六次執委會

昨日上午九時、上大學生會於閘北青雲路天寶里該會辦公處、舉行第六次執行委員會、由總務方超驥爲主席、文書陳德圻爲記錄、首由主席報告該校已蒙當局計劃、改組國立中山大學、啓封之期不遠、當經公決、定於本月二十一日上午九時、在仮裕里仮裕小學召集全體同學大會、討論一切重要事務、並開該會丁卯級同學會、亦於今日午後二時、假該會開會云、

又該會兩日爲校事發表宣言云、我上海大學自被封後、外界對於內容一切情形、多未明瞭、或譏爲搗亂機關、或目爲共產黨巢穴、聚訟紛紜、甚囂塵上、實則道路傳言、大相刺謬、內容詳情、詎盡如是、用特發表宣言、俾明眞相、幸我同胞、一垂察焉、溯我上大之名、誕降迄今、忽忽六易寒暑、職教員頗稱熱心、諸同學亦能振奮、雍雍濟濟、慘淡經營、唯冀養成建國人材、備爲世用、規畫遠大、實所難能、用是校譽雀起、與論翕然、五卅以還、疊奏奇績、非特著令名於國內、抑且播聲華於寰海、豈謂請願當局、謀畫啓封、幸南中同志、對於我校內裏情形、知者尚多、帝是請願、頗蒙採納、業經政治分會議決、將內容刷新、准予啓封、好音傳來、歡騰莫釋、行目苞桑鞏固、定可預卜于今茲、丹山碧水、總可實現於將來、此又我上大近今進行計畫之狀況也、須年以來、我上海大學、屢遭奇變、推源禍始、誰爲厲階、彼蒼所賜、顯莫知也、自今以往、我全體忠實同學、當本堅忍不拔之精神、作中流砥柱之事業、淸黨勵興、用補阽危、海底靑天白日、詎能容魍魎以橫行、海底沈冤、或可大白於天下、此又我全體忠實同學所切盼而希望者也、嗟嗟、林森木落、醫國無材、月墜巖高、此心耿耿、年來國家多故、釁舍垢媸、向學之士、不知所出、嗚目時艱、用爲隱憂、挽旣倒之狂瀾、支將傾之大廈、非異人任、吾輩之責也、忠愛同胞、其共勉旃、謹此宣言、

1927年5月20—21日　《民国日报》《申报》等报刊登上海大学学生会举行第六次执行委员会会议的消息。

2023年5月20日　上海大学举行第四届校友临泮乐跑活动。

2024年
农历甲辰年

5月

May

星期一　Monday

20日

四月十三　小满

记事

2011年5月21日　“同学心　母校情　材料人　上大行”上海大学材料学院首届“院友日”活动举行。

2017年5月21日　上海大学自强队在2017中国服务机器人大赛仿真组赛上获得冠军。

2024年

农历甲辰年

5月

May

星期二 Tuesday

21日

四月十四

记事

2017年5月22日　第十五届“挑战杯”全国大学生课外学术科技作品竞赛“一带一路”高校创新人才培养校长论坛在上海大学举行。

2023年5月22日　上海大学党委副书记、校长刘昌胜以“贯彻新发展理念，推动高质量发展”为题，为“上海党建工作样板支部”培育创建单位、力学与工程科学学院固体力学研究所党支部讲授主题教育专题党课。

2024年

农历甲辰年

5月

May

星期三 Wednesday

22日

四月十五

记事

2014年5月23日　由上海大学法学院、中国国际经济贸易法学研究会共同主办的构建法治中国高峰论坛在上海大学举行。

2014年5月　由上海大学语委、宣传部、文明办、教务处、校工会、团委、研工委、演讲协会共同主办的“圆梦上大——热烈庆祝新上大组建二十周年”师生演讲比赛举行。

2024年

农历甲辰年

5月 May

星期四 Thursday

23 日

四月十六

记事

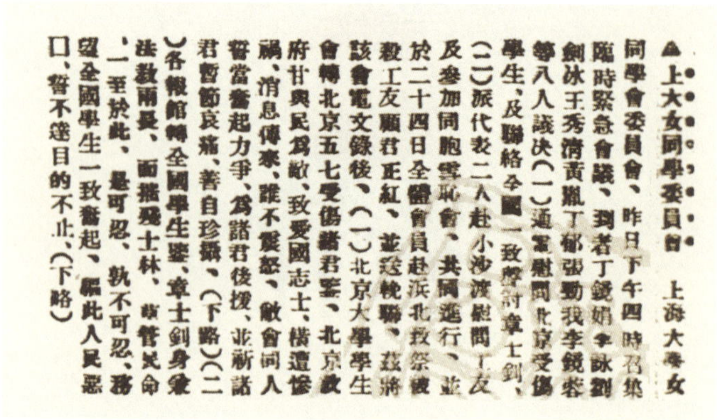

上大女同學委員會 上海大學女同學會委員會、昨日下午四時召集臨時緊急會議、到者丁錢娟李詠劉劍冰王秀清黃胤丁郁張勁我李鏡蓉等八人議決(一)通電慰問北京受傷學生、及聯絡全國一致聲討章士釗、(二)派代表二人赴小沙渡慰問工友及參加同胞雪恥會、共同進行、並於二十四日全體會員赴浜北致祭被殺工友顧君正紅、並送輓聯、茲將該會電文錄後、(一)北京大學學生會轉北京五七受傷諸君鑒、北京政府甘與民爲敵、致愛國志士、橫遭慘禍、消息傳來、誰不震怒、敝會同人誓當奮起力爭、爲諸君後援、並祈諸君暫節哀痛、善自珍攝、(下略)(二)各報館轉全國學生鑒、章士釗身象法教兩長、而摧殘士林、荼毒民命、一至於此、是可忍、孰不可忍、務望全國學生一致奮起、驅此人民蟊口、誓不達目的不止、(下略)

1925年5月24日　《民国日报》刊登《上大女同学委员会》的消息。

2013年5月24日　国家体育总局与上海大学共建的中国学校体育运动科学研究中心揭牌暨共建签约仪式举行。

2014年5月24日　上海大学教育发展基金会成立大会暨第一届理事会第一次会议召开。

2024年
农历甲辰年

5月

May

星期五 Friday

24日

四月十七

记事

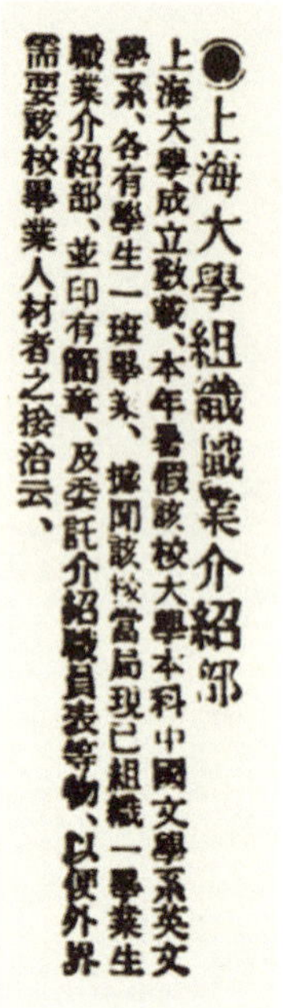

◉上海大學組織職業介紹部

上海大學成立數載、本年暑假該校大學本科中國文學系英文學系、各有學生一班畢業、據聞該校當局現已組織一畢業生職業介紹部、並印有簡章、及委託介紹職員表等物、以便外界需要該校畢業人材者之接洽云、

1926年5月25日　《民国日报》《新闻报》等报刊登上海大学组织职业介绍部的消息。

2023年5月25日　上海大学与上海市教师教育学院战略合作框架协议签约仪式在上海大学举行。

2024年
农历甲辰年

5月

May

星期六 Saturday

25日

四月十八

记事

2023年5月26日　以“上海教育国资的现在与未来”为主题的第一届上海教育系统国有资产管理论坛在上海大学举行。

2023年5月26日　2022年度上海市科学技术奖励大会在上海展览中心召开，上海大学作为第一完成单位共有12项成果获奖，其中一等奖5项、二等奖7项。

2024年

农历甲辰年

5月 May

星期日 Sunday

26日

四月十九

记事

1926年5月27—28日
《民国日报》《申报》《时报》等报刊登上海大学湘社开游艺会的消息。

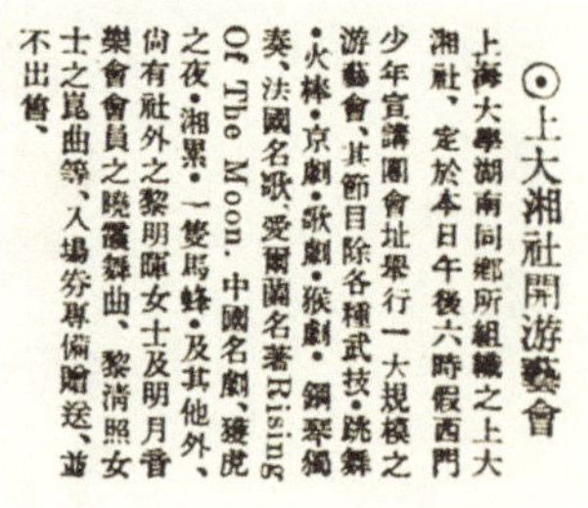

⊙上大湘社開游藝會

上海大學湖南同鄉所組織之上大湘社，定於本日午後六時假西門少年宣講團會址舉行一大規模之游藝會，其節目除各種武技•跳舞•火棒•京劇•歌劇•猴劇•鋼琴獨奏、法國名歌，愛爾蘭名著Rising Of The Moon. 中國名劇，獲虎之夜•湘累•一隻馬蜂•及其他外，尚有社外之黎明暉女士及明月音樂會會員之曉霞舞曲、黎清照女士之崑曲等，入場劵專備贈送，並不出售。

1994年5月27日　校长钱伟长与中共上海市委副书记、市长黄菊一起，为新上海大学揭牌。

2012年5月27日　上海大学董事会成立大会暨首届校董会第一次会议召开，第十届全国政协副主席、中国工程院原院长、中国工程院主席团名誉主席徐匡迪院士担任首届校董事会主席。

2024年
农历甲辰年

5月

May

星期一 Monday

27日

四月二十

记事

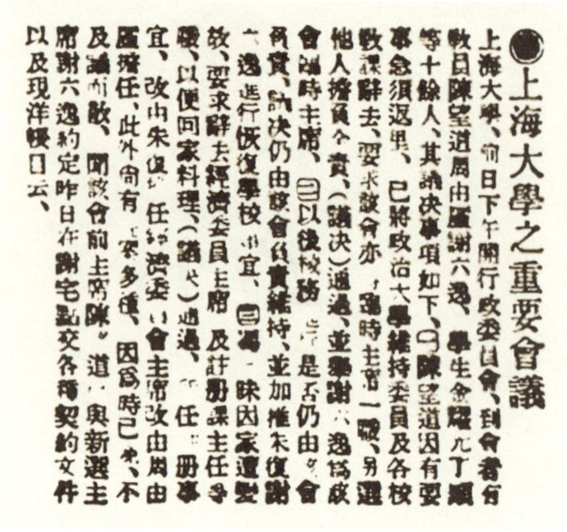

●上海大學之重要會議

上海大學、前日下午開行政委員會、到會者有教員陳望道周由廑謝六逸、學生金耀光丁顯等十餘人、其議決事項如下、(一)陳望道因有要事急須返里、已將政治大學維持委員及各校教課辭去、要求該會亦准，臨時主席一職、另選他人擔負全責、(議決)通過、並舉謝六逸爲該會臨時主席、(二)以後校務宗旨是否仍由該會負責、議決仍由該會負責維持、並加推朱復謝六逸進行恢復學校事宜、(三)周由廑因家遭變故、要求辭去經濟委員主席及註冊課主任各職、以便回家料理、(議決)通過、所任註冊事宜、改由朱復兼任、經濟委員會主席改由周由廑擔任、此外尚有提案多種、因爲時已晏、不及議而散、閉散會前主席陳望道、與新選主席謝六逸約定昨日在謝宅點交各種契約文件以及現洋[illegible]云、

1927年5月28日 《申报》《新闻报》《时报》等报刊登《上海大学之重要会议》的消息。

2010年5月28日 为期三周的上海大学“心系慈善 爱在上大”首届大学生慈善文化节闭幕。

2024年
农历甲辰年

5月

May

星期二 Tuesday

28日

四月廿一

记事

1993年5月　上海工业大学深化招生制度改革，在全国普通高校中最早推行“面向社会，自主招生，择优录取”的招生制度。

2021年5月29—30日　上海大学社区学院师生受“长三角高校书院联盟”邀请前往江苏师范大学参加党史学习教育。

2024年
农历甲辰年

5月　　　May

星期三　Wednesday

29日

四月廿二

记事

2022年5月30日　上海大学钱伟长图书馆入选首批全国科学家精神教育基地。

2023年5月30日　上海大学校长、中国科学院院士刘昌胜荣获第三届全国创新争先奖。

2024年
农历甲辰年

5月

May

星期四 Thursday

30日

四月廿三

记事

2015年5月31日至6月2日　“中国诗词大会”选拔研讨活动在上海大学举行。

2023年5月31日　上海大学第五轮校内干部教师“双向实践锻炼”启动会召开。

2024年
农历甲辰年

5月 May

星期五 Friday

31日

四月廿四

记事

6月

June

2019年6月1日　上海大学召开中层干部大会，宣布上海市委关于上海大学党政领导班子任免的决定：成旦红同志任中共上海大学委员会书记，刘昌胜同志任中共上海大学委员会副书记、上海大学校长，金东寒同志不再担任中共上海大学委员会书记、上海大学校长。

2023年6月1—7日　上海大学副校长汪小帆率团出访新加坡、英国伙伴高校和机构。

2024年

农历甲辰年

6月 June

星期六 Saturday

1日

儿童节

四月廿五

记事

2013年6月2日　上海大学成立音乐学院，第十届全国政协副主席、中国工程院原院长、中国工程院主席团名誉主席徐匡迪，全国人大常委会委员、教育部原副部长吴启迪共同为音乐学院揭牌。

2017年6月2日　首届上海大学研究生“寻觅传统文化，传承人文之美”文化艺术宣传展开幕。

2024年
农历甲辰年

6月

June

星期日　Sunday

2 日

四月廿六

记 事

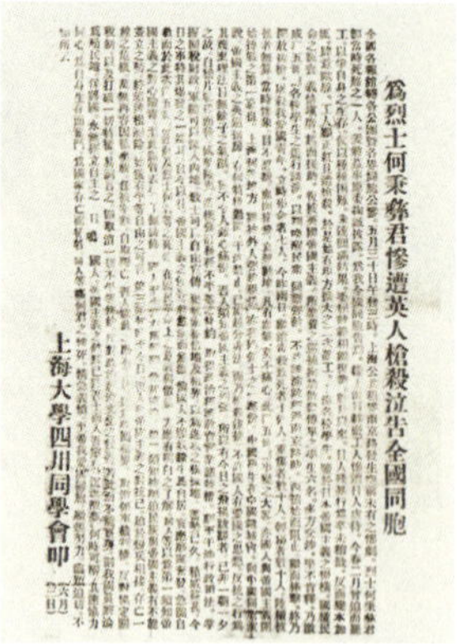

為烈士何秉彝君慘遭英人槍殺泣告全國同胞

上海大學四川同學會叩

1925年6月3日　上海大学四川同学会发出《为烈士何秉彝君惨遭英人枪杀泣告全国同胞书》，将五卅惨案真相公之于众。

2016年6月3日　上海大学英国校友会成立大会在英国伦敦召开。

2020年6月3日　上海大学与上海市第六十中学共建“红色联盟”签约仪式在上海市第六十中学举行。

2024年

农历甲辰年

6月 June

星期一 Monday

3日

四月廿七

记事

(一)　熱血日報

民國十四年六月四日

熱血日報

每份銅元一枚

第一號

發刊辭

洋奴，冷血，這是一般輿論所加於上海人的徽號了！可是現在全上海市民的熱血，已被外人的鎗彈燒得沸騰到頂點了；尤其是大馬路上學生工人同胞的熱血，已經把洋奴冷血之恥辱洗濯得乾乾淨淨。民族自由的爭鬥是一個普遍的長期的爭鬥，不但上海市民的熱血要持續的沸騰著，并且空間上要用上海市民的熱血，引起全國人的熱血；時間上要用現在人的熱血，引起繼起者的熱血。創造世界文化的是熱的血和冷的鐵，現在世界強者占有冷的鐵，而我們弱者只有熱的血；然而我們心中果然有熱的血，不愁將來手中沒有冷的鐵，熱的血一旦得着冷的鐵，便是弱者之末運。本報特揭此旨，敬告國人！

1925年6月4日　上海大学被武力侵占；中国共产党创办的第一张日报《热血日报》创刊，瞿秋白担任主编，上海大学的三位教授沈泽民、郑超麟、何味辛担任编辑。

2012年6月4日　上海大学哈萨克斯坦研究中心成立揭牌仪式举行。

2024年
农历甲辰年

6月

June

星期二 Tuesday

4日

四月廿八

记事

2005年6月5日　钱伟长校长到上海大学新世纪学生公寓看望学生。

人民日报　要闻　3

刘云山会见老挝国会主席

王岐山会见白俄罗斯总统办公厅主任

张高丽在国务院经济普查领导小组会议上强调

科学组织经济普查　有力推动转型升级

把智慧力量凝聚到创新发展上来

马凯在湖北、上海调研时强调

加大金融服务实体经济的支持力度

汪洋在芦山地震灾区考察时强调

做好过渡安置　推进灾后重建

我国自行研发首艘无人测量艇诞生

2013年6月5日
《人民日报》刊登《我国自行研发首艘无人测量艇诞生》的消息。

2015年6月5日　由中国社会科学院与上海市人民政府共同创建的新型智库上海研究院在上海大学成立。

2024年
农历甲辰年

6月 June

星期三 Wednesday

5日

四月廿九 芒种

记事

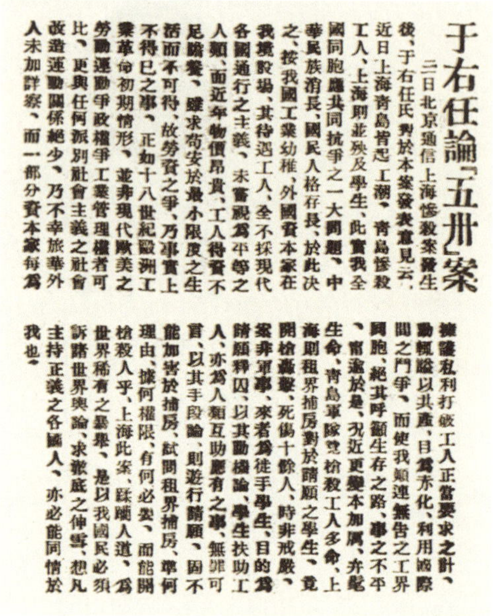

于右任論「五卅」案

三日北京通信上海慘殺案發生後、于右任氏對於本案發表意見云、近日上海青島皆起工潮、青島慘殺工人、上海則並殃及學生、此實我全國同胞應共同抗爭之一大問題、中華民族消長、國民人格存長、於此決之、按我國工業幼稚、外國資本家在我境設場、其待遇工人、全不採現代各國通行之主義、未嘗視爲平等之人類、而近年物價昂貴、工人得資不足贍養、雖求苟安於最小限度之生活而不可得、故勞資之爭、乃事實上不得已之事、正如十八世紀歐洲工業革命初期情形、並非現代歐美之勞動運動爭政權爭工業管理權者可比、更與任何派別社會主義之社會改造運動關係絕少、乃不幸旅華外人未加詳察、而一部分資本家每爲擁護私利打破工人正當要求之計、動輒誣以共產、目爲赤化、利用國際間之鬥爭、而使我顛連無告之工界同胞、絕其呼籲生存之路、事之不平、甯逾於是、況近更變本加厲、弃髦生命、青島軍隊竟槍殺工人多命、上海則租界捕房對於請願之學生、竟開槍轟擊、死傷十餘人、時非戒嚴、案非軍事、來者爲徒手學生、目的爲請願釋囚、以其動機論、學生扶助工人、亦爲人類互助應有之事、無罪可言、以其手段論、則遊行請願、固不能加害於捕房、試問租界捕房、果何理由、據何權限、有何必要、而能開槍殺人乎、上海此案、蹂躪人道、爲世界稀有之暴舉、是以我國民必須訴諸世界輿論、求徹底之伸雪、想凡主持正義之各國人、亦必能同情於我也。

1925年6月6日 《民国日报》刊登《于右任论“五卅”案》的消息。

2020年6月6日 上海大学医工交叉研究院正式成立，上海市副市长陈群、市政府副秘书长虞丽娟、市教卫工作党委书记沈炜等共同为医工交叉研究院揭牌。

2024年
农历甲辰年

6月

June

星期四 Thursday

6日

五月初一

记事

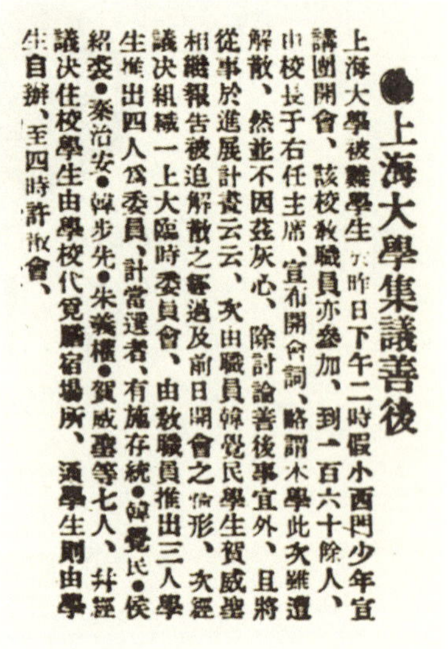

●上海大學集議善後

上海大學被難學生於昨日下午二時假小西門少年宣講團開會、該校教職員亦參加、到一百六十餘人、由校長于右任主席、宣布開會詞、略謂本學此次雖遭解散、然並不因茲灰心、除討論善後事宜外、且將從事於進展計畫云云、次由職員韓覺民學生賀威聖相繼報告被迫解散之經過及前日開會之情形、次經議決組織一上大臨時委員會、由教職員推出三人學生推出四人爲委員、計當選者、有施存統・韓覺民・侯紹裘・秦治安・韓步先・朱義權・賀威聖等七人、幷經議決住校學生由學校代覓膳宿場所、通學生則由學生自辦、至四時許散會、

1925年6月7日　《民国日报》《申报》《新闻报》等报刊登《上海大学集议善后》的消息。

1998年6月　上海大学校长钱伟长在上海大学嘉定校区体育馆会见全国大学生第十三届“兴华杯”排球赛筹备人员。

2024年

农历甲辰年

6月

June

星期五 Friday

7 日

五月初二

记 事

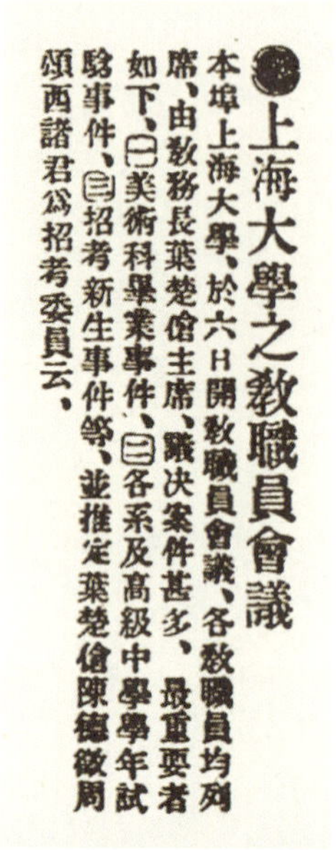

上海大學之教職員會議

本埠上海大學、於六日開教職員會議、各教職員均列席、由教務長葉楚傖主席、議决案件甚多、最重要者如下、㈠美術科畢業事件、㈡各系及高級中學學年試驗事件、㈢招考新生事件等、並推定葉楚傖陳德徵周頌西諸君爲招考委員云、

1923年6月8日　《新闻报》刊登《上海大学之教职员会议》的消息。

2005年6月8日　“上大附中·慧鱼创新机器人教育实验基地”揭牌仪式在上大附中举行。上海市宝山区副区长李原、德国慧鱼集团创意组合模型全球总监Laurenz Wohlfarth共同为基地揭牌。

2024年

农历甲辰年

6月

June

星期六 Saturday

8日

五月初三

记事

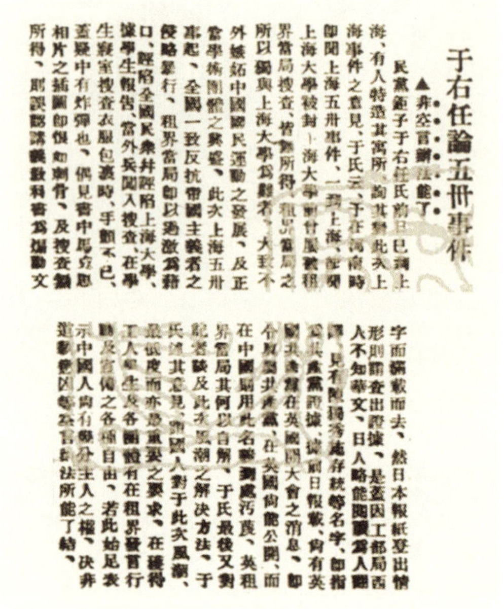

于右任論五卅事件

▲非空言辦法能了

民黨鉅子于右任氏前日已蒞上海、有人特造其寓所、詢其對此次上海事件之意見、于氏云、予在滬甯時即聞上海五卅事件、一到上海、即聞上海大學被封、上海大學前曾屢被租界當局搜查、皆無所得、租界當局之所以獨與上海大學爲難者、大致不外嫉妬中國國民運動之發展、及正當學術團體之繁盛、此次上海五卅事起、全國一致反抗帝國主義者之侵略暴行、租界當局即以激爲藉口、誣陷全國民衆并誣陷上海大學、據學生報告、當外兵闖入搜查、在學生寢室搜查衣服包裹時、手觸不已、蓋疑中有炸彈也、偶見書中馬克思相片之插圖即恨如刺骨、及搜查鉛所得、則誤認講義教科書爲煽動文字而攜載而去、然日本報紙登出情形則謂查出證據、是蓋因工部局西人不知華文、日人略能閱讀爲人翻譯、見有陳獨秀施存統等名字、即指爲共產黨證據、據前日報載、尚有英國共產黨在英國國大會之消息、即令取締共產黨、在英國尚能公開、而在中國則用此名辭加以污蔑、英租界當局其何以自解、于氏最後又對記者談及此次風潮之解決方法、于氏謂其意見、中國人對于此次風潮、最低度而亦爲重要之要求、在獲得工人學生及各團體有在租界發言行動及宣傳之各種自由、若此始足表示中國人尚有爲主人之權、決非道歉懲凶等空言辦法所能了結、

1925年6月9日　《民国日报》刊登《于右任论五卅事件》的消息。

2023年6月9日　推进新时代高校巡视巡察工作高质量发展交流研讨会在上海大学召开。

2024年

农历甲辰年

6月

June

星期日　Sunday

9日

五月初四

记事

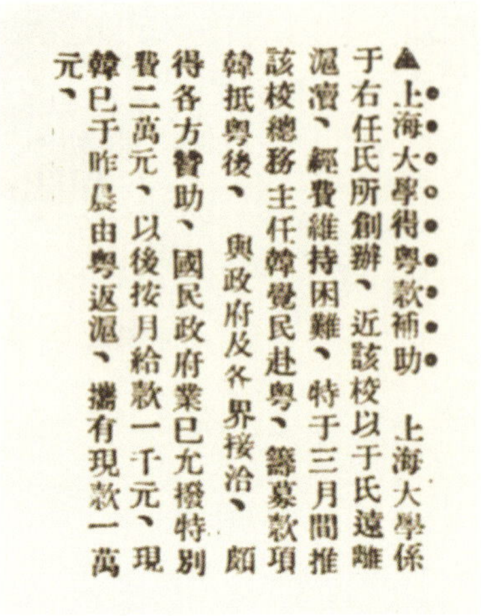

▲上海大學得粵款補助　上海大學係于右任氏所創辦、近該校以于氏遠離滬濱、經費維持困難、特于三月間推該校總務主任韓覺民赴粵、籌募款項韓抵粵後、與政府及各界接洽、頗得各方贊助、國民政府業已允撥特別費二萬元、以後按月給款一千元、現韓已于昨晨由粵返滬、攜有現款一萬元、

1926年6月10日
《民国日报》刊登《上海大学得粤款补助》的消息。

2014年6月10—14日　EEMD 2014新兴电子材料和器件物理国际学术研讨会在上海大学召开。

2024年

农历甲辰年

6月

June

星期一 Monday

10日

端午节

五月初五

记事

中華民國十四年九月九日午時分收

江蘇交涉員呈一件

總長 沈閱

次長 曾閱

龍字第三七一號

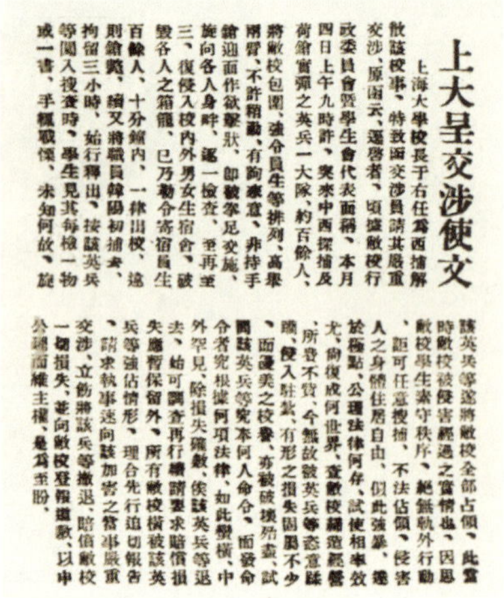

上大呈交涉使文

上海大學校長于右任爲西捕解散該校事、特致函交涉員請其嚴重交涉、原函云、逕啓者、頃據敝校行政委員會暨學生會代表面稱、本月四日上午九時許、突來中西探捕及荷鎗實彈之英兵一大隊、約百餘人、將敝校包圍、強令員生等排列、高舉兩臂、不許稍動、有詢來意、非持手鎗迎面作欲擊狀、即被等足交施、旋向各人身畔、逐一檢查、至再至三、復侵入校內外男女生宿舍、破毀各人之箱籠、已乃勒令寄宿員生百餘人、十分鐘內、一律出校、違則鎗斃、繼又將職員韓賜初捕去、拘留三小時、始行釋出、按該英兵等闖入搜查時、學生見其每檢一物或一書、手輒戰慄、未知何故、旋該英兵等遂將敝校全部占領、此當時敝校被侵害經過之實情也、因思敝校學生素守秩序、絕無軌外行動、詎可任意搜捕、不法佔領、侵害人之身體住居自由、似此強暴、違於極點、公理法律何存、試使相率效尤、尚復成何世界、查敝校艱難經營、所費不貲、今無故被英兵等恣意蹂躪、侵入駐紮、有形之損失固屬不少、而優美之校譽、亦被破壞殆盡、試問該英兵等究本何人命令、而發命令者究根據何項法律、如此蠻橫、中外罕見、除損失確數、俟該英兵等退去、始可調查再行續請要求賠償損失應暫保留外、所有敝校橫被該英兵等強佔情形、理合先行迫切報告、請求執事速向該加害之警事嚴重交涉、立飭將該兵等撤退、賠償敝校一切損失、並向敝校登報道歉、以申公理而維主權、是爲至盼、

1925年6月11日　《民国日报》刊登于右任针对6月4日上海大学被武力侵占事件致北洋政府外交部江苏交涉员许沅的函。9月7日，许沅就此事呈文外交部。9月10日，外交部总长孙瑞麟在许沅呈送的公文上加盖“沈阅”章。

1994年6月　上海大学召开深化教学改革研讨会。

2024年
农历甲辰年

6月 June

星期二 Tuesday

11日

五月初六

记事

1925年6月12日　《民国日报》《申报》等报刊登《被封后之上大学生》的消息。

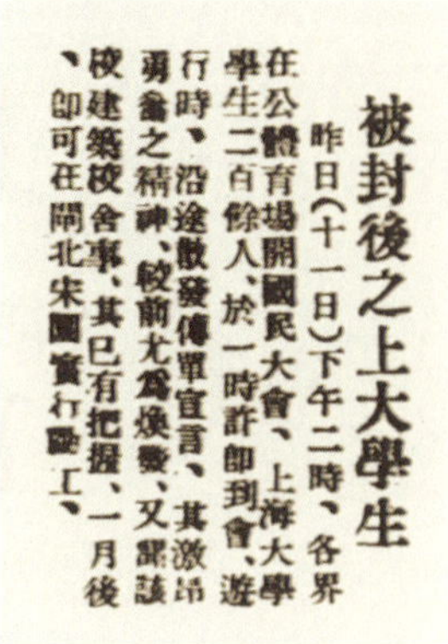

被封後之上大學生

昨日(十一日)下午二時、各界在公體育場開國民大會、上海大學學生二百餘人、於一時許即到會、遊行時、沿途散發傳單宣言、其激昂勇奮之精神、較前尤爲煥發、又聞該校建築校舍事、其已有把握、一月後、即可在閘北宋園實行動工、

2023年6月12日　广东省委常委、副省长王曦带队到上海大学微电子学院调研集成电路人才培养情况。

2023年6月12日　中共上海市委党史研究室与上海大学共建上海大学中共党史党建研究院签约仪式暨“伟大历程——中共一大至七大巡展（上海大学站）”开幕式在上海大学举行。

2024年

农历甲辰年

6月

June

星期三 Wednesday

12日

五月初七

记事

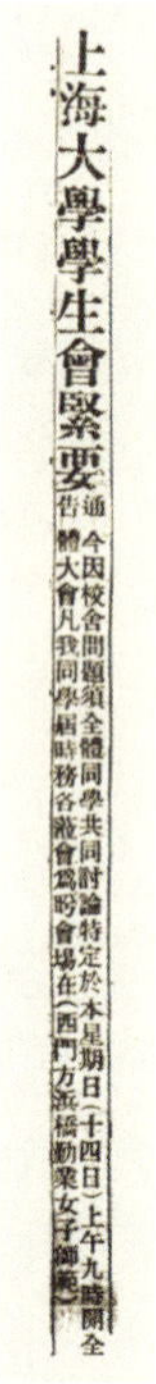
上海大學學生會緊要通告

今因校舍問題須全體同學共同討論特定於本星期日（十四日）上午九時開全體大會凡我同學屆時務各蒞會爲盼會場在（西門方浜橋勤業女子師範）

1925年6月13日　《民国日报》刊登《上海大学学生会紧要通告》。

2023年6月13日　江西省委教育工委书记、教育厅厅长吴永明一行来上海大学调研。

2024年

农历甲辰年

6月

June

星期四　Thursday

13日

五月初八

记事

●上海大學革新之猛進

上海大學自去冬于右任先生接辦後。銳意革新。一面籌募款項。一面羅致人才。于是在上海向不著名之學校。一變而爲嶄然露頭角矣。頃聞該校屢次召集教職員討論革新事宜。其大體計畫。已經決定。計分爲三期彌充辦理。每期定爲兩年。第一期（自民國十二年秋起至十四年夏止）。（一）編定本校組織學系及計畫。（二）籌定基金。（三）建築校舍。（甲社會科學院。乙圖書館。丙學生寄宿舍。丁運動場。）（四）添辦學系。除文藝院中之中國文學系英國文學兩系仍繼續招一班外。幷添辦社會科學院中之社會學系及文藝院中之繪畫系俄國文學系共三系。）第二期（十四年秋起至十六年夏止。）（一）建築校舍。（甲文藝院。乙中學部。丙體育館兼大會堂）。（二）添辦學系（添辦社會科學院中之經濟學系。政治學系。史學系。及文藝院中之德國文學系。音樂系共五系。）第三期（十六年秋起至十八年夏止。）（一）建築校舍（甲行政廳。乙教員寄宿舍。丙美術館。）（二）添辦學系（添辦社會科學院中之法律學系。哲學系。理學系。教育學系。及文藝院中之法國文學系。雕刻系共五系。）除大學部外。附設中學部。亦按年添招高級中學初級中學各一班。幷聞該校前次會議議決由于右任張溥泉兩先生交涉宋園（即宋教仁先生墓地）爲建築新校舍地點。已得各方贊成。宋園地基聞共有一百〇四畝。除宋公墓地佔四十畝外。尚餘六十餘畝。建築校舍。綽乎有餘。宋公爲革命先覺。昔刱民國之一人。該校如與其比鄰。學生瞻仰徘徊於其高塚銅像之下。其感發當爲不少也。于校長德高望重。社會景仰。一般名流富翁。聞其主辦該校。皆表示深厚同情。樂爲贊助。前途發展。可以預計。又聞該校下年起已預定之職教員如下。總務長爲鄧安石。教務長爲瞿秋白。社會學系主任爲李漢俊。中國文學系主任爲陳望道。俄國文學系爲瞿秋白兼任。繪畫系主任爲洪野。附設中學部主任爲陳德徵。其所聘新教員如章太炎李大釗（以上爲特別講座）俞平伯田漢沈仲九施存統劉宜之朱自清等。皆屬海內知名之士。上海原少提高文化之大學。該校如果從此革新之後。然長增高。當不難爲東南文化之總匯也。

1923年6月14日 《民国日报》《申报》《新闻报》《时报》等报刊登“上海大学革新之猛进”的消息。

2017年6月14日 上海大学基础教育集团专家指导委员会成立暨专家指导委员会第一次会议召开。

2024年
农历甲辰年

6月

June

星期五 Friday

14日

五月初九

记事

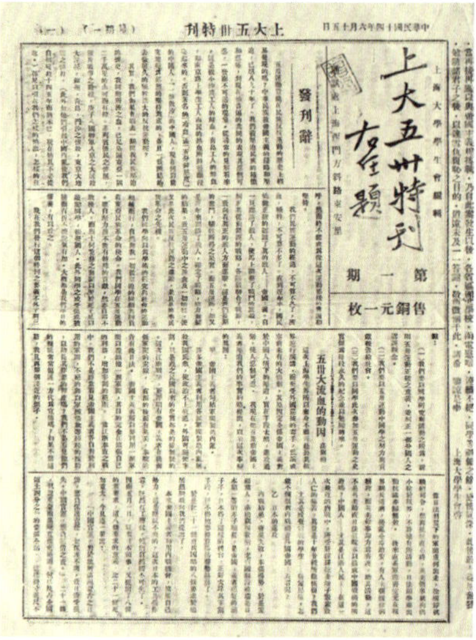
中華民國十四年六月十五日 上大五卅特刊 （第一期）

上海大學學生會編輯

上大五卅特刊

右任題

通訊處上海西門方斜路東安里

第一期

售銅元一枚

發刊辭

五卅大流血的動因

1925年6月15日　由于右任题写刊名的《上大五卅特刊》创刊。

2014年6月15日　由上海大学与温哥华电影学院合办的上海温哥华电影学院成立。

2024年
农历甲辰年

6月

June

星期六　Saturday

15日

五月初十

记事

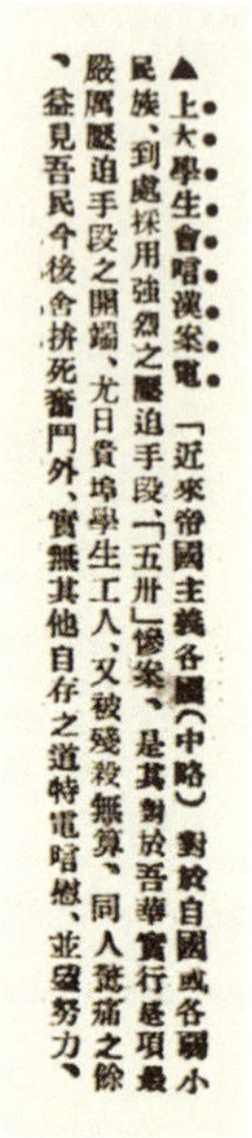

▲上大學生會唁漢案電　「近來帝國主義各國（中略）對於自國或各弱小民族、到處採用強烈之壓迫手段、「五卅」慘案、是其對於吾華實行是項最殿厲壓迫手段之開端、尤日貸埠學生工人、又被殘殺無算、同人悲痛之餘、益見吾民今後舍拚死奮鬥外、實無其他自存之道特電唁慰、並盼努力、

1925年6月16日　《民国日报》刊登《各界一致援助汉口惨案·上大学生会唁汉案电》。

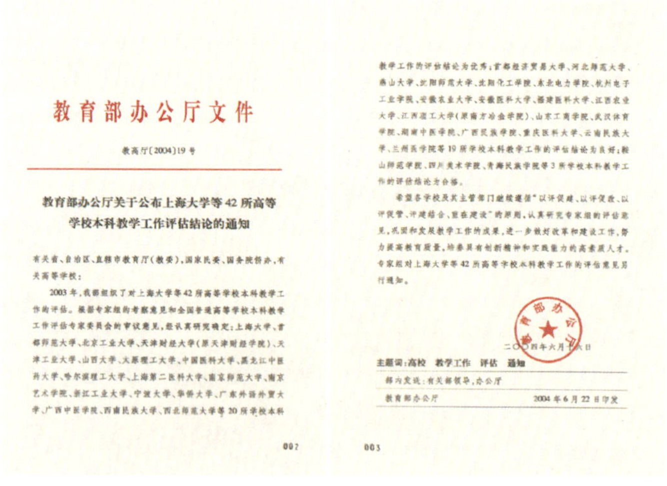

教育部办公厅文件

教高厅〔2004〕19号

教育部办公厅关于公布上海大学等42所高等学校本科教学工作评估结论的通知

有关省、自治区、直辖市教育厅（教委），国家民委、国务院侨办，有关高等学校：

2003年，我部组织了对上海大学等42所高等学校本科教学工作的评估。根据专家组的考察意见和全国普通高等学校本科教学工作评估专家委员会的审议意见，经认真研究确定：上海大学、首都师范大学、北京工业大学、天津财经大学（原天津财经学院）、天津工业大学、山西大学、太原理工大学、中国医科大学、黑龙江中医药大学、哈尔滨理工大学、上海第二医科大学、南京师范大学、南京艺术学院、浙江工业大学、宁波大学、华侨大学、广东外语外贸大学、广西中医学院、西南民族大学、西北师范大学等20所学校本科

002

教学工作的评估结论为优秀；首都经济贸易大学、河北师范大学、燕山大学、沈阳师范大学、沈阳化工学院、东北电力学院、杭州电子工业学院、安徽农业大学、安徽医科大学、福建医科大学、江西农业大学、江西理工大学（原南方冶金学院）、山东工商学院、武汉体育学院、湖南中医学院、广西民族学院、重庆医科大学、云南民族大学、兰州医学院等19所学校本科教学工作的评估结论为良好；鞍山师范学院、四川美术学院、青海民族学院等3所学校本科教学工作的评估结论为合格。

希望各学校及其主管部门继续遵循"以评促建、以评促改、以评促管、评建结合、重在建设"的原则，认真研究专家组的评估意见，巩固和发展教学工作的成果，进一步做好改革和建设工作，努力提高教育质量，培养具有创新精神和实践能力的高素质人才。专家组对上海大学等42所高等学校本科教学工作的评估意见另行通知。

二〇〇四年六月十六日

主题词：高校　教学工作　评估　通知

部内发送：有关部领导，办公厅

教育部办公厅　2004年6月22日印发

003

2004年6月16日　《教育部办公厅关于公布上海大学等42所高等学校本科教学工作评估结论的通知》（教高厅〔2004〕19号）公布上海大学等20所学校本科教学工作的评估结论为优秀。

2024年

农历甲辰年

6月

June

星期日 Sunday

16日

五月十一

记事

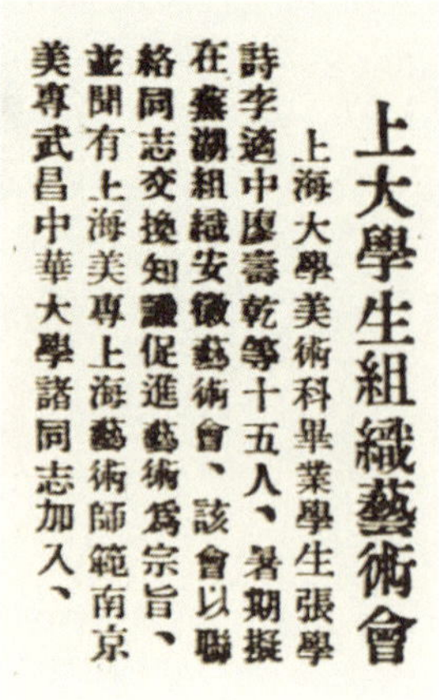

上大學生組織藝術會

上海大學美術科畢業學生張學詩李適中廖壽乾等十五人、暑期擬在蕪湖組織安徽藝術會、該會以聯絡同志交換知識促進藝術爲宗旨、並聞有上海美專上海藝術師範南京美專武昌中華大學諸同志加入、

1924年6月17日　《民国日报》刊登《上大学生组织艺术会》的消息。

2006年6月17—18日　上海大学召开“十五”“211工程”期间建设项目（二期）验收会。

2024年
农历甲辰年

6月 June

星期一 Monday

17日

五月十二

记事

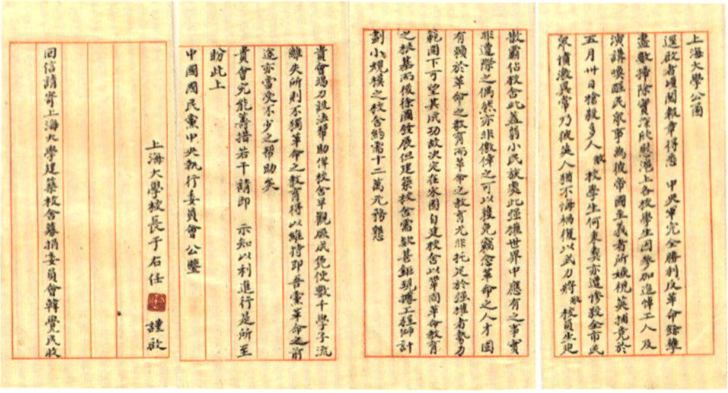
上海大學公函
逕啟者頃閱報章得悉 中央軍完全勝利及革命勢力
盡數掃除實深欣慰滬上各校學生因參加援助工人及
演講喚醒民衆事為彼帝國主義者所嫉視英捕竟於
五月卅日槍殺多人 敝校學生何秉彝亦遭慘殺全市民
衆憤激異常乃彼英人猶不悔禍復以武力將 敝校員生逐
散霸佔校舍此蓋弱小民族處此強權世界中應有之事實
非遺憾之偶然亦非徼倖之可以避免竊念革命之人才固
有賴於革命之教育而革命之教育尤非托足於強權者勢力
範圍下可望其成功故決定在本國自建校舍以謀開革命教育
之根基而徐圖發展但建築校舍需款甚鉅現據工程師計
劃小規模之校舍約需十二萬元務懇
貴會竭力設法幫助俾校舍早觀厥成免使數千學子流
離失所則不獨革命之教育得以維持即吾黨革命之前
途亦當受不少之幫助矣
貴會允能籌措若干請即 示知以利進行是所至
盼此上
中國國民黨中央執行委員會 公鑒
上海大學校長于右任 謹啟
回信請寄上海大學建築校舍募捐委員會轉覺民收

1925年6月18日　于右任致函广州，请求筹措建筑校舍经费。

2017年6月18日　上海大学校友会（社团登记）成立大会召开。

2023年6月18日　上海大学2023年本科招生信息发布会暨校园开放周活动全面启动。

2024年
农历甲辰年

6月 June

星期二 Tuesday

18日

五月十三

记事

上海大學招考男女生

(一)[illegible](甲)大學部中國文學系英文學系社會學系一年級新生須有中學文憑二三年級插班生須有相當學校轉學證書(乙)附設中學部高級中學初級中學一年級新生二三年級插班生(二)考期第一次錄取七月十五日上午九點起連試二天午後由本校供給(三)考試科目詳載「校章簡章」有志投考者可以索閱或索者附郵票二分並須註明校考大學部或中學部(四)投考手續具最近四寸半身照片一張試驗費二元索帶文憑或證書於七月十三日前來西門方斜路東首里本校報名處報名倘遠道報名者可先期函索報名

校長于右任

1925年6月19日　《民国日报》刊登《上海大学招考男女生》广告。

2014年6月19日　中共上海市委组织部、市教卫工作党委组成的高校党员教育管理服务专题调研组来上海大学调研。

2024年
农历甲辰年

6月

June

星期三 Wednesday

19日

五月十四

记事

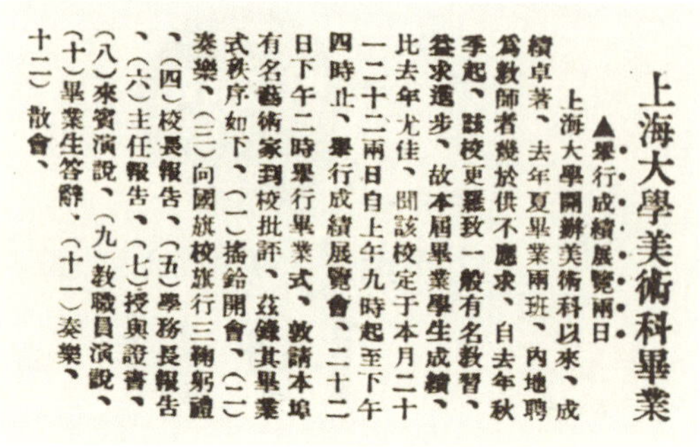

上海大學美術科畢業

▲舉行成績展覽兩日

上海大學開辦美術科以來、成績卓著、去年夏畢業兩班、內地聘爲教師者幾於供不應求、自去年秋季起、該校更竭致一般有名教習、益求進步、故本屆畢業學生成績、比去年尤佳、聞該校定于本月二十一二十二兩日自上午九時起至下午四時止、舉行成績展覽會、二十二日下午二時舉行畢業式、敦請本埠有名藝術家到校批評、玆錄其畢業式秩序如下、（一）搖鈴開會、（二）奏樂、（三）向國旗校旗行三鞠躬禮、（四）校長報告、（五）學務長報告、（六）主任報告、（七）授與證書、（八）來賓演說、（九）教職員演說、（十）畢業生答辭、（十一）奏樂、（十二）散會、

1924年6月20日　《民国日报》刊登《上海大学美术科毕业·举行成绩展览两日》的消息。

2014年6月20日　由上海大学承办的2014年上海市高校辅导员大学生主题教育专题培训落幕。

2024年

农历甲辰年

6月

June

星期四 Thursday

20日

五月十五

记事

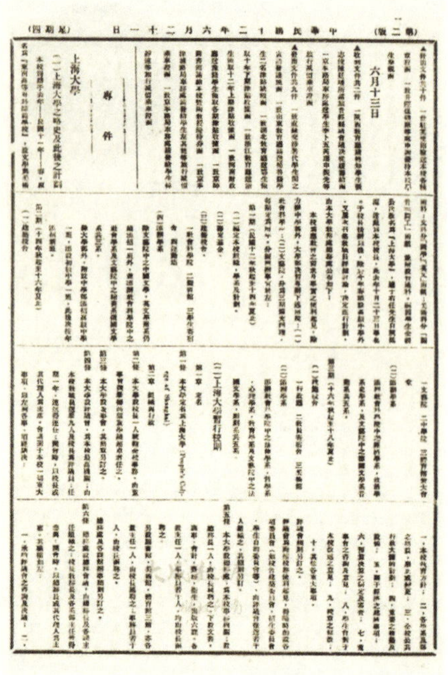

1923年6月21日　《北京大学日刊》第1270期刊登“专件”介绍上海大学。

2023年6月21日　上海大学入选上海市人民政府决策咨询研究基地。

2024年

农历甲辰年

6月

June

星期五 Friday

21日

五月十六 夏至

记事

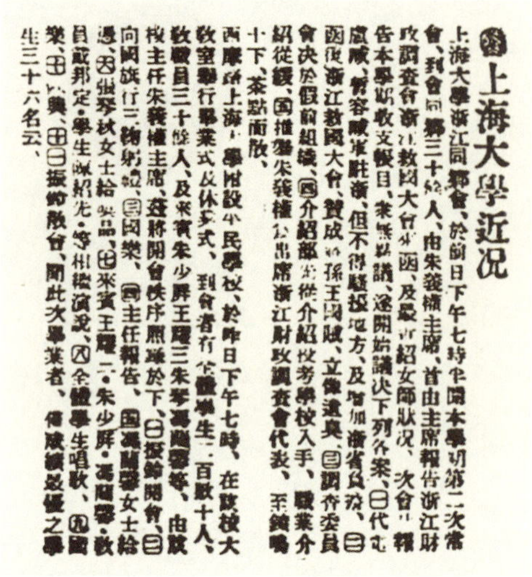
上海大學近況

上海大學浙江同鄉會、於前日下午七時半開本學期第二次常會、到會同鄉三十餘人、由朱義權主席、首由主席報告浙江財政調查會浙江教育大會來函、及最近紹女師狀況、次會計報告本學期收支帳目、衆無異議、遂開始議決下列各案、(一)代電盧賊、責容賊軍駐滬、但不得騷擾地方、及增加浙省負担、(二)函復浙江教育大會、贊成於孫王國賊、立像遺臭、(三)調查委員會決於假前組織、(四)介紹部先從介紹投考學校入手、職業介紹從緩、(五)推舉朱義權為出席浙江財政調查會代表、至鐘鳴十下、茶點而散、

西摩路上海大學附設平民學校、於昨日下午七時、在該校大教室舉行畢業式及休業式、到會者有全體學生二百數十人、教職員三十餘人、及來賓朱少屏王曜三朱孝鴻馮[illegible]等、由該校主任朱義權主席、茲將開會秩序照錄於下、(一)振鈴開會、(二)向國旗行三鞠躬禮、(三)國樂、(四)主任報告、(五)馮[illegible]女士給憑、(六)張琴秋女士給獎品、(七)來賓王曜三・朱少屏・馮[illegible]・教員戴邦定・學生陳紹先・等相繼演說、(八)全體學生唱歌、(九)國樂、(十)茶點、(十一)振鈴散會、聞此次畢業者、修業滿期之學生三十六名云、

1924年6月22日　《新闻报》刊登《上海大学近况》；《民国日报》刊登《上大浙江同乡会开会》的消息；《民国日报》《申报》等报刊登上海大学平民学校举行毕业式及休业式的消息。

2020年6月22日　作为“宝山环上大科技创新圈”建设重要标志的“环上大科技园”在上海大学揭牌。

2024年
农历甲辰年

6月

June

星期六 Saturday

22日

五月十七

记事

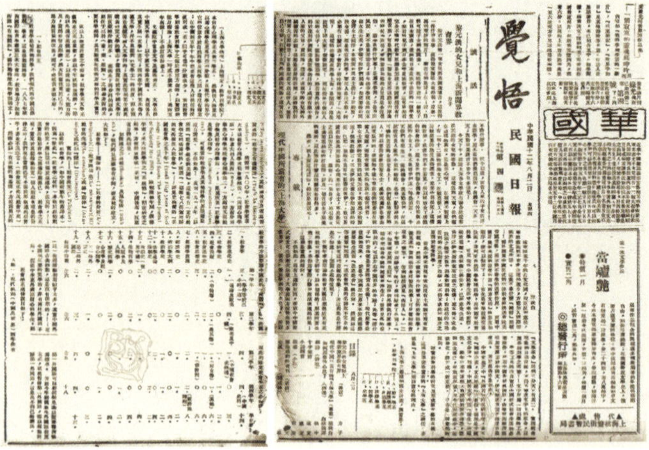

1923年6月23日　瞿秋白写下了《现代中国所当有的“上海大学”》一文，在8月2日、3日《民国日报》副刊《觉悟》上分两天全文发表。

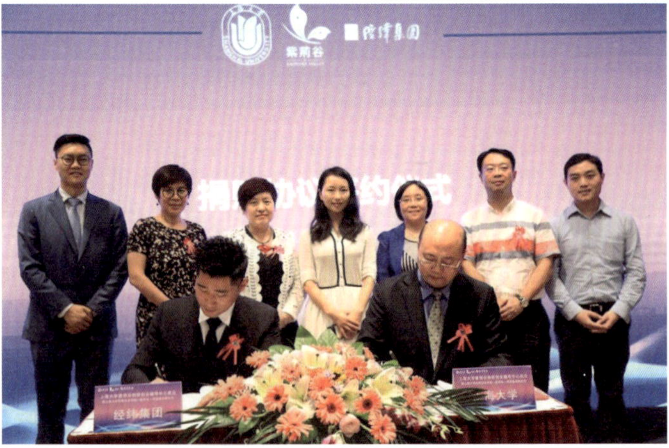

2017年6月23日　上海大学紫荆谷创新创业辅导中心成立暨上海大学创新创业学院—紫荆谷·跨境通战略合作启动仪式在上海大学举行。

2024年
农历甲辰年

6月

June

星期日　Sunday

23日

五月十八

记事

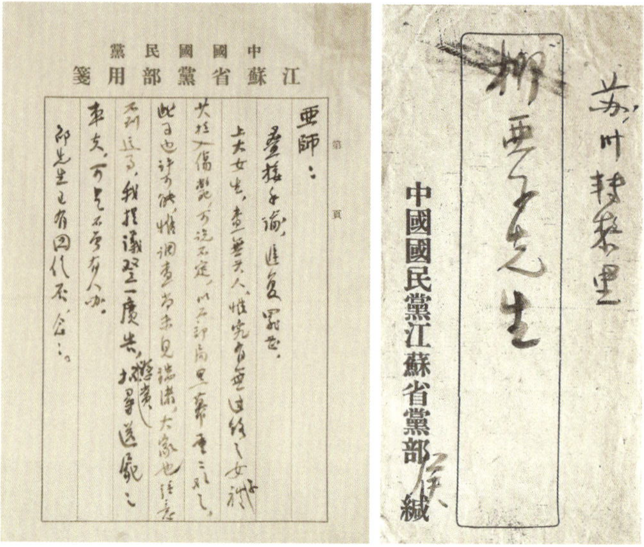

1925年6月24日　侯绍裘给柳亚子写了一封信。

1995年6月　上海大学校长钱伟长向毕业生颁发学历证书。

2024年
农历甲辰年

6月

June

星期一 Monday

24日

五月十九

记事

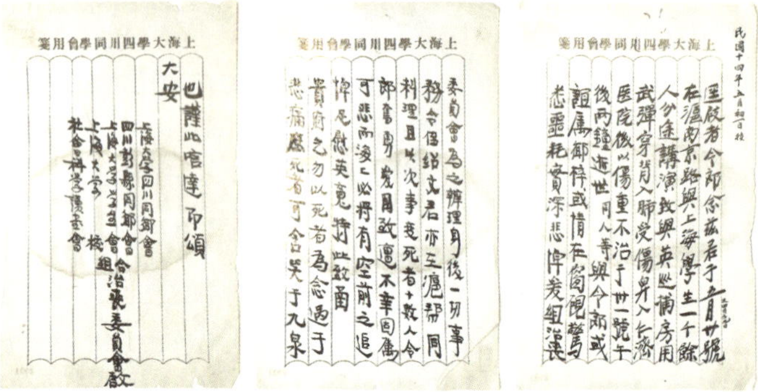

上海大學四川同學會用箋

民國十四年六月初一日

逕啟者令郎念兹君于六月卅號在滬南京路與上海學生一千餘人分途講演致與英巡捕房用武彈穿背入肺受傷昇入仁濟医院後以傷重不治于卅一號午後兩鐘逝世同人等與令郎或誼屬鄉梓或情在窗硯驚悉噩耗實深悲悼業組治喪

上海大學四川同學會用箋

委員會為之辦理身後一切事務令伊绍文君亦至滬帮同料理且此次事變死者十數人令郎奮勇當先致遭不幸固屬可悲而沒之必將有空前之追悼足慰英靈特此致函貴府乞勿以死者為念過于悲痛庶死者可含笑于九泉

上海大學四川同學會用箋

也謹此啟達即頌

大安

上海大學四川同鄉會
四川彭縣同鄉會
上海大學學生會
上海大學校
社會科學研究會
合組治喪委員會啟

1925年6月　上海大学给五卅牺牲学生何秉彝家属写了一封信。

2016年6月25日　上海大学校长金东寒寄语2016届本科毕业生。

2024年
农历甲辰年

6月

June

星期二 Tuesday

25日

五月二十

记事

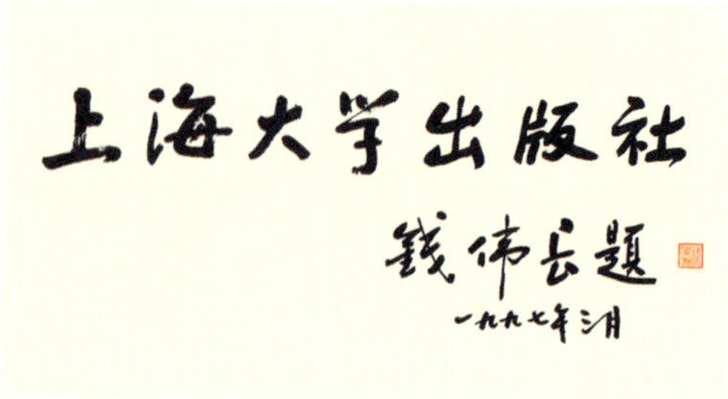

1996年6月26日　上海大学出版社成立。

2007年6月26日　上海大学常务副校长周哲玮出席研究生毕业典礼。

2021年6月26日　上海大学退役校友联谊会成立。

2024年
农历甲辰年

6月

June

星期三　Wednesday

26日

五月廿一

记事

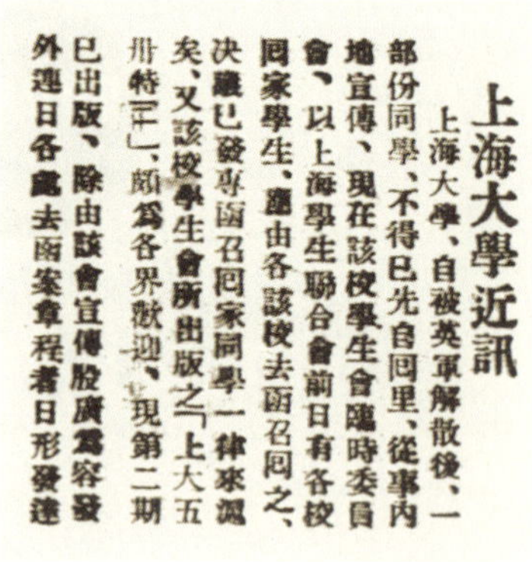
上海大學近訊

上海大學、自被英軍解散後、一部份同學、不得已先自回里、從事內地宣傳、現在該校學生會臨時委員會、以上海學生聯合會前日有各校回家學生、應由各該校去函召回之、決議已發專函召回家同學一律來滬矣、又該校學生會所出版之「上大五卅特刊」、頗爲各界歡迎、現第二期已出版、除由該會宣傳股廣爲容發外、邇日各處去函索章程者日形發達

1925年6月27日　《民国日报》《热血日报》等报刊登《上海大学近讯》。

1993年6月　上海工业大学举行计算机应用专业92届工程型硕士研究生毕业典礼，上海市副市长徐匡迪到会祝贺。

2023年6月27日　上海大学与黄山市人民政府、黄山学院在上海中心签署《上海大学—黄山市人民政府、黄山学院战略合作框架协议》并举行上海大学黄山国际传播研究院揭牌仪式。

2024年
农历甲辰年

6月

June

星期四 Thursday

27日

五月廿二

记事

2019年6月28日　上海大学党委书记成旦红为2019届本科毕业生上思想政治课。

2023年6月28日　为贯彻落实习近平总书记重要指示精神，全面推动《关于新时代进一步加强科学技术普及工作的意见》《教育部等18部门关于加强新时代中小学科学教育工作的意见》落地实施，在教育“双减”中做好科学教育加法，上海市教委依托上海大学成立上海市科创教育研究院。

2024年

农历甲辰年

6月

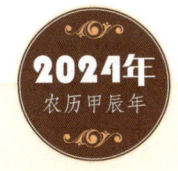

June

星期五 Friday

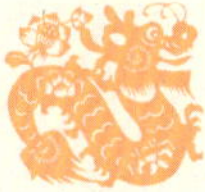

28日

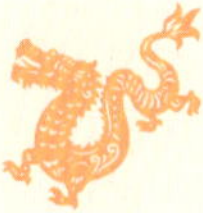

五月廿三

记事

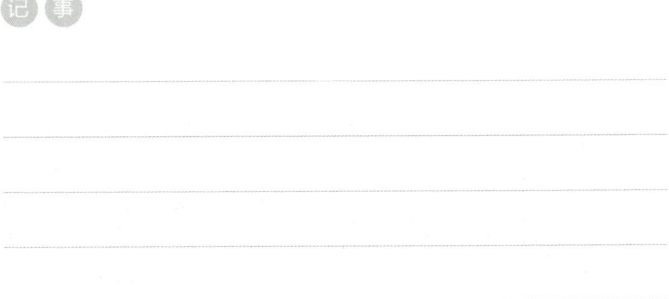

2012年6月　上海大学校长罗宏杰出席2012届学生毕业典礼。

2018年6月29—30日　中国共产党上海大学第三次代表大会召开。

2024年
农历甲辰年

6月 June

星期六 Saturday

29日

五月廿四

记事

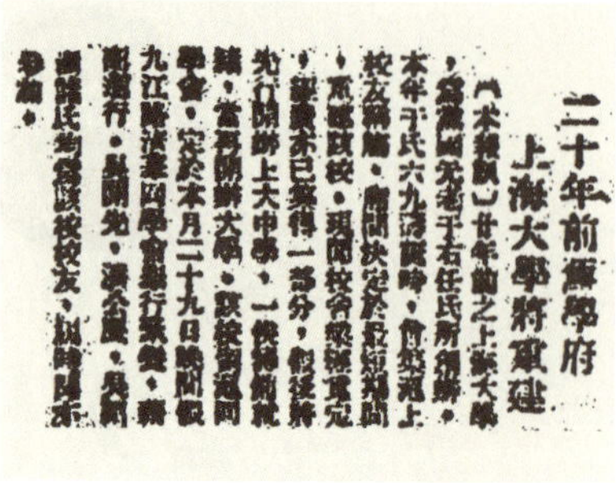
二十年前旧学府
上海大学将重建
（本报讯）廿年前之上海大学，系[illegible]于右任氏所创办，本年于氏六九诞辰时，曾[illegible]上校友[illegible]，[illegible]决定於最短期间，[illegible]该校，现因校舍[illegible]尚未[illegible]，[illegible]已觅得一部分，[illegible]先行开办上大中学，一俟[illegible]就绪，当再开办大学，该校[illegible]同学会，定於本月二十九日晚间假九江路[illegible]举行聚餐，[illegible]进行，[illegible]、[illegible]、[illegible]于氏均[illegible]校友、[illegible]参加。

1947年6月30日　《申报》刊登《二十年前旧学府上海大学将重建》的消息。

2021年6月30日　上海大学上海美术学院主校区项目启动仪式在宝山不锈钢地块型钢厂举行。

2023年6月30日　上海大学党委书记成旦红与中国驻葡萄牙大使赵本堂举行视频会议，双方就深化中葡教育合作进行了沟通交流。

2024年

农历甲辰年

6月

June

星期日 Sunday

30日

五月廿五

记事

2024
7月
July

1926年7月1日　上海大学中英两系丙寅级举行毕业典礼。

2003年7月1日　上海大学常务副校长方明伦出席2003届优秀毕业生颁奖仪式暨毕业典礼。

纪念上海大学建校100周年活动公告

（第一号）

红色学府，青云发轫。

继往开来，重振启航。

栉风沐雨，再续薪火。

滋兰树蕙，作育英才。

砥砺深耕，踵事增华。

百年之庆，共擘未来。

为此公告，敬请周知！

上海大学

2022年7月1日

欢迎垂询

纪念上海大学建校100周年活动筹备工作领导小组办公室

2022年7月1日　纪念上海大学建校100周年活动公告（第一号）正式发布。

2024年

农历甲辰年

7月

July

星期一　Monday

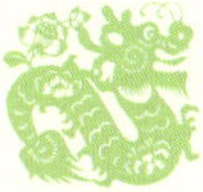

1日

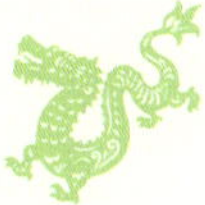

建党节

五月廿六

记事

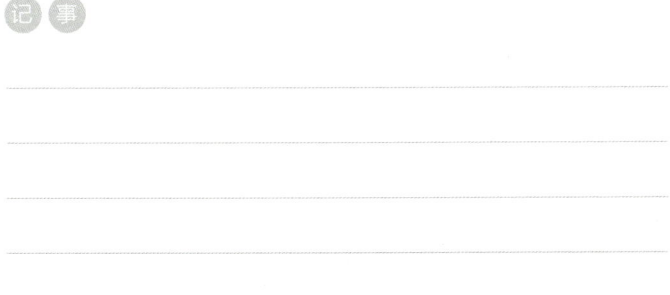

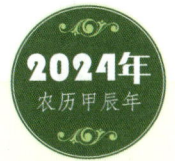

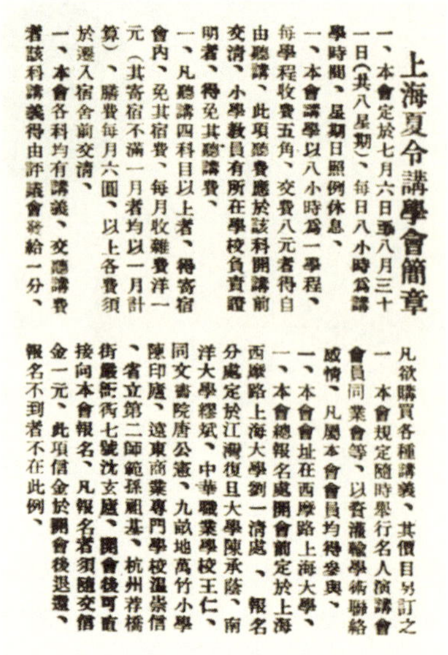

上海夏令講學會簡章

一、本會定於七月六日爭八月三十一日(共八星期)、每日八小時爲講學時間、星期日照例休息、

一、本會講學以八小時爲一學程、每學程收費五角、交費八元者得自由聽講、此項聽費應於該科開講前交清、小學教員有所在學校負責證明者、得免其聽講費、

一、凡聽講四科目以上者、得寄宿會內、免其宿費、每月收雜費洋一元(其寄宿不滿一月者均以一月計算)、膳費每月六圓、以上各費須於遷入宿舍前交清、

一、本會各科均有講義、交聽講費者該科講義得由評議會發給一分、

凡欲購買各種講義、其價目另訂之

一、本會規定隨時舉行名人演講會會員同業會等、以資溝通學術聯絡感情、凡屬本會會員均得參與、

一、本會會址在西摩路上海大學、

一、本會總報名處開會前定於上海西摩路上海大學劉一清處、報名分處定於江灣復旦大學陳承蔭、南洋大學繆斌、中華職業學校王仁、同文書院唐公憲、九畝地萬竹小學陳印廬、遠東商業專門學校溫崇信、省立第二師範孫祖基、杭州荐橋街嚴衙衙七號沈玄廬、開會後可直接向本會報名、凡報名者須隨交信金一元、此項信金於開會後退還、報名不到者不在此例、

1924年7月2日

《民国日报》刊登《上海夏令讲学会简章》。

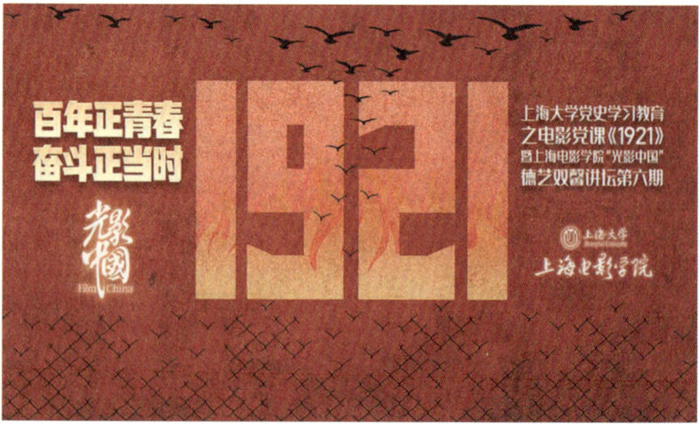

2021年7月2日　上海大学党史学习教育之电影党课《1921》暨上海电影学院“光影中国”德艺双馨讲坛第六期举行。

2024年
农历甲辰年

7月 July

星期二 Tuesday

2日

五月廿七

记事

1923年7月3日 《民国日报》刊登《上海大学第一期录取新生案》。

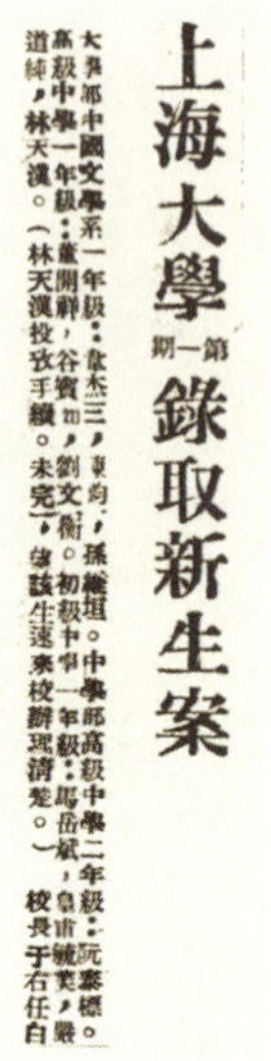

上海大學第一期錄取新生案

大學部中國文學系一年級：韋杰三，袁尚，孫維垣。中學部高級中學二年級：阮嘉標。高級中學一年級：董開群，谷寶如，劉文衡。初級中學一年級：馬岳斌，皇甫毓英，嚴道緯，林天漢。（林天漢投考手續未完，望該生速來校辦理清楚。）校長于右任白

1923年7月 上海大学美术科第一届毕业同学留影。

2020年7月3日 上海大学校长刘昌胜寄语2020届本科毕业生。

2024年

农历甲辰年

7月

July

星期三　Wednesday

3日

五月廿八

记事

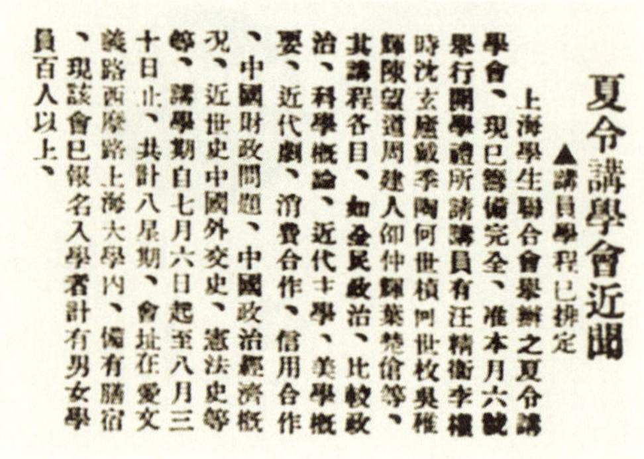

夏令講學會近聞

▲講員學程已排定

上海學生聯合會舉辦之夏令講學會、現已籌備完全、准本月六號舉行開學禮所請講員有汪精衛李權時沈玄廬戴季陶何世楨何世枚吳稚暉陳望道周建人卲仲輝葉楚傖等、其講程各目、如全民政治、比較政治、科學概論、近代主學、美學概要、近代劇、消費合作、信用合作、中國財政問題、中國政治經濟概況、近世史中國外交史、憲法史等等、講學期自七月六日起至八月三十日止、共計八星期、會址在愛文義路西摩路上海大學內、備有膳宿、現該會已報名入學者計有男女學員百人以上、

1924年7月4日　《民国日报》《申报》等报刊登夏令讲学会学程已排定的消息。

上海大学主办红色传承“金课”建设研讨会

来源：新民晚报　作者：王蔚　2022-07-04 12:25:00

新民晚报讯（记者 王蔚）由上海大学主办，上海大学教务部、“教育部课程思政教学研究示范中心”“全国高校党史类课程联盟”、上海高校思想政治理论课名师工作室——顾晓英工作室承办的“红色传承‘金课’建设高层研讨会暨全国高校党史类课程联盟第二次联席会议”日前举行。研讨会以“有温度有智慧：党史教育点亮课堂”为主题，旨在弘扬伟大建党精神，进一步发挥党史育人的大课堂作用，展示全国高校党史课程育人与课程思政建设的理论研究和实践探索最新成果。

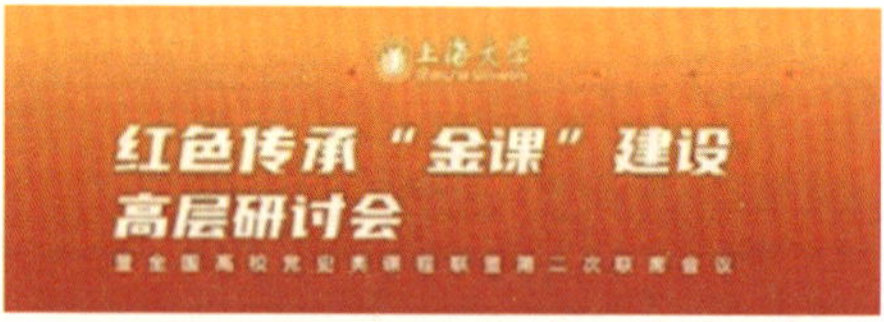

上海大学、中国人民大学、华东师范大学、上海市社联、中国浦东干部学院、上海市九三学社、联盟校等29名专家学者参加。开幕式由上大教务部常务副部长彭章友主持。上大党委副书记欧阳华在致辞中说，近年来，上海大学点上持续打响“大国方略”系列品牌课程，推出“光影中国”“中国记忆”“中国芯路”等课程，赓续红色基因，汲取智慧，凝聚力量。学校全力推进上海高校课程思政领航校建设，牢牢抓好国家一流专业、一流课程“龙头课程”，发挥国家级示范团队、市教学名师和校课程思政名师的表率作用。

2022年7月4日　“新民晚报”报道《上海大学主办红色传承“金课”建设研讨会》的消息。

2024年
农历甲辰年

7月

July

星期四 Thursday

4日

五月廿九

记事

1925年7月5日　《民国日报》《申报》等报刊登《上海大学开始募集建筑费》的消息。

上海大學開始募集建築費

本會現定於七月五日開始募集校舍建築經費經募捐款者一律持有本會製定之四聯捐册捐款均由上海銀行代收特此聲明

上海大學建築校舍募捐委員會

2015年7月5日　上海大学上海电影学院成立，中共上海市教卫工作党委书记陈克宏（右二）、上海市文化广播影视管理局局长胡劲军（右一）与罗宏杰校长（左一）、陈凯歌院长（左二）共同为上海大学上海电影学院揭牌。

2024年
农历甲辰年

7月

July

星期五　Friday

5日

五月三十

记事

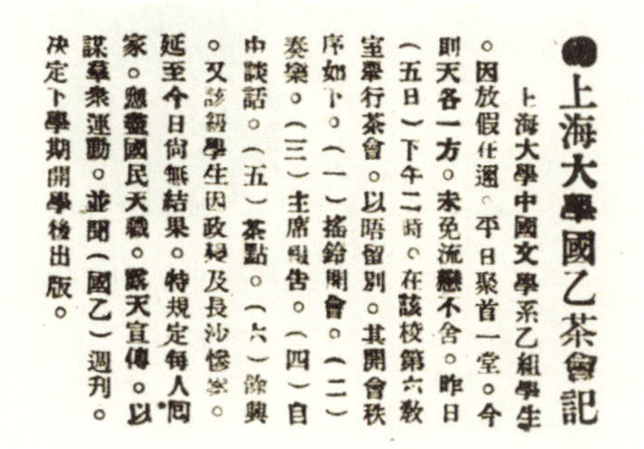

上海大學國乙茶會記

上海大學中國文學系乙組學生。因放假在邇。平日聚首一堂。今則天各一方。未免流戀不舍。昨日（五日）下午二時。在該校第六教室舉行茶會。以晤留別。其開會秩序如下。（一）搖鈴開會。（二）奏樂。（三）主席報告。（四）自由談話。（五）茶點。（六）餘興。又該級學生因政變及長沙慘案。延至今日尚無結果。特規定每人回家。懇盡國民天職。露天宣傳。以謀羣衆運動。並聞（國乙）週刊。決定下學期開學後出版。

1923年7月6日　《民国日报》《新闻报》等报刊登上海大学中国文学系乙组举行茶话会的消息。

2017年7月6日　文教结合共建上海美术学院签约暨上海吴淞国际艺术城发展研究院揭牌仪式举行，上海市副市长翁铁慧、上海大学校长金东寒等出席。

2023年7月6日　上海大学卓越工程师学院成立。

2024年
农历甲辰年

7月

July

星期六 Saturday

6日

六月初一 小暑

记事

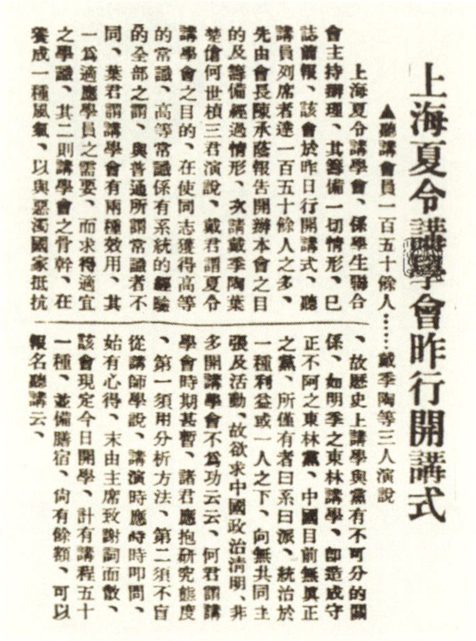

上海夏令講學會昨行開講式

▲聽講會員一百五十餘人……戴季陶等三人演說

上海夏令講學會、係學生聯合會主持辦理、其籌備一切情形、巳誌前報、該會於昨日行開講式、聽講員列席者達一百五十餘人之多、先由會長陳承蔭報告開辦本會之目的及籌備經過情形、次請戴季陶葉楚傖何世楨三君演說、戴君謂夏令講學會之目的、在使同志獲得高等的常識、高等常識係有系統的經驗爲全部之謂、與普通所謂常識者不同、葉君謂講學會有兩種效用、其一爲適應學員之需要、而求得適宜之學識、其二則講學會之骨幹、在養成一種風氣、以與惡濁國家抵抗、故歷史上講學與黨有不可分的關係、如明季之東林講學、卽造成守正不阿之東林黨、中國目前無眞正之黨、所僅有者曰系曰派、統治於一種利益或一人之下、向無共同主張及活動、故欲求中國政治清明、非多開講學會不爲功云云、何君謂講學會時期甚暫、諸君應抱研究態度、第一須用分析方法、第二須不盲從講師學說、講演時應時時即問、始有心得、末由主席致謝詞而散、該會現定今日開學、計有講程五十一種、並備膳宿、倘有餘額、可以報名聽講云、

1924年7月7日　《民国日报》刊登《上海夏令讲学会昨行开讲式·听讲会员一百五十余人·戴季陶等三人演说》的消息。

2015年7月7—8日　全球化与拉丁美洲社会国际研讨会在上海大学召开。

2024年

农历甲辰年

7月

July

星期日　Sunday

7日

六月初二

记事

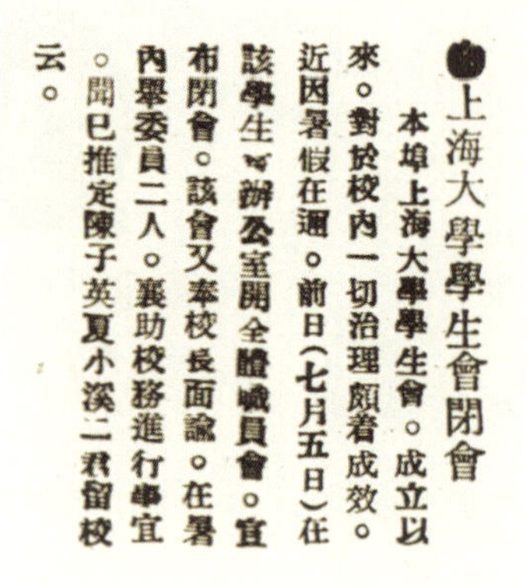

上海大學學生會閉會

本埠上海大學學生會。成立以來。對於校內一切治理頗着成效。近因暑假在邇。前日(七月五日)在該學生會辦公室開全體職員會。宣布閉會。該會又奉校長面諭。在暑內舉委員二人。襄助校務進行事宜。聞已推定陳子英夏小溪二君留校云。

1923年7月8—9日　《民国日报》《申报》《新闻报》等报刊登上海大学学生会闭会的消息。

2019年7月8日　上海大学党委书记成旦红调研省部共建高品质特殊钢冶金与制备国家重点实验室。

2024年

农历甲辰年

7月

July

星期一　Monday

8日

六月初三

记事

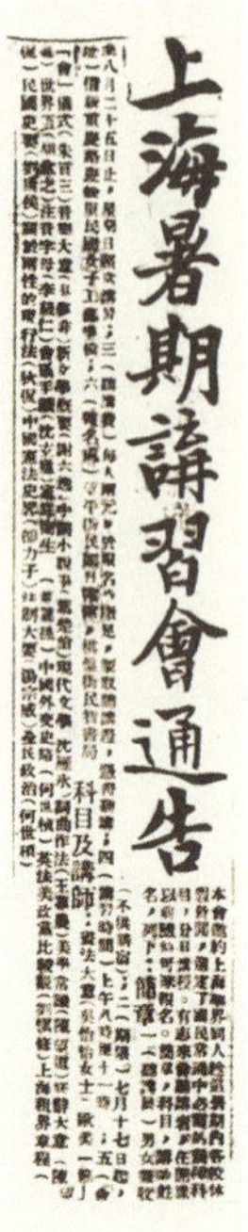
上海暑期講習會通告

科目及講師

1923年7月9日　上海大学美术科举行毕业典礼；《民国日报》刊登《上海暑期讲习会通告》。

2017年7月9日　“盛大游戏杯”第十五届上海大学程序设计联赛（夏季赛）暨上海高校金马五校赛在上海大学举行。

2024年

农历甲辰年

7月

July

星期二　Tuesday

9日

六月初四

记事

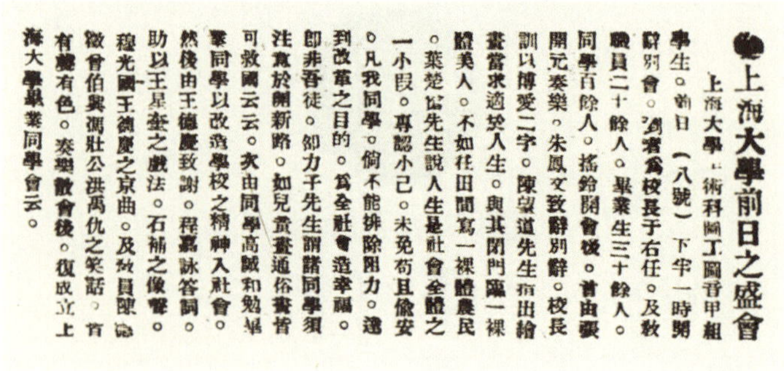

上海大學前日之盛會

上海大學美術科圖工圖音甲組畢業生。前日（八號）下午一時開歡別會。到者爲校長于右任。及教職員二十餘人。畢業生三十餘人。同學百餘人。搖鈴開會後。首由張開元奏樂。朱鳳文致辭別辭。校長訓以博愛二字。陳望道先生指出繪畫當求適於人生。與其閉門臨一裸體美人。不如往田間寫一裸體農民。葉楚傖先生說人生是社會全體之一小段。專認小己。未免苟且偸安。凡我同學。倘不能排除阻力。達到改革之目的。爲全社會造幸福。即非吾徒。邵力子先生謂諸同學須注意於開新路。如兒童畫通俗畫皆可救國云云。次由同學高誠和勉畢業同學以改造學校之精神入社會。然後由王德慶致謝。程嘉詠答詞。助以王星奎之戲法。石補之像聲。穆光國王德慶之京曲。及教員陳德徵曾伯興滑壯公洪禹仇之笑話。皆有聲有色。奏樂散會後。復成立上海大學畢業同學會云。

1923年7月10日　《民国日报》刊登《上海大学前日之盛会》的消息。

2023年7月10日　上海大学第三十五期中青年干部与第三期“双带头人”教师党支部书记培训班赴福建三明党性教育开班仪式暨党性教育基地揭牌仪式在三明市委党校举行。

2024年

农历甲辰年

7月

July

星期三　Wednesday

10日

六月初五

记事

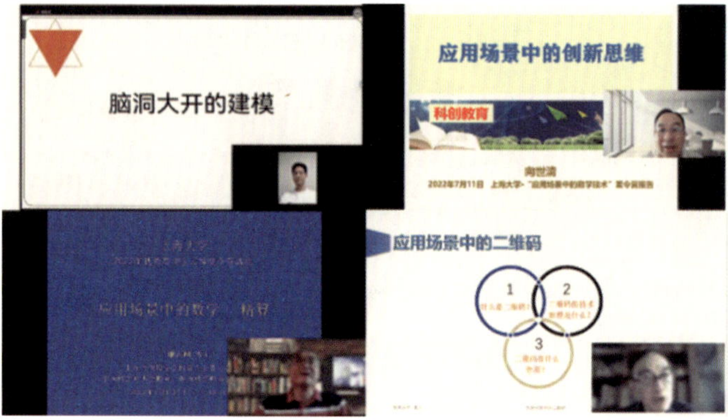

2022年7月11日　由上海大学招生与毕业生就业工作办公室主办，上海大学数学科学实践工作站承办的“应用场景中的数学技术”高中生夏令营活动在线举行。

2023年7月11日　上海大学2023年上海市本科新生0001号录取通知书由上海大学党委常委、副校长聂清颁发给上海大学经济学院金融学专业新生褚骄阳。

2024年

农历甲辰年

7月

July

星期四 Thursday

11日

六月初六

记事

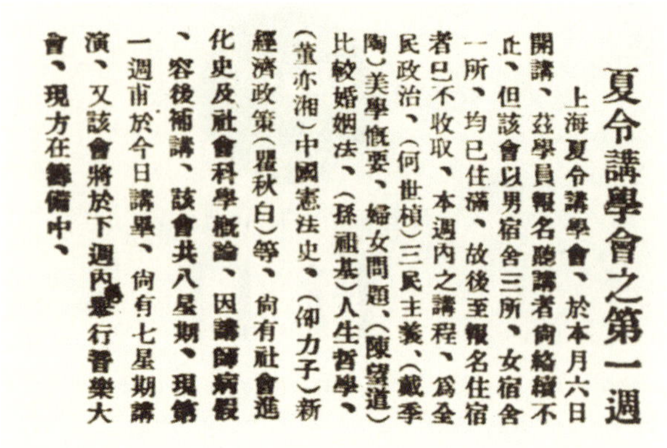

夏令講學會之第一週

上海夏令講學會、於本月六日開講、玆學員報名聽講者絡繹不止、但該會以男宿舍三所、女宿舍一所、均已住滿、故後至報名住宿者已不收取、本週內之講程、爲全民政治、(何世楨)三民主義、(戴季陶)美學概要、婦女問題、(陳望道)比較婚姻法、(孫祖基)人生哲學、(董亦湘)中國憲法史、(邵力子)新經濟政策(瞿秋白)等、尚有社會進化史及社會科學概論、因講師病假、容後補講、該會共八星期、現第一週甫於今日講畢、尚有七星期講演、又該會將於下週內舉行音樂大會、現方在籌備中、

1924年7月12日　《民国日报》刊登《夏令讲学会之第一周》的消息。

2005年7月　钱伟长校长视察上海大学成人教育学院。

2024年

农历甲辰年

7月

July

星期五　Friday

12日

六月初七

记事

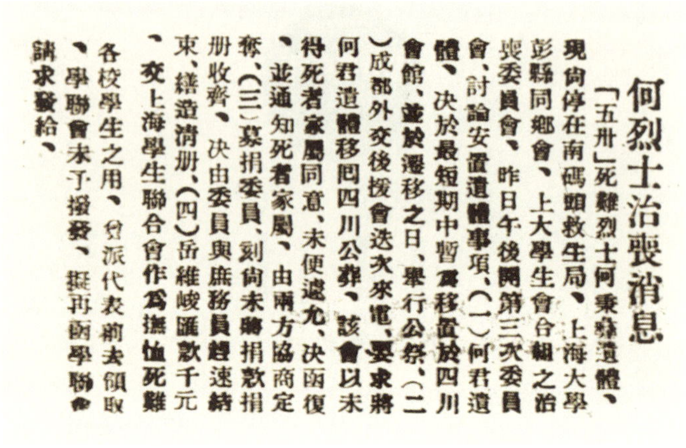

何烈士治喪消息

「五卅」死難烈士何秉彝遺體、現尙停在南碼頭救生局、上海大學彭縣同鄉會、上大學生會合組之治喪委員會、昨日午後開第三次委員會、討論安置遺體事項、(一)何君遺體、決於最短期中暫爲移置於四川會館、並於遷移之日、舉行公祭、(二)成都外交後援會迭次來電、要求將何君遺體移回四川公葬、該會以未得死者家屬同意、未便遽允、決函復、並通知死者家屬、由兩方協商定奪、(三)募捐委員、刻尙未將捐款捐册收齊、決由委員與庶務員趕速結束、繕造清册、(四)岳維峻匯款千元、交上海學生聯合會作爲撫恤死難各校學生之用、曾派代表前去領取、學聯會未予撥發、擬再函學聯會請求發給、

1925年7月13日　《民国日报》《申报》等报刊登何秉彝治丧的消息。

2023年7月13日　上海大学·上海投资咨询集团有限公司战略合作协议签约仪式在上海大学举行。

2024年

农历甲辰年

7月

July

星期六 Saturday

13日

六月初八

记事

1924年7月14日　《民国日报》刊登《上海大学第一次录取新生》名单与《上海大学招考男女新生》广告。

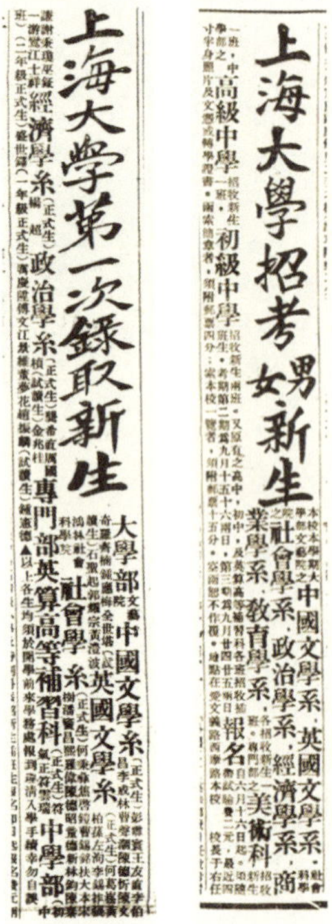

上海大學招考男女新生

本校本學期大學部文藝院之中國文學系、英國文學系，社會科學院之社會學系、政治學系、經濟學系、商業學系、教育學系，各招收新生一班，專門部之美術科招收新生一班，中學部之高級中學招收新生一班，初級中學招收新生兩班，又原有之高中、初中，及英算高等補習科各班招收插班生。考期第二期為九月十五十六兩日，第三期為九月廿四廿五兩日。報名自六月十六日起，須隨繳試驗費二元，最近四寸半身照片及文憑或轉學證書。函索簡章者，須附郵票四分；索本校一覽者，須附郵票十五分。空函恕不作覆。地點在愛文義路西摩路本校。校長于右任

上海大學第一次錄取新生

大學部文藝院中國文學系（正式生）……英國文學系（正式生）……社會科學院社會學系（正式生）……經濟學系（正式生）……政治學系（正式生）……專門部英算高等補習科（正式生）……中學部……▲以上各生均須於開學前來學務處報到，辦清入學手續，幸勿自誤

2017年7月14日　上海大学召开第三届全球重大挑战论坛“学生日”活动出征汇报会。

2024年

农历甲辰年

7月

July

星期日 Sunday

14日

六月初九

记事

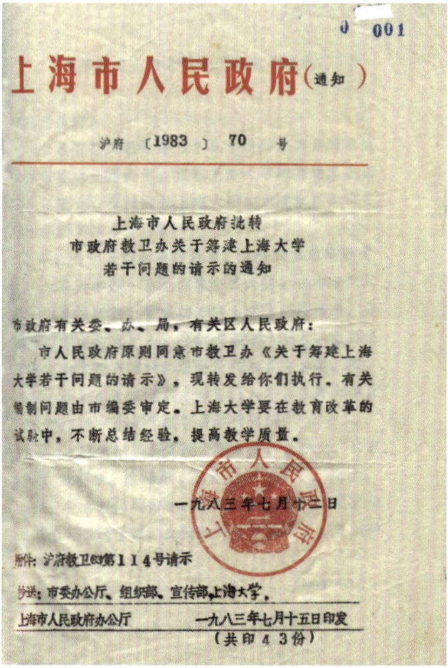

0 001

上海市人民政府(通知)

沪府〔1983〕70号

上海市人民政府批转
市政府教卫办关于筹建上海大学
若干问题的请示的通知

市政府有关委、办、局，有关区人民政府：

市人民政府原则同意市教卫办《关于筹建上海大学若干问题的请示》，现转发给你们执行。有关编制问题由市编委审定。上海大学要在教育改革的试验中，不断总结经验，提高教学质量。

一九八三年七月十二日

附件：沪府教卫63第114号请示

抄送：市委办公厅、组织部、宣传部，上海大学。

上海市人民政府办公厅　　一九八三年七月十五日印发

（共印43份）

1983年7月15日
上海市人民政府办公厅印发上海市人民政府批转市政府教卫办关于筹建上海大学的通知。

2022年7月15日　中国共产党上海大学第三届委员会第十一次全体（扩大）会议召开。

2024年

农历甲辰年

7月

July

星期一　Monday

15日

六月初十

记事

2020年7月16日　“新中国史”专题学习暨上海大学党委理论学习中心组（扩大）学习会在上海大学举行。

2020年7月16日　上海大学召开本科生全程导师制工作专题部署会。

2024年
农历甲辰年

7月 July

星期二 Tuesday

16日

六月十一

记事

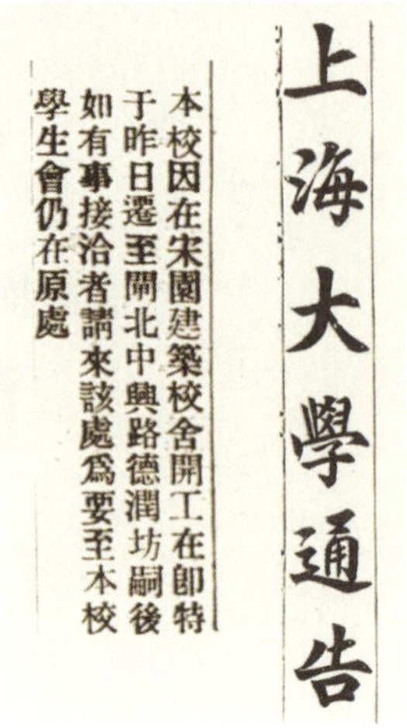

上海大學通告

本校因在宋園建築校舍開工在卽特于昨日遷至閘北中興路德潤坊嗣後如有事接洽者請來該處爲要至本校學生會仍在原處

1925年7月17日　《民国日报》刊登《上海大学通告》。

2023年7月17日　上海电气集团党委书记、董事长冷伟青一行到上海大学调研交流，共商产教融合、校企合作。

2024年
农历甲辰年

7月 July

星期三 Wednesday

17日

六月十二

记事

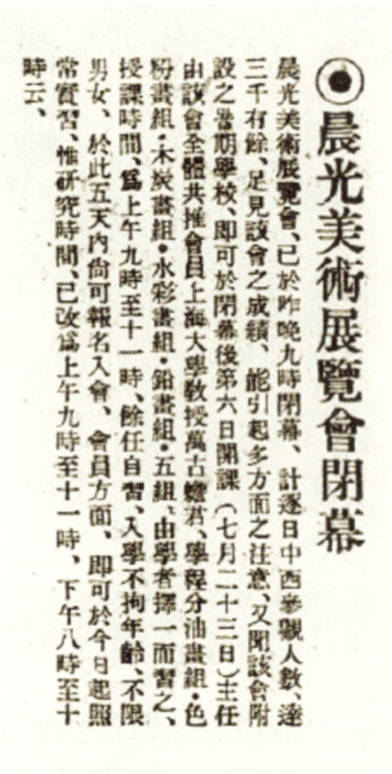

◉晨光美術展覽會閉幕

晨光美術展覽會、已於昨晚九時閉幕、計逐日中西參觀人數、逾三千有餘、足見該會之成績、能引起多方面之注意、又聞該會附設之暑期學校、即可於閉幕後第六日開課（七月二十三日）主任由該會全體共推會員上海大學教授萬古蟾君、學程分油畫組・色粉畫組・木炭畫組・水彩畫組・鉛畫組・五組、由學者擇一而習之、授課時間、爲上午九時至十一時、餘任自習、入學不拘年齡、不限男女、於此五天內尚可報名入會、會員方面、即可於今日起照常實習、惟研究時間、已改爲上午九時至十一時、下午八時至十時云、

1923年7月18日　《申报》刊登《晨光美术展览会闭幕》的消息。

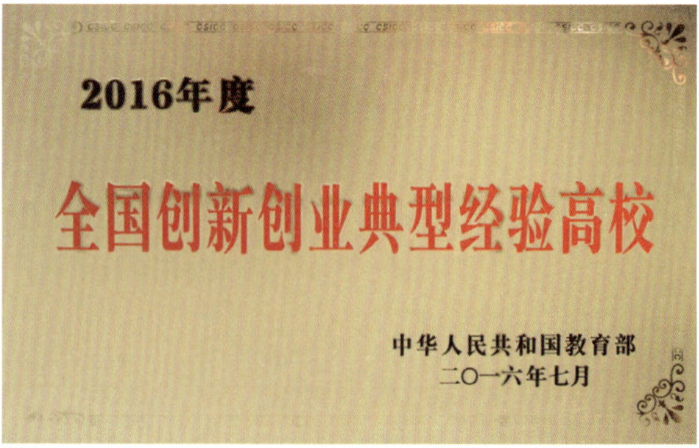

2016年7月18日　教育部授予上海大学“全国创新创业典型经验高校”荣誉。

2024年

农历甲辰年

7月

July

星期四　Thursday

18日

六月十三

记事

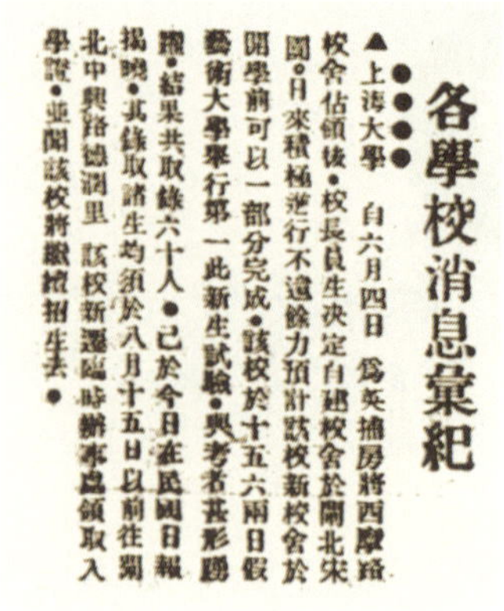

各學校消息彙紀

●●●●

▲上海大學 自六月四日 為英捕房將西摩路校舍佔領後・校長貝生決定自建校舍於閘北宋園・日來積極進行不遺餘力預計該校新校舍於開學前可以一部分完成・該校於十五六兩日假藝術大學舉行第一此新生試驗・與考者甚形踴躍・結果共取錄六十人・已於今日在民國日報揭曉・其餘取諸生均須於八月十五日以前往閘北中興路德潤里 該校新選臨時辦事處領取入學證・並聞該校將繼續招生云・

1925年7月19日　《民国日报》《时报》等报刊登上海大学新生领取入学证等消息。

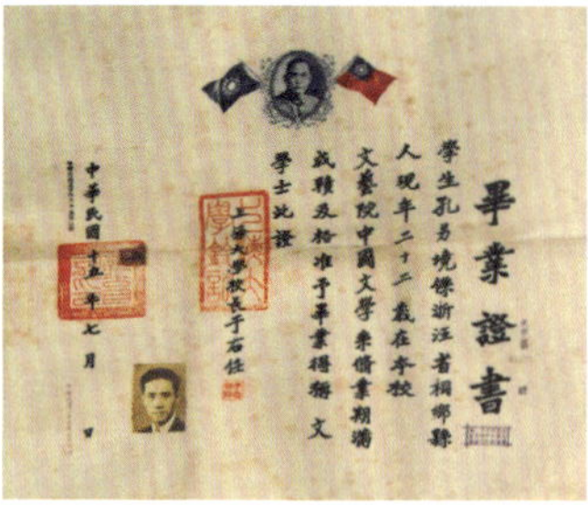

1940年7月19日　《新闻报》刊登《前上大毕业证书已由教部颁发》的消息。

2023年7月19日　上海大学与上海市奉贤区人民政府签署战略合作框架协议。

2024年
农历甲辰年

7月

July

星期五　Friday

19日

六月十四

记事

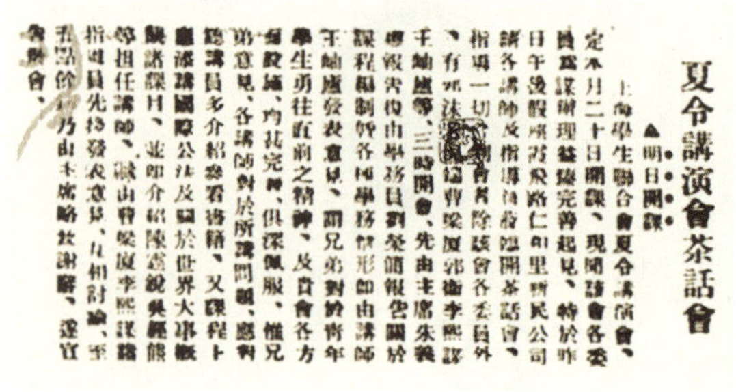

夏令講演會茶話會

▲明日開課

上海學生聯合會夏令講演會、定本月二十日開課、現該會各委員為謀辦理益臻完善起見、特於昨日午後假座霞飛路仁和里新民公司請各講師及指導員舉行茶話會、指導一切、到會者除該會各委員外、有[illegible]協齊[illegible]李熙謀王灿煊等、三時開會、先由主席朱義權報告由學務員劉榮簡報告關於課程組織及各種學務情形、即由講師王灿煊發表意見、謂兄弟對於青年學生勇往直前之精神、及貴會各方面設施、均甚完善、俱深佩服、惟兄弟意見、各講師對於所講問題、應對聽講員多介紹參看書籍、又課程上應添講國際公法及關於世界大事概論諸課目、並即介紹陳望道吳經熊等担任講師、繼由[illegible]李熙謀諸指導員先後發表意見、互相討論、至五點餘鐘乃由主席略致謝辭、遂宣告散會、

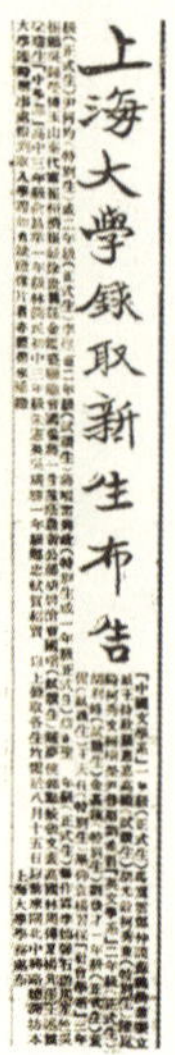

上海大學錄取新生布告

1925年7月20日　《民国日报》刊登《上海大学录取新生布告》和《夏令讲演会茶话会·明日开课》的消息。

2019年7月20日　上海大学与英国皇家艺术学院签署合作备忘录。

2019年7月20日　上海大学首家行业校友会——人工智能行业校友会成立。

2024年

农历甲辰年

7月

July

星期六 Saturday

20日

六月十五

记事

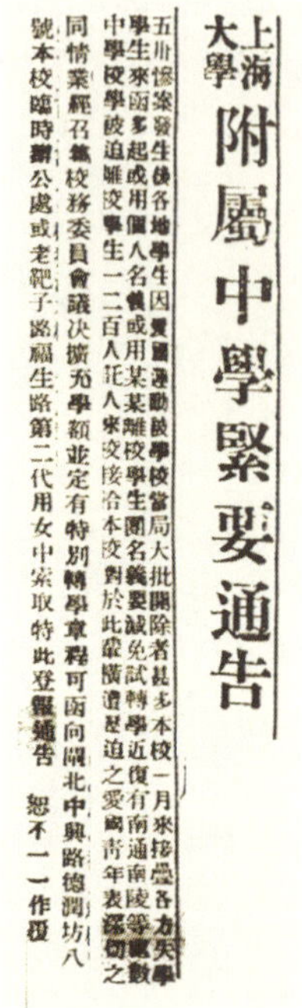
上海大學附屬中學緊要通告

五卅慘案發生後各地學生因愛國運動被學校當局大批開除者甚多本校一月來接受各方失學學生來函多起或用個人名義或用某某離校學生團名義要求免試轉學近復有南通南陵等數中學校學被迫離校學生一二百人託人來校接洽本校對於此輩橫遭壓迫之愛國青年表深切之同情業經召集校務委員會議決擴充學額並定有特別轉學章程可函向閘北中興路德潤坊八號本校臨時辦公處或老靶子路福生路第二代用女中索取特此登報通告 恕不一一作復

1925年7月21日　《民国日报》刊登《上海大学附属中学紧要通告》。

2017年7月21日　上海大学Dream House团队在第三届全球重大挑战论坛“学生日”活动（竞赛）中位列中国高校第一，获全球第三名。

2024年

农历甲辰年

7月

July

星期日 Sunday

21日

六月十六

记事

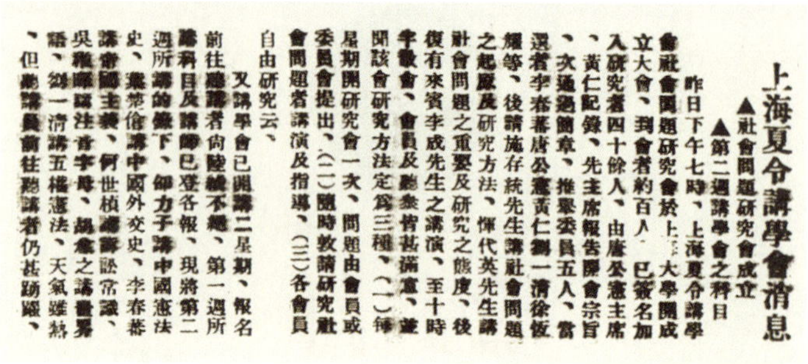

上海夏令講學會消息

▲社會問題研究會成立

▲第二週講學會之科目

昨日下午七時、上海夏令講學會社會問題研究會於上海大學開成立大會、到會者約百人、已簽名加入研究者四十餘人、由唐公憲主席、黃仁紀錄、先主席報告開會宗旨、次通過簡章、推舉委員五人、當選者李春蕃唐公憲黃仁劉一清徐恆耀等、後請施存統先生講社會問題之起源及研究方法、惲代英先生講社會問題之重要及研究之態度、後復有來賓李成先生之講演、至十時半散會、會員及聽衆皆甚滿意、並聞該會研究方法定爲三種、（一）每星期開研究會一次、問題由會員或委員會提出、（二）隨時敦請研究社會問題者講演及指導、（三）各會員自由研究云、

又講學會已開講二星期、報名前往聽講者尚陸續不絕、第一週所講科目及講師已登各報、現將第二週所講的錄下、邵力子講中國憲法史、蕭楚女講中國外交史、李春蕃講帝國主義、何世楨講訴訟常識、吳稚暉講注音字母、胡愈之講世界語、劉一清講五權憲法、天氣雖熱、但聽講員前往聽講者仍甚踴躍、

1924年7月22日　《民国日报》刊登《上海夏令讲学会消息·社会问题研究会成立·第二周讲学会之科目》的消息。

2023年7月22日　上海大学江苏校友会成立。

2024年
农历甲辰年

7月

July

星期一 Monday

22日

六月十七 大暑

记事

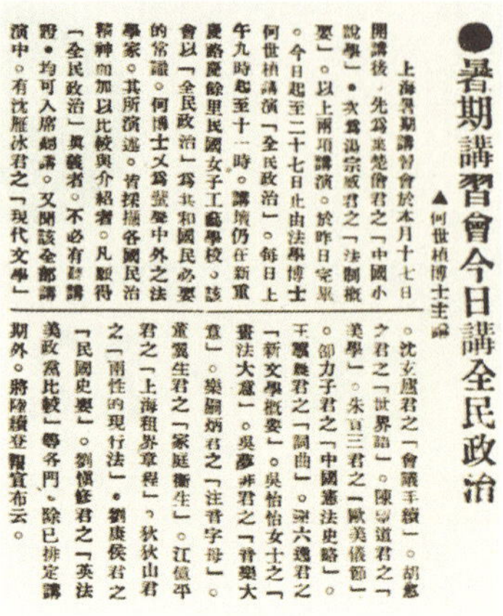

●暑期講習會今日講全民政治

▲何世楨博士主講

上海暑期講習會於本月十七日開講後，先爲葉楚傖君之「中國小說學」，次爲湯宗威君之「法制概要」。以上兩項講演，於昨日完畢。今日起至二十七日止由法學博士何世楨講演「全民政治」。每日上午九時起至十一時。講演仍在新重慶路慶餘里民國女子工藝學校。該會以「全民政治」爲共和國民必要的常識。何博士又爲蜚聲中外之法學家。其所演述，皆採擷各國民治精神而加以比較與介紹者。凡願得「全民政治」真義者。不必有聽講證，均可入席聽講。又聞該全部講演中。有沈雁冰君之「現代文學」。沈玄廬君之「會議手續」。胡愈之君之「世界語」。陳望道君之「美學」。朱宜三君之「歐美儀節」。邵力子君之「中國憲法史略」。王靈璣君之「詞曲」。謝六逸君之「新文學概要」。吳怡怡女士之「畫法大意」。吳夢非君之「音樂大意」。樂嗣炳君之「注音字母」。童鴻生君之「家庭衛生」。江鎮平君之「上海租界章程」，狄狄山君之「兩性的現行法」。劉廣侯君之「民國史要」。劉慎修君之「英法美政黨比較」等各門。除已排定講期外。將陸續登報宣布云。

1923年7月23日　《民国日报》刊登《暑期讲习会今日讲全民政治·何世桢博士主讲》的消息。

2021年7月23日　由上海大学、上海市应用数学和力学研究所、上海市能源工程力学重点实验室承办的钱伟长力学高精度算法研讨会在上海大学召开。

2024年
农历甲辰年

7月

July

星期二　Tuesday

23日

六月十八

记事

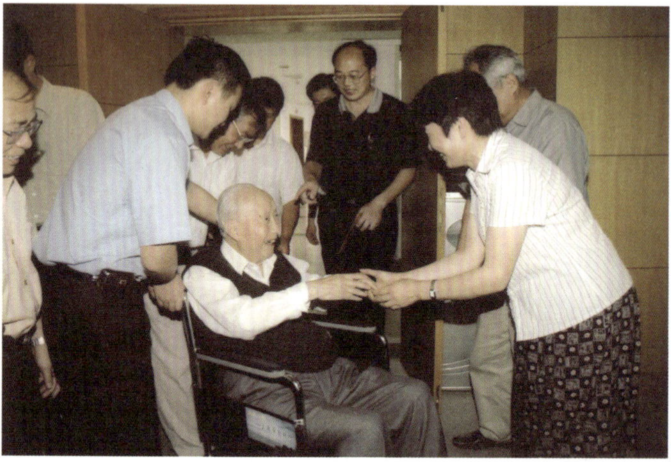

2005年7月　钱伟长校长到上海大学行政楼看望机关干部。

2019年7月　上海大学桥牌队获中国大学生桥牌锦标赛公开组乙级冠军。

2024年

农历甲辰年

7月 July

星期三 Wednesday

24日

六月十九

记事

1924年7月25日 《民国日报》刊登《夏令讲学会近闻·职员会议之议案·讲学科程之变更》的消息。

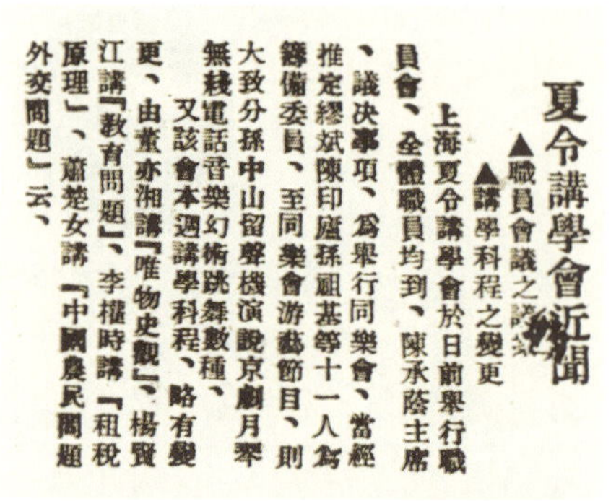

夏令講學會近聞
▲職員會議之議案
▲講學科程之變更
上海夏令講學會於日前舉行職員會、全體職員均到、陳承蔭主席、議決事項、爲舉行同樂會、當經推定繆斌陳印廬孫鼐基等十一人爲籌備委員、至同樂會游藝節目、則大致分孫中山留聲機演說京劇月琴無綫電話音樂幻術跳舞數種、
又該會本週講學科程、略有變更、由董亦湘講『唯物史觀』、楊賢江講『教育問題』、李權時講『租稅原理』、蕭楚女講『中國農民問題外交問題』云、

2017年7月 由上海大学上海电影学院发起，北京电影学院、中央戏剧学院、上海戏剧学院共同参与的“四校联合微电影创作”夏令营开营。

2022年7月25—27日 上海大学历史学系在线上举办“云游上大 相遇百年”全国优秀大学生夏令营活动。

2024年
农历甲辰年

7月

July

星期四 Thursday

25日

六月二十

记事

●●●●
▲上海大學　建築校舍事進行極力●據聞該校募捐委員會報告近日　該校一部分教職員學生繼續繳往上海銀行之捐款●超過該校原定教職員每人募捐二百元●學生每人募捐二十元之標準● 而建築委員會報告該校之校舍精細圖樣●已由凱泰建築公司製成審查通過●各營造公司投標者異常踴躍●不日開標●即可動工一切進行均極順利●故前途甚可樂觀●

1925年7月26日　《民国日报》刊登《上海大学》的消息。

上海大学举办课程思政教学设计比赛说课展示

新民晚报
2022-07-26 15:44 新民晚报官方账号
关注

图说：上大组织思政教师说课赛课 来源/采访对象提供

新民晚报讯（记者 王蔚）为进一步推进课程思政高质量建设，遴选发现一批课程思政优秀教师，“2022上海大学课程思政教学设计比赛说课展示”日前在线上举办，用时整整8小时。活动由上海大学教务部、研究生院和继续教育学院联合主办，教育部课程思政教学研究示范中心承办。

本次展示是上海大学首届校级课程思政教学设计比赛暨上海市级课程思政教学设计展示活动遴选工作的说课环节。按照专业类别和课程类型，展示分为人文艺术组、社会科学组、自然科学组1、自然科学组2、研究生教育综合专业组和继续教育综合专业组等6个组别。经过文本评审，入围第二轮说课展示的是

2022年7月26日　“新民晚报”报道《上海大学举办课程思政教学设计比赛说课展示》的消息。

2024年
农历甲辰年

7月 July

星期五 Friday

26日

六月廿一

记事

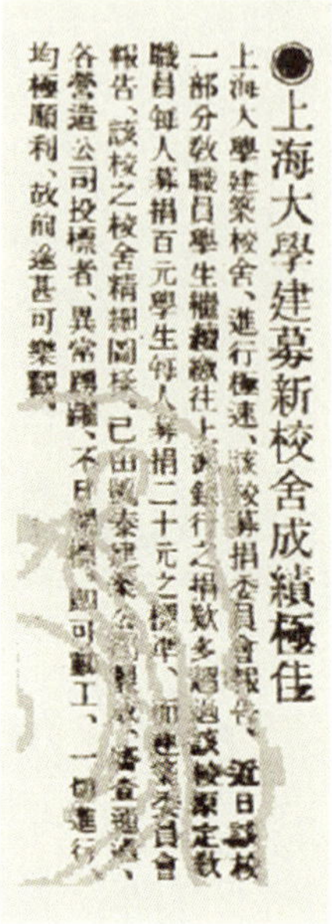

上海大學建募新校舍成績極佳

上海大學建築校舍、進行極速、該校募捐委員會報告、近日該校一部分教職員學生繼續繳往上海銀行之捐欵多超過該校原定數職員每人募捐百元學生每人募捐二十元之標準、而建築委員會報告、該校之校舍精細圖樣、已由風泰建築公司製成、當會通過、各營造公司投標者、異常踴躍、不日開標、即可動工、一切進行均極順利、故前途甚可樂觀、

1925年7月27日　《申报》刊登《上海大学建募新校舍成绩极佳》的消息。

2023年7月27日　葡萄牙里斯本大学校长Luís Ferreira访问上海大学。

2024年

农历甲辰年

7月 

July 

星期六 Saturday

27日

六月廿二

记事

1926年7月28日　《申报》刊登《上海大学新校舍建筑动工》的消息。

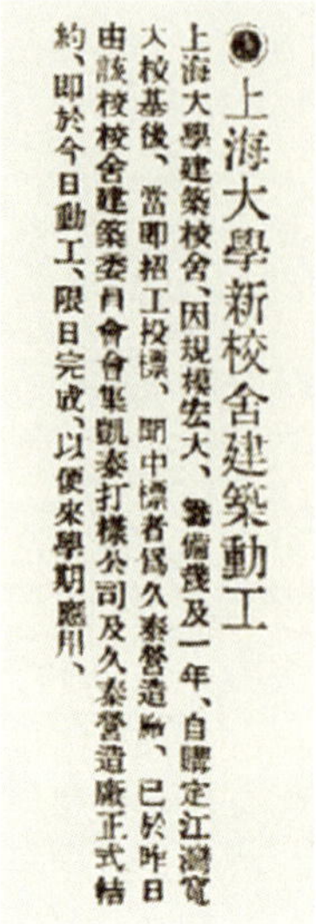

上海大學新校舍建築動工

上海大學建築校舍、因規模宏大、籌備幾及一年、自購定江灣寬大校基後、當即招工投標、即中標者爲久泰營造廠、已於昨日由該校校舍建築委員會會集凱泰打樣公司及久泰營造廠正式結約、即於今日動工、限日完成、以便來學期應用、

证书

上海大学：

在全国第一届大学生艺术展演活动中荣获声乐节目 普通组

一等奖

2005年7月28日　上海大学在全国第一届大学生艺术展演活动中获声乐节目普通组一等奖。

2017年7月28日　上海大学网球运动员获第二十二届中国大学生网球锦标赛获女子丁组冠军。

2024年

农历甲辰年

7月 July

星期日 Sunday

28日

六月廿三

记事

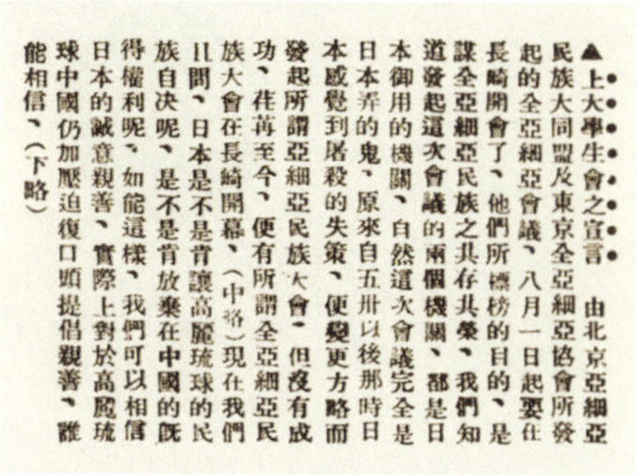

▲上大學生會之宣言　由北京亞細亞民族大同盟及東京全亞細亞協會所發起的全亞細亞會議、八月一日起要在長崎開會了、他們所標榜的目的、是謀全亞細亞民族之共存共榮、我們知道發起這次會議的兩個機關、都是日本御用的機關、自然這次會議完全是日本弄的鬼、原來自五卅以後那時日本感覺到屠殺的失策、便變更方略而發起所謂亞細亞民族大會、但沒有成功、荏苒至今、便有所謂全亞細亞民族大會在長崎開幕、(中略)現在我們試問、日本是不是肯讓高麗琉球的民族自決呢、是不是肯放棄在中國的既得權利呢、如能這樣、我們可以相信日本的誠意親善、實際上對於高麗琉球中國仍加壓迫復口頭提倡親善、誰能相信、(下略)

1926年7月29日 《民国日报》刊登《上大学生会之宣言》。

2018年7月　上海大学网球运动员参加第二十三届中国大学生网球锦标赛获男子丁组团体冠军。

2003年7月　上海大学科技园通过国家科技部和教育部验收，被认定为国家级大学科技园。

2024年
农历甲辰年

7月 July

星期一 Monday

29日

六月廿四

记事

2020年7月30日　上海大学举行"钱伟长星"命名仪式暨钱伟长先生逝世10周年纪念活动。

2020年7月30日　上海大学召开钱伟长教育思想与上海大学改革发展主题座谈会。

2024年

农历甲辰年

7月

July

星期二　Tuesday

30日

六月廿五

记事

1923年7月　上海大学师生在宋园（今闸北公园）合影。

1994年7月　与澳大利亚悉尼科技大学合作建立的上海大学悉尼工商学院成为国内首家通过国家认证的中外合作商学院。

2024年
农历甲辰年

7月

July

星期三　Wednesday

31日

六月廿六

记事

2024
8月
August
钱伟长

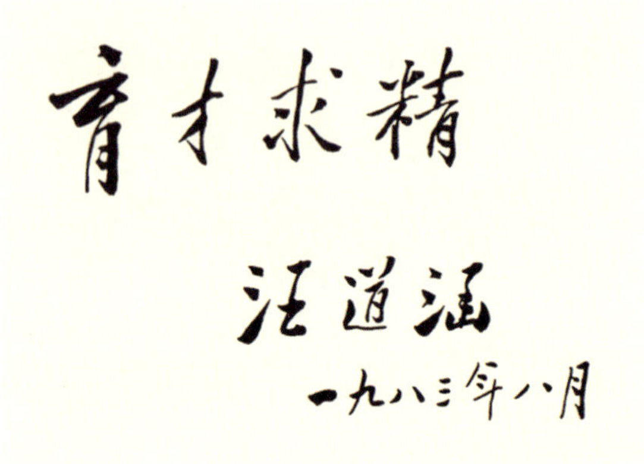
育才求精
汪道涵
一九八三年八月

1983年8月　上海市市长汪道涵为上海大学题词。

2023年8月1日　上海大学学生宋佳媛在第31届世界大学生夏季运动会女子铅球决赛中，以18.56米的成绩获得冠军，这也是中国田径队在本届大运会收获的第一枚金牌。

2024年
农历甲辰年

8月 August

星期四 Thursday

1日

六月廿七

建军节

记事

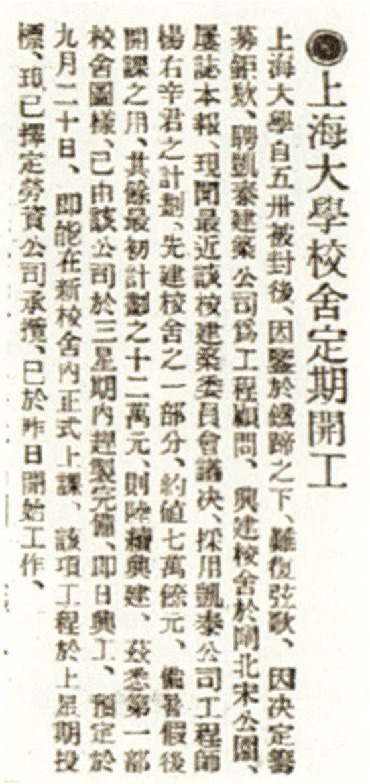

上海大學校舍定期開工

上海大學自五卅被封後、因鑒於鐵蹄之下、難復弦歌、因決定籌募鉅款、聘凱泰建築公司為工程顧問、興建校舍於閘北宋公園、歷誌本報、現聞最近該校建築委員會議決、採用凱泰公司工程師楊右辛君之計劃、先建校舍之一部分、約值七萬餘元、備暑假後開課之用、其餘最初計劃之十二萬元、則陸續興建、茲悉第一部校舍圖樣、已由該公司於三星期內趕製完備、即日興工、預定於九月二十日、即能在新校舍內正式上課、該項工程於上星期投標、現已擇定務實公司承攬、已於昨日開始工作、

1925年8月2日　《申报》《新闻报》等报刊登《上海大学校舍定期开工》的消息。

2018年8月　曹世勋教授团队在凝聚态磁性系统中发现了第一个迪克协同作用的实例，该项成果在美国《科学》杂志上发表。

2024年
农历甲辰年

8月 August

星期五 Friday

2日

六月廿八

记事

2019年8月3日　由上海市科委、上海市科技启明星联谊会主办，上海大学承办的“促成果转化，破最后一公里难题——2019第二次启明星论坛”在上海大学举行。

2020年8月3日　上海大学召开2020年毕业生稳就业工作研讨部署会。

2024年
农历甲辰年

8月

August

星期六 Saturday

3日

六月廿九

记事

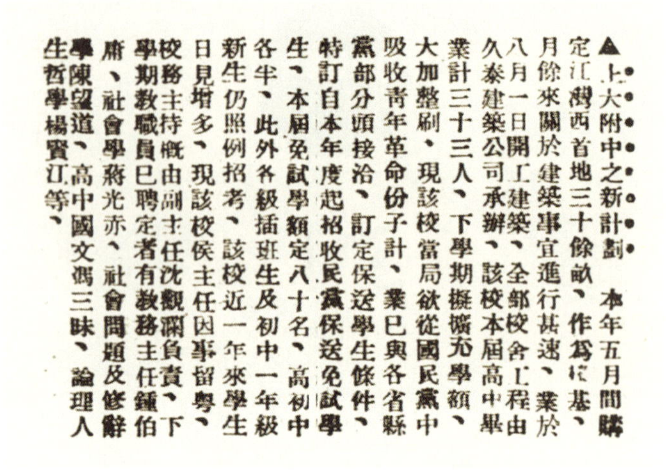

▲上大附中之新計劃　本年五月間購定江灣西首地三十餘畝、作爲校基、業於月餘來關於建築事宜進行甚速、業於八月一日開工建築、全部校舍工程由久泰建築公司承辦、該校本屆高中畢業計三十三人、下學期擬擴充學額、大加整刷、現該校當局欲從國民黨中吸收青年革命份子計、業已與各省縣黨部分頭接洽、訂定保送學生條件、特訂自本年度起招收民黨保送免試學生、本屆免試學額定八十名、高初中各半、此外各級插班生及初中一年級新生仍照例招考、該校近一年來學生日見增多、現該校侯主任因事留粵、校務主持概由副主任沈觀瀾負責、下學期教職員已聘定者有教務主任鍾伯庸、社會學蔣光赤、社會問題及修辭學陳望道、高中國文馮三昧、論理人生哲學楊賢江等、

1926年8月4日　《民国日报》《新闻报》等报刊登上海大学附属中学的新计划。

2022年8月4—5日　中国禁毒基金会与上海大学主办、上海大学国际禁毒政策研究中心承办的第二届国际禁毒论坛举行。

2024年
农历甲辰年

8月

August

星期日 Sunday

4 日

七月初一

记事

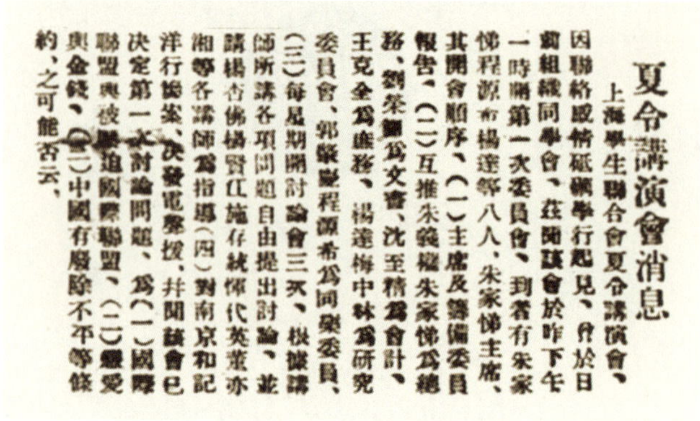

夏令講演會消息

上海學生聯合會夏令講演會、因聯絡感情砥礪學行起見、曾於日前組織同學會、茲因該會於昨下午一時開第一次委員會、到者有朱家悌程源希楊達等八人、朱家悌主席、其開會順序、（一）主席及籌備委員報告、（二）互推朱發耀朱家悌爲總務、劉榮[illegible]爲文書、沈至精爲會計、王克全爲庶務、楊達梅中林爲研究委員會、郭[illegible][illegible]程源希爲同學委員、（三）每星期開討論會三次、根據講師所講各項問題自由提出討論、並請楊杏佛楊賢江施存統惲代英董亦湘等各講師爲指導（四）對南京和記洋行慘案、決發電聲援、并聞該會已決定第一次討論問題、爲（一）國際聯盟與被壓迫國際聯盟、（二）戀愛與金錢、（三）中國有廢除不平等條約之可能否云、

1925年8月5日　《民国日报》刊登《夏令讲演会消息》。

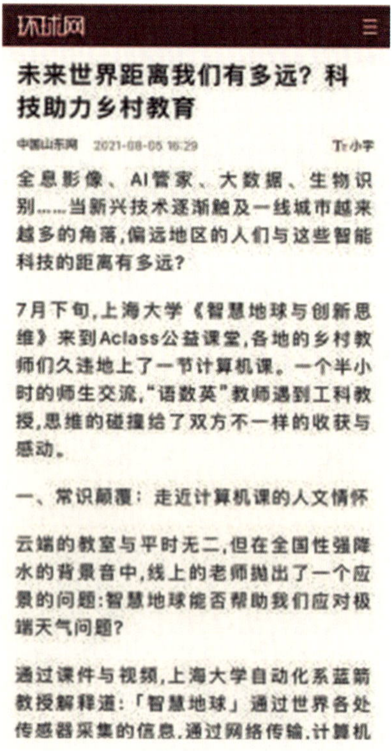

环球网

未来世界距离我们有多远？科技助力乡村教育

中国山东网　2021-08-05 16:29　Tr小字

全息影像、AI管家、大数据、生物识别……当新兴技术逐渐触及一线城市越来越多的角落，偏远地区的人们与这些智能科技的距离有多远？

7月下旬，上海大学《智慧地球与创新思维》来到Aclass公益课堂，各地的乡村教师们久违地上了一节计算机课。一个半小时的师生交流，“语数英”教师遇到工科教授，思维的碰撞给了双方不一样的收获与感动。

一、常识颠覆：走近计算机课的人文情怀

云端的教室与平时无二，但在全国性强降水的背景音中，线上的老师抛出了一个应景的问题：智慧地球能否帮助我们应对极端天气问题？

通过课件与视频，上海大学自动化系蓝箭教授解释道：「智慧地球」通过世界各处传感器采集的信息，通过网络传输，计算机

2021年8月5日　“环球网”报道《未来世界距离我们有多远？科技助力乡村教育》的消息，介绍上海大学《智慧地球与创新思维》在Aclass公益课堂为各地的乡村教师上的计算机课。

2024年
农历甲辰年

8月 August

星期一 Monday

5日

七月初二

记事

2020年8月6日　上海大学召开“四史”学习教育专题报告暨上海大学党委理论学习中心组（扩大）学习会。

2021年8月6日　上海器官修复工程技术研究中心（筹）揭牌仪式暨第一届技术委员会2021年度会议在上海大学举行。

2024年
农历甲辰年

8月

August

星期二　Tuesday

6日

七月初三

记事

▲上海大學　自被捕房驅逐後，該校內部力加擴充，除進行校舍建築等物質方面之建設外，尤竭力於教授人材之羅致，聞該校除原任教授稍變更外，又新聘定國內外知名學者如金仲文周由廑沈澤李季陶希聖戴季陶瞿秋白楊杏佛　邵元冲張凱陸李守常等　十餘人爲教授及特別講師。

1925年8月7日　《民国日报》刊登上海大学新聘教授的消息。

2023年8月7—10日　上海大学党委副书记、校长、中国科学院院士刘昌胜率海洋考古专题调研组赴海南省海口、三沙和琼海等地开展海洋考古调研工作，并在中国（海南）南海博物馆出席双方合作共建上海大学海洋考古实践基地揭牌仪式。

2024年
农历甲辰年

8月

August

星期三 Wednesday

7日

七月初四 立秋

记事

2020年8月8日　上海大学河南校友会成立。

2022年8月8日　北京市人民政府天安门地区管理委员会向上海大学赠送国旗仪式在天安门地区管委会办公楼举行。天安门地区管委会党组书记、主任费宝岐向上海大学赠送国旗，上海大学党委书记成旦红代表学校接收国旗。这面国旗对于上海大学具有重要的意义，是上海大学建校99周年即2021年10月23日在天安门广场升起的国旗。

2024年
农历甲辰年

8月

August

星期四 Thursday

8日

七月初五

记事

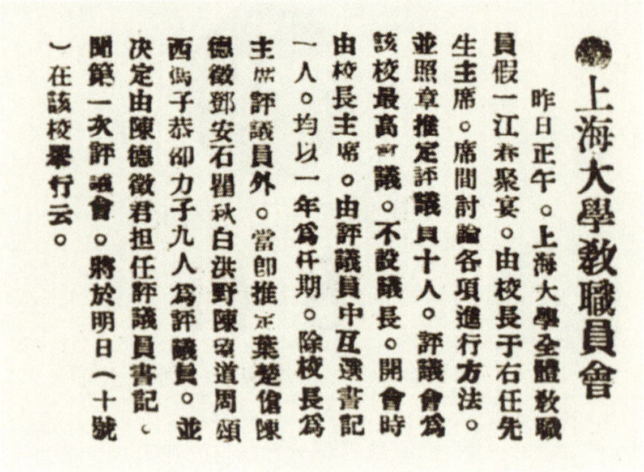

上海大學教職員會

昨日正午。上海大學全體教職員假一江春聚宴。由校長于右任先生主席。席間討論各項進行方法。並照章推定評議員十人。評議會爲該校最高會議。不設議長。開會時由校長主席。由評議員中互選書記一人。均以一年爲任期。除校長爲主席評議員外。當即推定葉楚傖陳德徵鄧安石瞿秋白洪野陳望道周頌西馮子恭邵力子九人爲評議員。並決定由陳德徵君担任評議員書記。開第一次評議會。將於明日（十號）在該校舉行云。

1923年8月9—10日　《民国日报》《新闻报》《时报》等报刊登上海大学举行教职员会议的消息。

2017年8月9日　上海大学党委副书记、副校长徐旭一行赴静安区调研，就慰问优秀大学生暑期挂职锻炼、第十五届“挑战杯”竞赛筹办、人才学院导师聘任等工作进行了座谈交流。

2024年
农历甲辰年

8月

August

星期五　Friday

9日

七月初六

记事

2017年8月10日　上海大学与中国农业银行上海市分行全面战略合作协议签约仪式在中国农业银行上海市分行举行。

2022年8月10日　上海大学举行2022年上海市本科新生0001号录取通知书颁发暨优质生源基地揭牌仪式。

2024年

农历甲辰年

8月

August

星期六　Saturday

10日

七月初七

记事

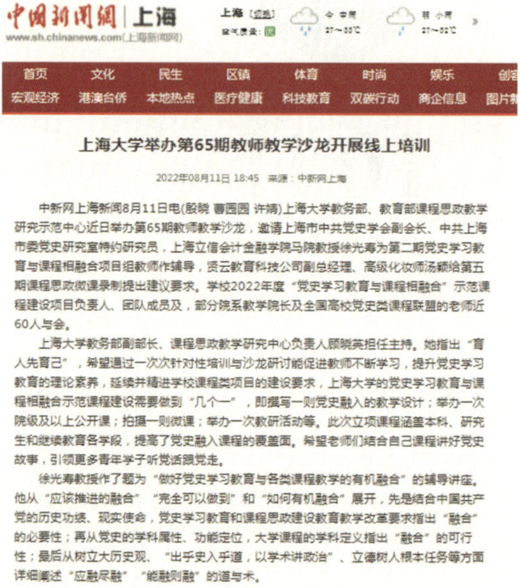

中国新闻网 | 上海

www.sh.chinanews.com(上海新闻网)

首页 文化 民生 区镇 体育 时尚 娱乐

宏观经济 港澳台侨 本地热点 医疗健康 科技教育 双碳行动 商企信息

上海大学举办第65期教师教学沙龙开展线上培训

2022年08月11日 18:45 来源：中新网上海

中新网上海新闻8月11日电(殷晓 曹园园 许婧)上海大学教务部、教育部课程思政教学研究示范中心近日举办第65期教师教学沙龙，邀请上海市中共党史学会副会长、中共上海市委党史研究室特约研究员，上海立信会计金融学院马院教授徐光寿为第二期党史学习教育与课程相融合项目组教师作辅导，贤云教育科技公司副总经理、高级化妆师汤颖给第五期课程思政微课录制提出建议要求。学校2022年度“党史学习教育与课程相融合”示范课程建设项目负责人、团队成员及，部分院系教学院长及全国高校党史类课程联盟的老师近60人与会。

上海大学教务部副部长、课程思政教学研究中心负责人顾晓英担任主持。她指出“育人先育己”，希望通过一次次针对性培训与沙龙研讨能促进教师不断学习，提升党史学习教育的理论素养，延续并精进学校课程类项目的建设要求，上海大学的党史学习教育与课程相融合示范课程建设需要做到“几个一”，即撰写一则党史融入的教学设计；举办一次院级及以上公开课；拍摄一则微课；举办一次教研活动等。此次立项课程涵盖本科、研究生和继续教育各学段，提高了党史融入课程的覆盖面。希望老师们结合自己课程讲好党史故事，引领更多青年学子听党话跟党走。

徐光寿教授作了题为“做好党史学习教育与各类课程教学的有机融合”的辅导讲座。他从“应该推进的融合”“完全可以做到”和“如何有机融合”展开，先是结合中国共产党的历史功绩、现实使命，党史学习教育和课程思政建设教育教学改革要求指出“融合”的必要性；再从党史的学科属性、功能定位，大学课程的学科定义指出“融合”的可行性；最后从树立大历史观、“出乎史入乎道，以学术讲政治”、立德树人根本任务等方面详细阐述“应融尽融”“能融则融”的道与术。

2022年8月11日　“中国新闻网”报道《上海大学举办第65期教师教学沙龙开展线上培训》的消息。

2023年8月11日　上海大学国际教育学院学科发展专家咨询委员会第二次会议暨2023年“一带一路”国际中文教育研讨会在上海大学召开。

2024年

农历甲辰年

8月

August

星期日 Sunday

11日

七月初八

记事

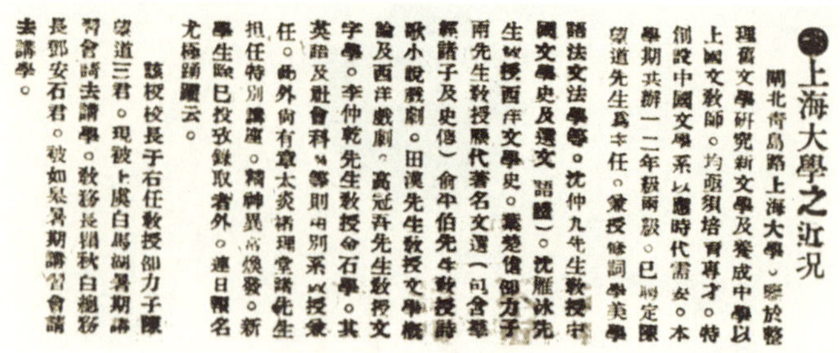

●上海大學之近況

閘北青島路上海大學，鑒於整理舊文學研究新文學及養成中學以上國文教師。均亟須培育專才。特創設中國文學系以應時代需要。本學期共辦一二年級兩級。已聘定陳望道先生爲主任。兼授修詞學美學語法文法學等。沈仲九先生教授中國文學史及選文（語體）。沈雁冰先生教授西洋文學史。葉楚傖邵力子兩先生教授歷代著名文選（包含群經諸子及史傳）俞平伯先生教授詩歌小說戲劇。田漢先生教授文學概論及西洋戲劇。高冠吾先生教授文字學。李仲乾先生教授金石學。其英語及社會科學等則由別系以授兼任。此外尚有章太炎褚理堂諸先生担任特別講座。精神異常煥發。新學生除已投致錄取者外。連日報名尤極踴躍云。

該校校長于右任教授邵力子陳望道三君。現被上虞白馬湖暑期講習會請去講學。教務長瞿秋白總務長鄧安石君。被如皋暑期講習會請去講學。

1923年8月12日　《民国日报》《申报》《新闻报》《时报》等报刊登上海大学创设中国文学系及讲学的消息。

2019年8月12日　美国哈佛大学David A. Weitz教授访问上海大学并为师生作题为“Structuring Soft Material for Biomedical Applications”的学术报告。

2024年
农历甲辰年

8月

August

星期一　Monday

12日

七月初九

记事

上海大學首次評議會

▲組校董會……築新校舍

上海大學改組計劃及延聘有名人物充當教授。已紀前報。聞前日該校全體新教職員在一江春開會。議決組織評議會。處理全校一切根本重大事務。當場推選葉楚傖陳德徵鄧安石瞿秋白洪野周頌西馮子恭陳望道邵力子等九人爲評議員。該評議會已於昨日下午在校開第一次會議。議決案件甚多。其中最重要者。(甲)就斯組成校董會。校董資格決定五項。(一)全國國民所敬仰。足爲學生模範者。(二)教育界上負有聲譽者。(三)出資助成學校經費及校舍者。(四)與宋公遯初有密切關係者。(五)於本校發展事項著有勞績者。並擬請定孫中山先生爲名譽校董。蔡孑民汪精衛李石曾章太炎張溥泉馬玉山張靜江馬君武等二十餘人爲校董。限九月一日以前與各校董接洽妥當。限九月二十日以前成立校董會。(乙)限半年內築成新校舍。該校深感現在校舍湫隘。另遷亦無相當房屋。擬儘於半年內在宋園建築社會科學圖書館及學生寄宿舍。爲專責成起見。特另設校舍建築委員會。以該校總務長鄧安石兼委員長。陳德徵曾伯興饒病鶴馮子恭爲委員。並延請張溥泉邵子猷二先生爲該會顧問云。

上海大學校舍建築圖樣之一

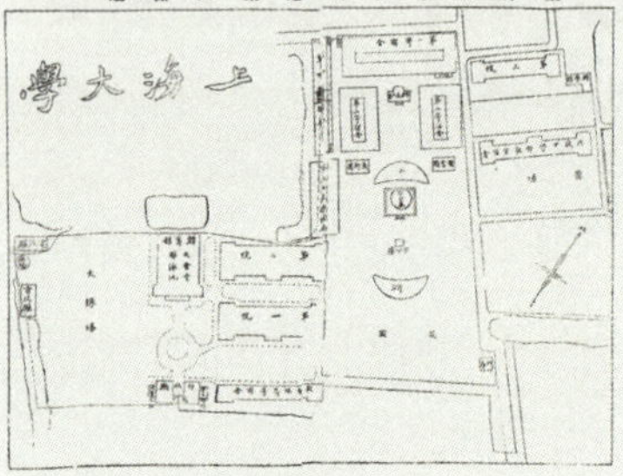

1923年8月13日　《民国日报》《申报》《新闻报》《时报》等报刊登上海大学举行首次评议会，聘定校董，决定建筑新校舍等消息。

2008年8月13—19日　上海大学出版社在上海书展期间承办“我国著名的科学家、教育家、社会活动家——钱伟长院士”主题展览，全面展现钱伟长一生的科学教育成就。图为上海大学终身教授戴世强与钱伟长孙女钱泽红参观主题馆。

2024年
农历甲辰年

8月 August

星期二 Tuesday

13日

七月初十

记事

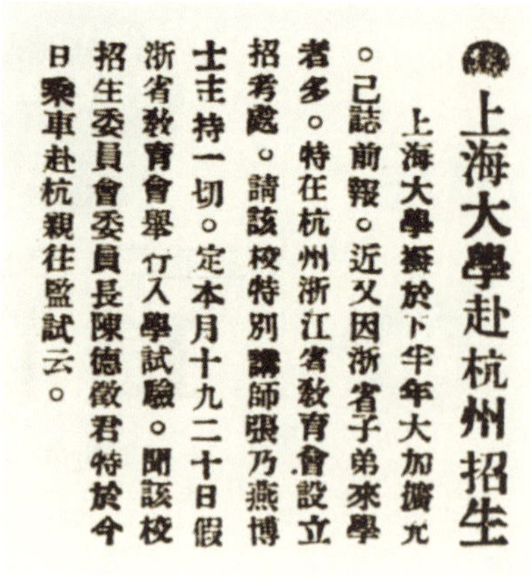

上海大學赴杭州招生

上海大學擬於下半年大加擴充。已誌前報。近又因浙省子弟來學者多。特在杭州浙江省教育會設立招考處。請該校特別講師張乃燕博士主持一切。定本月十九二十日假浙省教育會舉行入學試驗。聞該校招生委員會委員長陳德徵君特於今日乘車赴杭親往監試云。

1923年8月14日　《民国日报》《申报》等报刊登上海大学在杭州设立招生处的消息。

2002年8月14日　第四届国际非线性力学会议大会组委会在上海浦江游览船上举办钱伟长90华诞庆祝活动。

8月

2024年
农历甲辰年

August

星期三 Wednesday

14日

七月十一

记事

2016年8月15日 机械与运载工程科技2035发展战略国际高端论坛在上海大学举行。

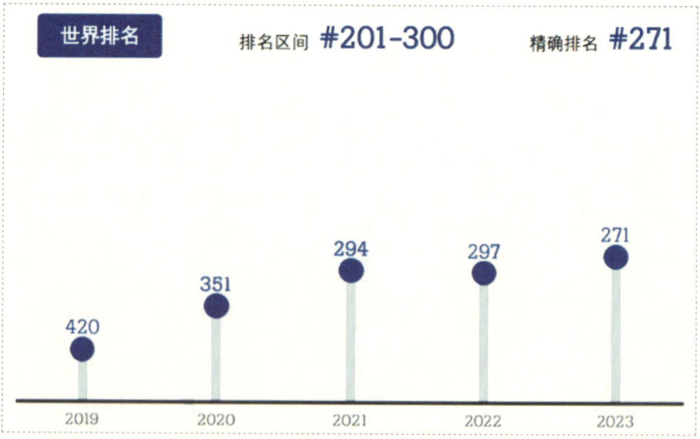

图1 近5年上海大学ARWU排名

2023年8月 软科正式发布2023年世界大学学术排名（ARWU），上海大学位列全球前300。

2024年
农历甲辰年

8月

August

星期四　Thursday

15日

七月十二

记事

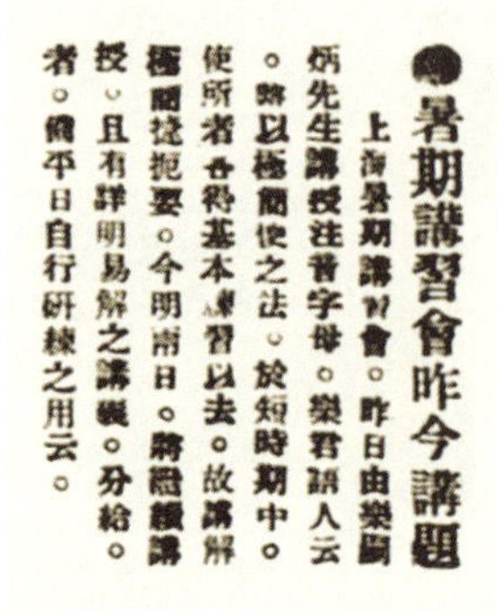

●暑期講習會昨今講題

上海暑期講習會。昨日由樂嗣炳先生講授注音字母。樂君語人云。務以極簡便之法。於短時期中。使所者各得基本練習以去。故講解極簡捷扼要。今明兩日。將繼續講授。且有詳明易解之講義。分給者。備平日自行研練之用云。

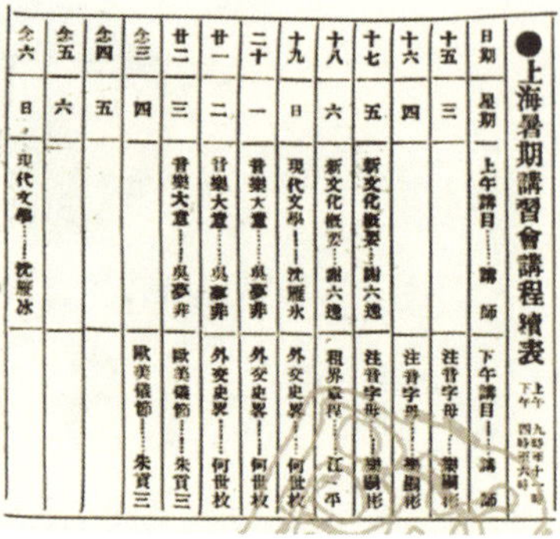

●上海暑期講習會講程續表　上午九時半十一時　下午四時至六時

日期	星期	上午講目……講師	下午講目……講師
十五	三		注音字母……樂嗣彬
十六	四		注音字母……樂嗣彬
十七	五	新文化概要……謝六逸	注音字母……樂嗣彬
十八	六	新文化概要……謝六逸	租界章程……江一平
十九	日	現代文學……沈雁冰	外交史畧……何世枚
二十	一	音樂大意……吳夢非	外交史畧……何世枚
廿一	二	音樂大意……吳夢非	外交史畧……何世枚
廿二	三	音樂大意……吳夢非	歐美儀節……朱賓三
念三	四		歐美儀節……朱賓三
念四	五		
念五	六		
念六	日	現代文學……沈雁冰	

1923年8月16日　《民国日报》刊登《上海暑期讲习会讲程续表》《暑期讲习会昨今讲题》。

2016年8月16日　由中国社会科学院—上海市人民政府上海研究院、上海社会科学院、江苏省社会科学院、浙江省社会科学院、安徽省社会科学院、中国金融信息中心和上海大学联合主办，中国城市经济学会、中国区域经济学会协办的“长江三角洲城市群发展论坛：建设具有全球影响力的世界级城市群”在上海市陆家嘴中国金融信息中心举行。

2024年
农历甲辰年

8月

August

星期五 Friday

16日

七月十三

记事

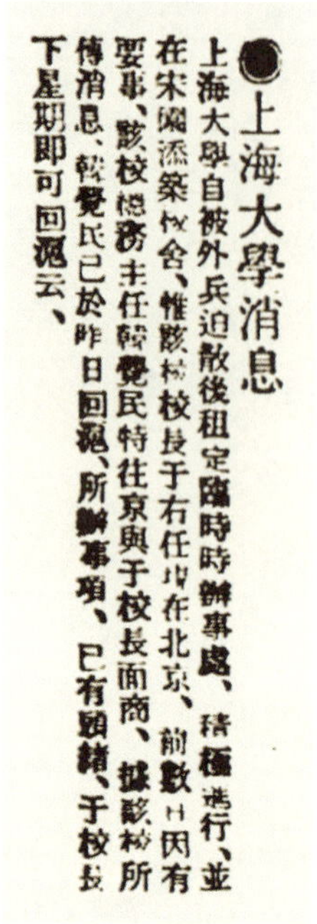

●上海大學消息

上海大學自被外兵迫散後租定臨時時辦事處、積極進行、並在宋園添築校舍、惟該校校長于右任尚在北京、前數日因有要事、該校總務主任韓覺民特往京與于校長面商、據該校所傳消息、韓覺民已於昨日回滬、所辦事項、已有頭緒、于校長下星期即可回滬云、

1925年8月17日　《新闻报》刊登《上海大学消息》。

2022年8月17—21日　由上海大学理学院数学系承办的2022年全国多复变学术年会召开。

2024年

农历甲辰年

8月

August

星期六　Saturday

17日

七月十四

记事

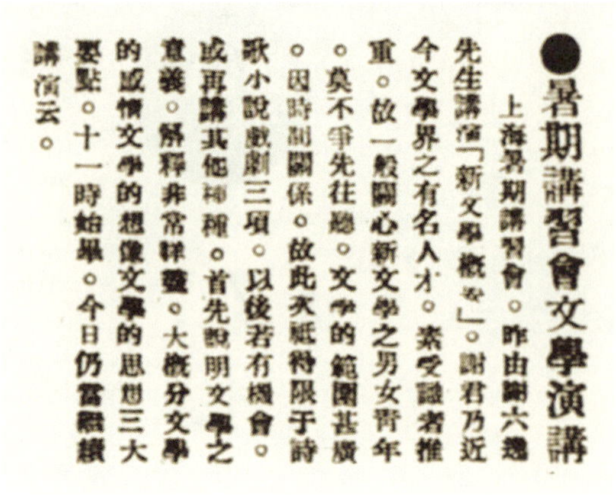

暑期講習會文學演講

上海暑期講習會。昨由謝六逸先生講演「新文學概要」。謝君乃近今文學界之有名人才。素受識者推重。故一般關心新文學之男女青年。莫不爭先往聽。文學的範圍甚廣。因時間關係。故此次祇得限于詩歌小說戲劇三項。以後若有機會。或再講其他種種。首先說明文學之意義。解釋非常詳盡。大概分文學的感情文學的想像文學的思想三大要點。十一時始畢。今日仍當繼續講演云。

1923年8月18日　《民国日报》刊登《暑期讲习会文学演讲》的消息。

2022年8月18日　由上海市委统战部指导，上海市统一战线理论研究会与上海大学共同举办的“百年统战——百年上大与党的统一战线政策的伟大实践”学术研讨会在上海大学召开。

2024年
农历甲辰年

8月

August

星期日 Sunday

18日

七月十五

记事

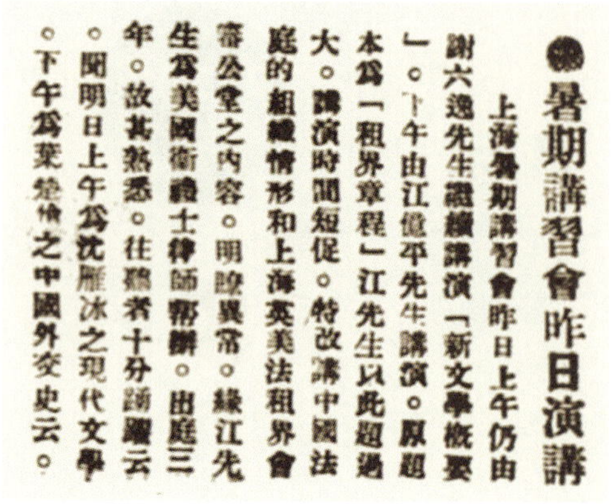

暑期講習會昨日演講

上海暑期講習會昨日上午仍由謝六逸先生繼續講演「新文學概要」。下午由江億平先生講演。原題本爲「租界章程」江先生以此題過大。講演時間短促。特改講中國法庭的組織情形和上海英美法租界會審公堂之內容。明瞭異常。緣江先生爲美國衛戴士律師幫辦。出庭三年。故其熟悉。往聽者十分踴躍云。聞明日上午爲沈雁冰之現代文學。下午爲葉楚傖之中國外交史云。

1923年8月19日　《民国日报》刊登《暑期讲习会昨日演讲》的消息。

2001年8月19日　上海大学校长钱伟长出席2001年上海大学军训阅兵式暨总结表彰大会。

2024年

农历甲辰年

8月

August

星期一 Monday

19日

七月十六

记事

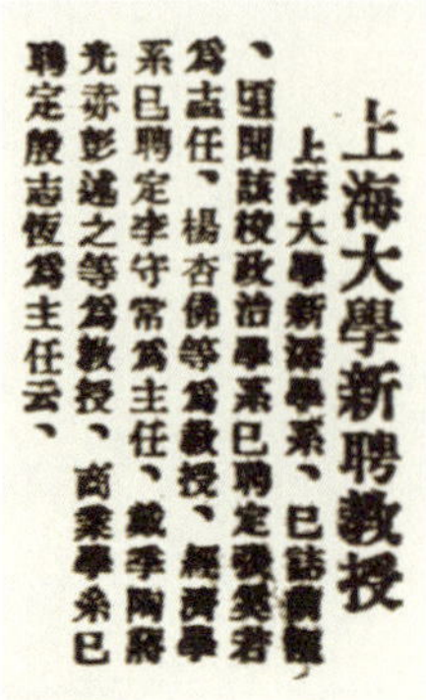
上海大學新聘教授

上海大學新添學系、已誌前報、頃聞該校政治學系已聘定張奚若爲主任、楊杏佛等爲教授、經濟學系已聘定李守常爲主任、戴季陶蔣光赤彭述之等爲教授、商業學系已聘定殷志恆爲主任云、

1924年8月20日　《民国日报》《申报》等报刊登上海大学新聘教授的消息。

1965年8月20日　上海市美术专科学校1960级毕业生与全体教师合影。

2023年8月20—22日　上海大学理学院本科生在“微瑞杯”第四届全国大学生化学实验创新设计大赛总决赛中获特等奖。

2024年
农历甲辰年

8月

August

星期二　Tuesday

20日

七月十七

记事

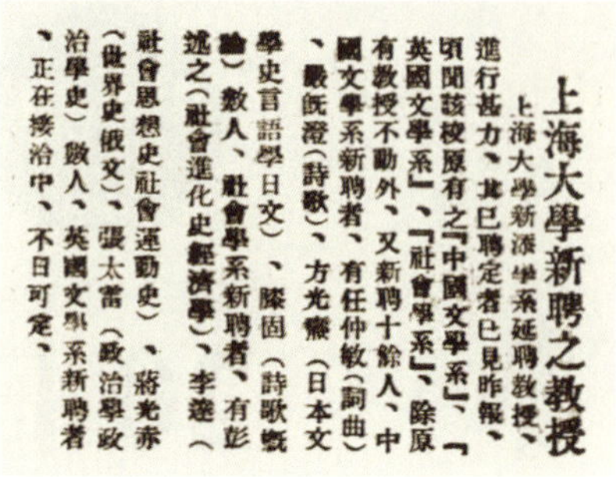

上海大學新聘之教授

上海大學新添學系延聘教授、進行甚力、其已聘定者已見昨報、頃聞該校原有之『中國文學系』、『英國文學系』、『社會學系』、除原有教授不動外、又新聘十餘人、中國文學系新聘者、有任仲敏（詞曲）、嚴旣澄（詩歌）、方光燾（日本文學史言語學日文）、滕固（詩歌概論）數人、社會學系新聘者、有彭述之（社會進化史經濟學）、李達（社會思想史社會運動史）、蔣光赤（做界史俄文）、張太雷（政治學政治學史）數人、英國文學系新聘者、正在接洽中、不日可定、

1924年8月21日 《民国日报》《申报》等报刊登上海大学新聘教授的消息。

2023年8月21日　上海大学公布2023级本科新生大数据。

2023年8月21日　上海教育电视台报道《首批新生到沪啦 上海大学迎来4662名“新同学”》的消息。

2024年
农历甲辰年

8月

August

星期三　Wednesday

21日

七月十八

记事

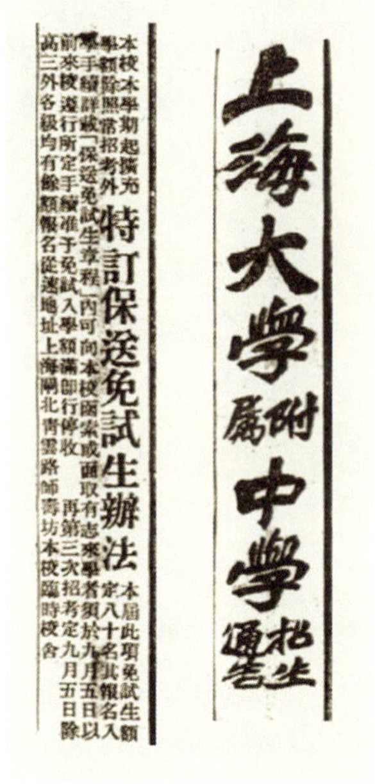

上海大學附屬中學招生通告

特訂保送免試生辦法

本校本學期起擴充學額除照常招考外特訂保送免試生辦法本屆此項免試生額定八十名其報名入學手續詳載「保送免試生章程」內可向本校函索或函取有志來學者須於九月五日以前來校逕行所定手續准予免試入學額滿卽行停收 再第三次招考定九月五日除高三外各級均有餘額報名從速地址上海閘北青雲路師壽坊本校臨時校舍

1926年8月22—28日 《民国日报》《申报》等报刊登《上海大学附属中学招生通告》。

2017年8月22日 上海大学在第十二届中国研究生电子设计竞赛全国总决赛中获一等奖3项、二等奖2项及优秀组织奖。

2024年
农历甲辰年

8月

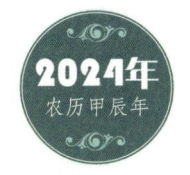

August

星期四　Thursday

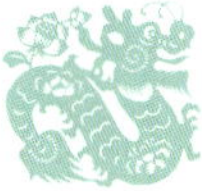

22日

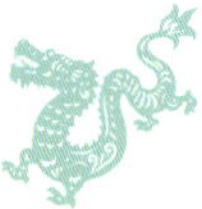

七月十九　处暑

记事

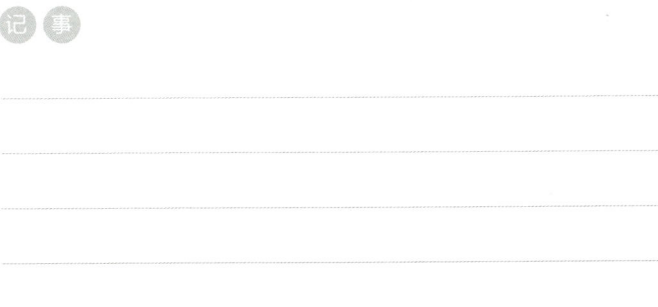

上海大學中學部近況

閘北青島路上海大學。爲培植根本人材計。對於中學部異常注意。該部主任陳德徵君於中等教育研究有素。下年在高級中學方面注重選修制。計分爲文學社會科學藝術三科。一年級除公民學國文英文等必修科二十六學分外。在分科課目中得任習二學分。二年級除必修科二十學分外。在分科課目中得任習八學分。已聘定沈仲九馮子恭。邵詩舟施存統徐蟾女士曾伯興等分別担任必修科目。葉楚傖蔡和森狄侃洪野仲子通等担任選修科目。陳君又在該校評議會提議舉辦高三。以副一般舊制中學畢業才力不及入大學者向上求學之望。已得該校評議會正式通過。聞該校高三分爲文學社會科學三科。其中必修科。僅十三學分。其餘十五學分俱爲選科。所聘講師如瞿秋白邵力子葉楚傖王登雲沈雁冰陳望道蔡和森狄侃張春木張心誠等皆一時知名之士。又該校初級中學。現招一年級新生一班。課程經主任陳君再訂後。極其完備。逐日報名者頗不乏人云。

1923年8月23日　《民国日报》《申报》《新闻报》《时报》等报刊登上海大学中学部的消息。

上海大学展示16门课程思政示范课教学成果

播报文章

新民晚报　2022-08-23 09:02　新民晚报官方账号　关注

图说：上海大学展示16门课程思政示范课教学成果 校方供图

新民晚报讯（记者 王蔚）上海大学日前举行2021年度课程思政示范课说课展示暨"云上"结项验收会议。华东理工大学教务处处长黄婕教授、上海海洋大学课程思政教学研究专家陈艳红老师应邀担任点评嘉宾。上大教务部副部长、教育部课程思政教学研究示范中心（上海大学）负责人顾晓英担任主持。

自美术学院章莉莉教授开讲，到社会学院陈蒙老师收尾，力工学院彭妙娟教授、体育学院刘兵教授、经济学院聂永有教授、电影学院程波教授等一一作了说课展示。16位课程负责人或成员各自从教学理念、教学方法和教学过程等方面阐述整门课的设计思路方法。

2021年，上大组织严格评审，立项了第三批共16门课程思政示范课（含培育），扎实推进各类课程与思政课同向同行。课

2022年8月23日
"新民晚报"报道《上海大学展示16门课程思政示范课教学成果》的消息。

2024年

农历甲辰年

8月

August

星期五 Friday

23日

七月二十

记事

2011年8月　上海大学网球运动员参加第二十六届世界大学生夏季运动会获网球项目双打亚军。

2021年8月　上大附中入选上海市市级学校体育“一条龙”人才培养布局学校（乒乓球）和上海市市级学校艺术“一条龙”人才培养布局学校（戏剧）。

2024年
农历甲辰年

8月

August

星期六　Saturday

24日

七月廿一

记事

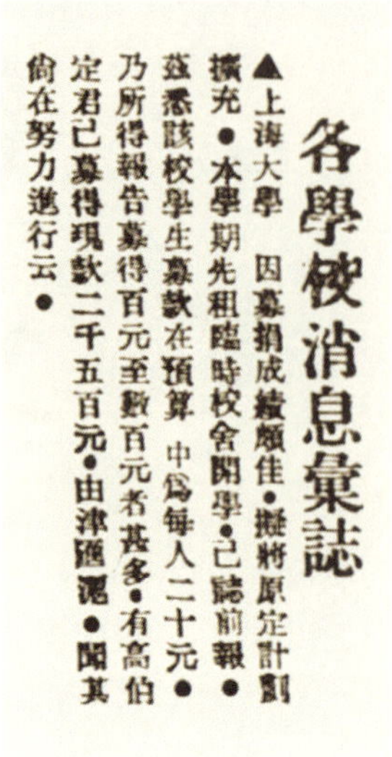

各學校消息彙誌

▲上海大學　因募捐成績頗佳・擬將原定計劃擴充・本學期先租臨時校舍開學・已誌前報・茲悉該校學生募款在預算中爲每人二十元・乃所得報告募得百元至數百元者甚多・有高伯定君已募得現款二千五百元・由津匯滬・聞其尚在努力進行云・

1925年8月25日　《民国日报》刊登《各学校消息汇志·上海大学》。

2023年8月25日　上海大学2023级新生开学典礼举行。

2024年

农历甲辰年

8月

August

星期日 Sunday

25日

七月廿二

记事

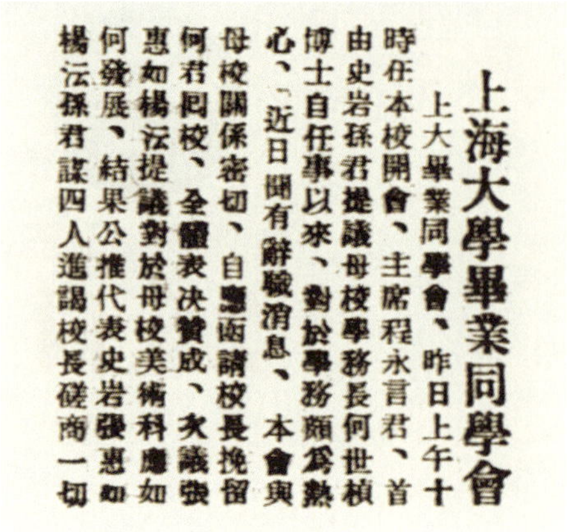

上海大學畢業同學會

上大畢業同學會、昨日上午十時在本校開會、主席程永言君、首由史岩孫君提議母校學務長何世楨博士自任事以來、對於學務頗爲熱心、「近日聞有辭職消息、本會與母校關係密切、自應函請校長挽留何君回校、全體表決贊成、次議張惠如楊沄提議對於母校美術科應如何發展、結果公推代表史岩張惠如楊沄孫君謀四人進謁校長磋商一切

1924年8月26日
《民国日报》《申报》等报刊登《上海大学毕业同学会》的消息。

2020年8月26日　上海大学钱伟长学院人才培养工作协调小组推进会召开。

2024年
农历甲辰年

8月 August

星期一 Monday

26日

七月廿三

记事

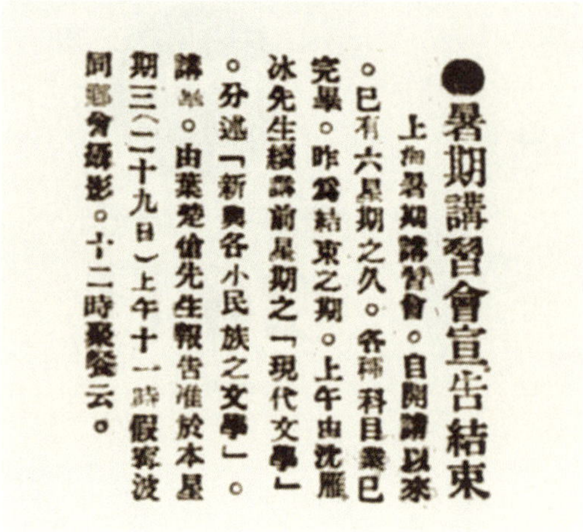

●暑期講習會宣告結束

上海暑期講習會。自開講以來。已有六星期之久。各種科目業已完畢。昨爲結束之期。上午由沈雁冰先生續講前星期之「現代文學」。分述「新興各小民族之文學」。講畢。由葉楚傖先生報告准於本星期三(二十九日)上午十一時假寧波同鄉會攝影。十二時聚餐云。

1923年8月27日　《民国日报》刊登《暑期讲习会宣告结束》的消息。

2016年8月27日　上海大学基础教育发展集团首批学科专家聘任仪式在上大附中举行。

2024年

农历甲辰年

8月

August

星期二 Tuesday

27日

七月廿四

记事

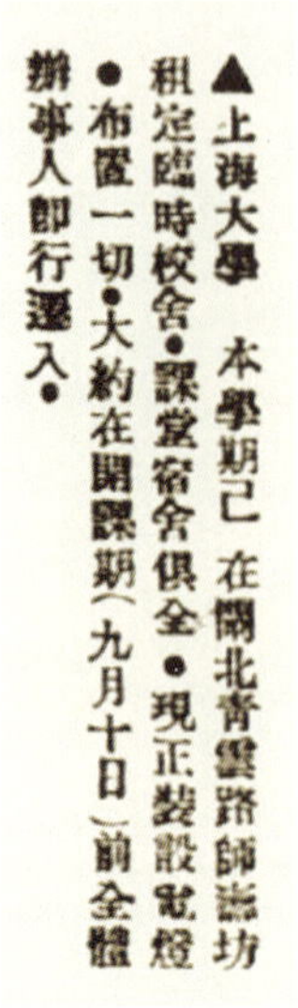

▲上海大學 本學期已在閘北青雲路師壽坊租定臨時校舍・課堂宿舍俱全・現正裝設電燈・布置一切・大約在開課期（九月十日）前全體辦事人即行遷入・

1925年8月28日　《民国日报》《时报》等报刊登《上海大学》的消息。

2019年8月28日　天津大学和上海大学全面战略合作协议签约仪式在天津大学举行。

2024年
农历甲辰年

8月

August

星期三 Wednesday

28日

七月廿五

记事

2002年8月29日　上海大学校长钱伟长出席2002年新生开学典礼。

2015年8月29日　当代中国文学与创意写作论坛在上海大学举行。

2024年

农历甲辰年

8月

August

星期四 Thursday

29日

七月廿六

记事

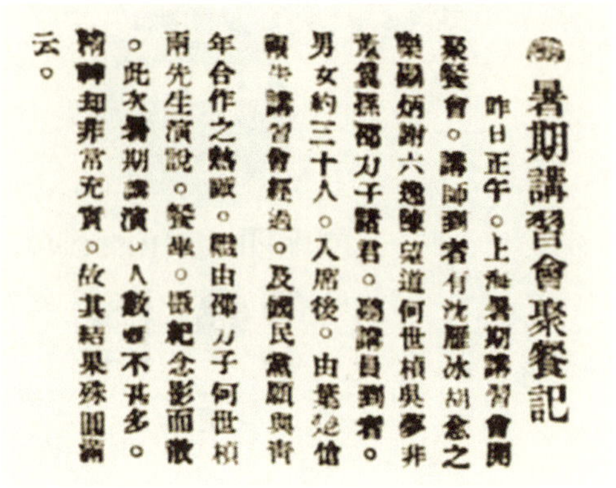

◎暑期講習會聚餐記

昨日正午。上海暑期講習會開聚餐會。講師到者有沈雁冰胡愈之樂嗣炳謝六逸陳望道何世楨吳參非茂貴孫邵力子諸君。講員到者。男女約三十人。入席後。由葉楚傖報告講習會經過。及國民黨與青年合作之熱誠。繼由邵力子何世楨兩先生演說。餐畢。攝紀念影而散。此次暑期講演。人數雖不甚多。精神却非常充實。故其結果殊圓滿云。

1923年8月30日　《民国日报》刊登《暑期讲习会聚餐记》。

2018年8月　上海大学校董、校友会副会长周忻和校友会副会长朱旭东联合创立的易居（中国）控股有限公司签约捐赠5000万元设立易居校长基金。

2024年
农历甲辰年

8月

August

星期五　Friday

30日

七月廿七

记事

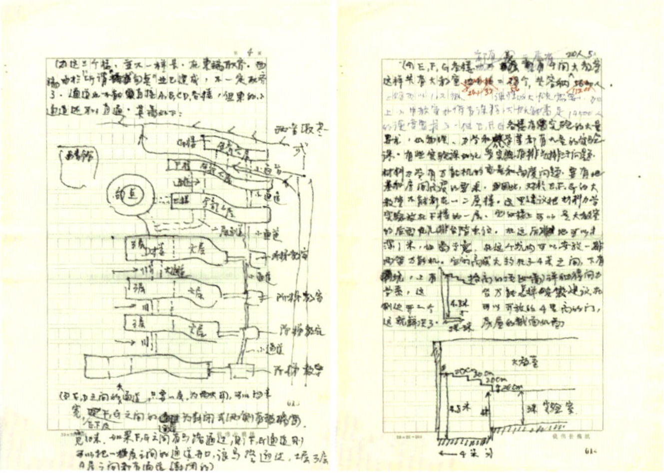

1998年8月　校长钱伟长“对上海大学新校区环境建设的一些设想”手稿(部分)。

2022年8月31日至9月2日　上海大学举行新进教师岗前培训。

2024年
农历甲辰年

8月

August

星期六　Saturday

31日

七月廿八

记事

2024
9月
September

2003年9月1日　上大附中正式开学。宝山区人民政府与上海大学签定《携手共建上海大学附中合作意向书》。

2005年9月1日　上大附中举行2005学年开学典礼暨新疆部成立揭牌仪式。

2024年

农历甲辰年

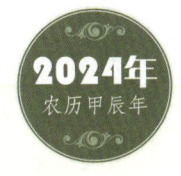

9月 September

星期日 Sunday

1日

七月廿九

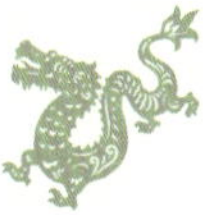

记事

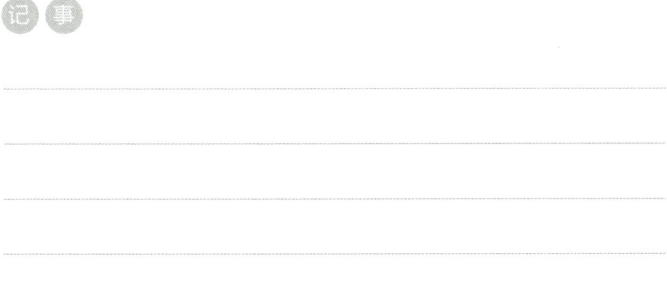

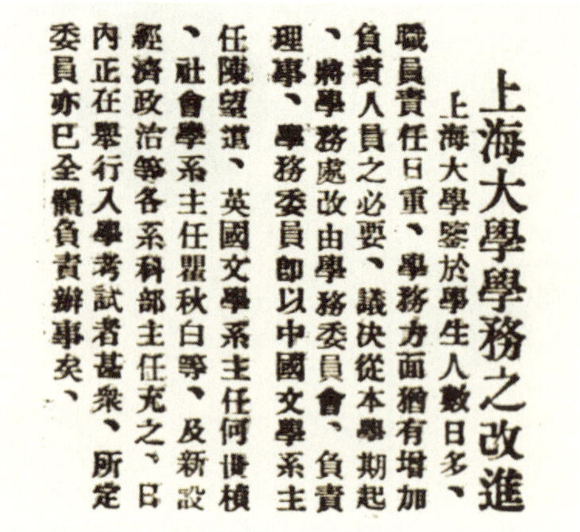

上海大學務之改進

上海大學鑒於學生人數日多、職員責任日重、學務方面猶有增加負責人員之必要、議決從本學期起、將學務處改由學務委員會、負責理學、學務委員卽以中國文學系主任陳望道、英國文學系主任何世楨、社會學系主任瞿秋白等、及新設經濟政治等各系科部主任充之、日內正在舉行入學考試者甚衆、所定委員亦已全體負責辦事矣、

1924年9月2日　《民国日报》《申报》等报刊登《上海大学学务之改进》的消息。

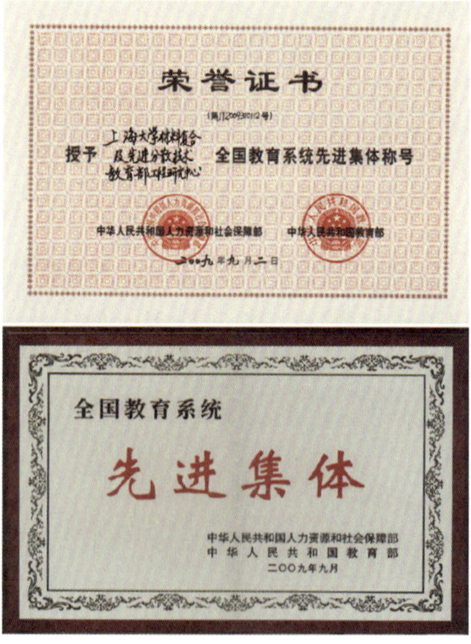

2009年9月2日　上海大学材料复合及先进分散技术教育部工程研究中心获“全国教育系统先进集体”称号。

2024年
农历甲辰年

9月

September

星期一　Monday

2日

七月三十

记事

1923年9月3日　《民国日报》刊登《上海大学录取新生案》

上海大學錄取新生案

[illegible]

以上錄取諸生，希於九月九日來校繳費

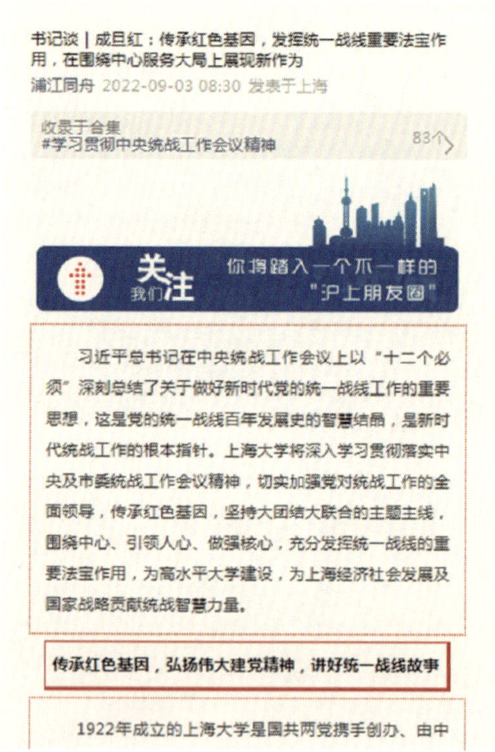

书记谈 | 成旦红：传承红色基因，发挥统一战线重要法宝作用，在围绕中心服务大局上展现新作为

浦江同舟 2022-09-03 08:30 发表于上海

收录于合集
#学习贯彻中央统战工作会议精神 83个

习近平总书记在中央统战工作会议上以"十二个必须"深刻总结了关于做好新时代党的统一战线工作的重要思想，这是党的统一战线百年发展史的智慧结晶，是新时代统战工作的根本指针。上海大学将深入学习贯彻落实中央及市委统战工作会议精神，切实加强党对统战工作的全面领导，传承红色基因，坚持大团结大联合的主题主线，围绕中心、引领人心、做强核心，充分发挥统一战线的重要法宝作用，为高水平大学建设，为上海经济社会发展及国家战略贡献统战智慧力量。

传承红色基因，弘扬伟大建党精神，讲好统一战线故事

1922年成立的上海大学是国共两党携手创办、由中

2022年9月3日　上海大学党委书记成旦红在"浦江同舟"上发表《传承红色基因，发挥统一战线重要法宝作用，在围绕中心服务大局上展现新作为》的文章。

2024年
农历甲辰年

9月

September

星期二　Tuesday

3日

八月初一

记 事

2019年9月4日　上海市教卫工作党委书记虞丽娟带队对上海大学开展新学期开学保障与安全稳定工作专项调研。

2020年9月4日　上海大学—鞍钢集团战略合作协议、上海大学—鞍钢集团先进材料基因工程联合实验室共建协议签署仪式暨上海大学—鞍钢集团先进材料基因工程联合实验室揭牌仪式在上海大学材料基因组工程研究院举行。

2024年
农历甲辰年

9月

September

星期三　Wednesday

4 日

八月初二

记事

上海大學通告

本大學現因新校舍一時不克告成暫設臨時校舍於閘北青雲路青雲橋之右定於九月十日開學新舊諸生務各早日到校辦清入學程序又中興路之臨時辦事處自即日起撤銷凡關本大學一切事宜概在臨時校舍辦理

上海大學暨附中續招男女生

(二)報名

(三)考試日期

校長 于右任

上海大學錄取新生布告

1925年9月5日　《民国日报》刊登《上海大学通告》《上海大学暨附中续招男女生》《上海大学录取新生布告》。

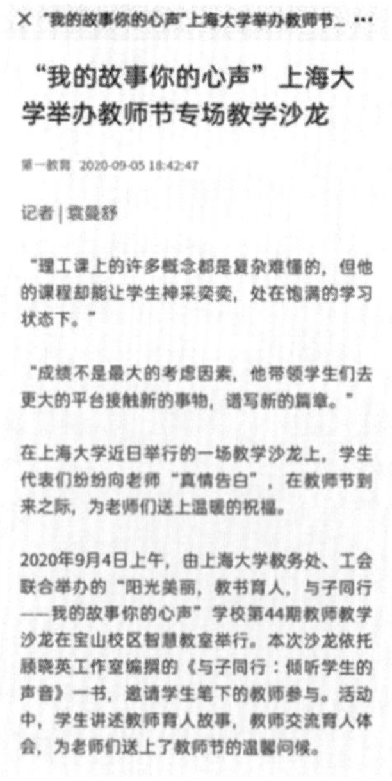

× "我的故事你的心声"上海大学举办教师节... ···

"我的故事你的心声"上海大学举办教师节专场教学沙龙

第一教育 2020-09-05 18:42:47

记者 | 袁曼舒

"理工课上的许多概念都是复杂难懂的，但他的课程却能让学生神采奕奕，处在饱满的学习状态下。"

"成绩不是最大的考虑因素，他带领学生们去更大的平台接触新的事物，谱写新的篇章。"

在上海大学近日举行的一场教学沙龙上，学生代表们纷纷向老师"真情告白"，在教师节到来之际，为老师们送上温暖的祝福。

2020年9月4日上午，由上海大学教务处、工会联合举办的"阳光美丽，教书育人，与子同行——我的故事你的心声"学校第44期教师教学沙龙在宝山校区智慧教室举行。本次沙龙依托顾晓英工作室编撰的《与子同行：倾听学生的声音》一书，邀请学生笔下的教师参与。活动中，学生讲述教师育人故事，教师交流育人体会，为老师们送上了教师节的温馨问候。

2020年9月5日　"第一教育"报道《"我的故事你的心声"上海大学举办教师节专场教学沙龙》的消息。

2024年

农历甲辰年

9月

September

星期四 Thursday

5日

八月初三

记事

2015年9月6日　上海大学举行中国人民纪念抗日战争胜利70周年纪念章颁发仪式。

2021年9月6日　上海大学校长刘昌胜、副校长聂清和各职能部处领导等一行深入宝山校区各教学楼开展巡课、听课工作。

2024年
农历甲辰年

9月

September

星期五　Friday

6日

八月初四

记事

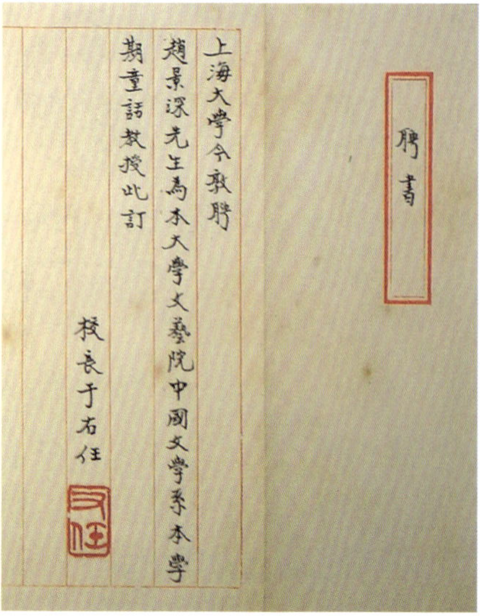

聘書

上海大學今敦聘
趙景深先生為本大學文藝院中國文學系本學
期童話教授此訂
校長于右任

1925年9月　赵景深到上海大学任教。

2015年9月7日　上海大学召开“铭记历史　自强不息——纪念中国人民抗日战争暨世界反法西斯战争胜利70周年座谈会”。

2024年

农历甲辰年

9月

September

星期六　Saturday

7日

八月初五　白露

记事

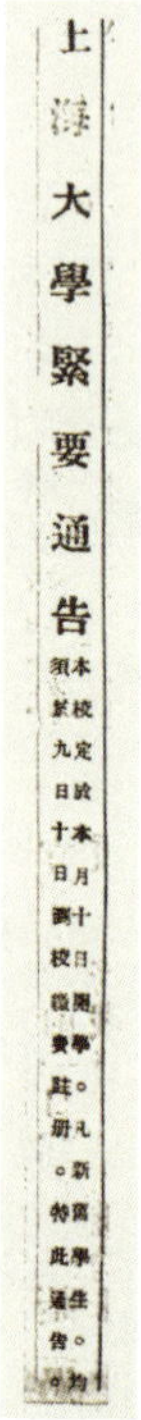

上海大學緊要通告

本校定於本月十日開學。凡新舊學生。均須於九日十日到校繳費註冊。特此通告。

1923年9月8—10日　《民国日报》《申报》等报刊登《上海大学紧要通告》

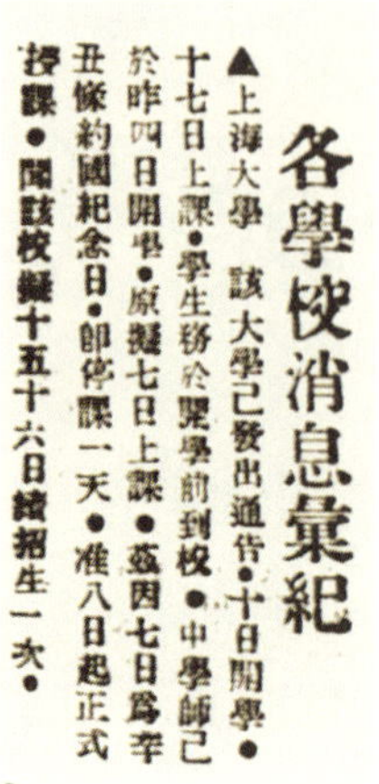

各學校消息彙紀

▲上海大學　該大學已發出通告・十日開學・十七日上課・學生務於開學前到校・中學部已於昨四日開學・原擬七日上課・茲因七日爲辛丑條約國紀念日・即停課一天・准八日起正式授課・聞該校擬十五十六日續招生一次・

1925年9月8日　《民国日报》刊登《各学校消息汇纪·上海大学》。

2019年9月8日　上海大学力学与工程科学学院揭牌。

2024年

农历甲辰年

9月 September

星期日 Sunday

8日

八月初六

记事

2019年9月　菊文化节始于2003年，至2019年已举办十七届。图为2019年第十七届菊文化节。

2 | 要闻　解放日报

个人冠名、预付货款、售期自控等要求都一一满足，电商平台竞争砝码变了

聚焦品质，电商与农人相互借力

解放论坛

文艺评论何以“专业权威”

推进党群服务保障 助推进博会越办越好

打造中国版“洛桑模式”

中秋国庆出行防疫不放松

上海大学思政课“光影中国”在线直播开学第一课——

以别样视角更深刻认知当代中国

“减量机”“反应机”一开，湿垃圾不见了

全市已有70个菜市场引入就地处置设施，每日从源头减少湿垃圾产生量约300吨

虹口建成一批“海绵公园”

2021年9月9日　《解放日报》刊登《上海大学思政课“光影中国”在线直播开学第一课——以别样视角更深刻认知当代中国》的消息。

2024年

农历甲辰年

9月

September

星期一 Monday

9日

八月初七

记事

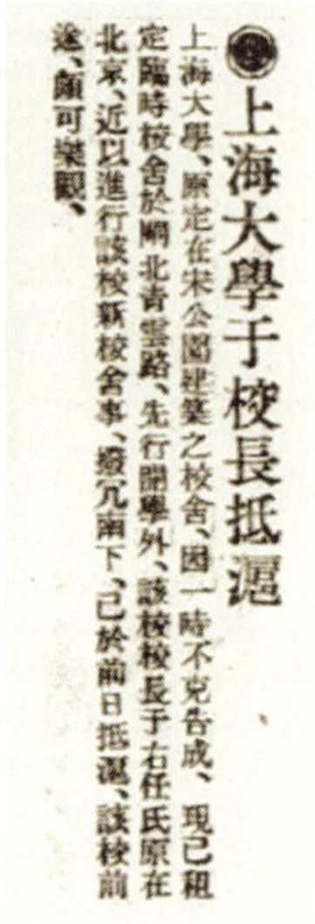

上海大學于校長抵滬

上海大學、原定在宋公園建築之校舍、因一時不克告成、現已租定臨時校舍於閘北青雲路、先行開學外、該校校長于右任氏原在北京、近以進行該校新校舍事、撥冗南下、已於前日抵滬、該校前途、頗可樂觀、

1925年9月10日　《申报》刊登《上海大学于校长抵沪》的消息。

2019年9月10日　上海大学召开“不忘初心、牢记使命”主题教育动员部署会。

2024年

农历甲辰年

9月 September

星期二 Tuesday

10日

教师节

八月初八

记事

上海大學准於九月二十日開學
新舊學生須於開學期前來校辦清入學手續幸勿自誤

1924年9月11日　《民国日报》刊登《上海大学准于九月二十日开学》的消息。

1985年9月　上海工业大学基础部全体员工庆祝首届教师节合影（背景是“北大楼”）。

2024年

农历甲辰年

9月 September

星期三 Wednesday

11日

八月初九

记事

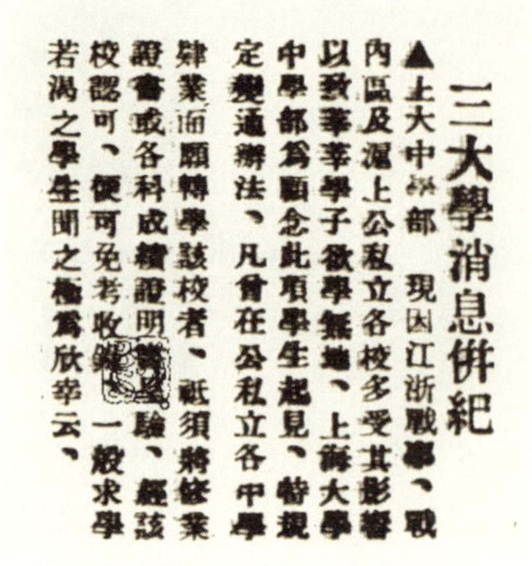

三大學消息併紀

▲上大中學部　現因江浙戰事、戰內區及滬上公私立各校多受其影響、以致莘莘學子欲學無地、上海大學中學部爲顧念此項學生起見、特規定變通辦法、凡曾在公私立各中學肄業而願轉學該校者、祇須將修業證書或各科成績證明[illegible]驗、經該校認可、便可免考收錄、一般求學若渴之學生聞之極爲欣幸云、

1924年9月12日　《民国日报》刊登《三大学消息并纪·上大中学部》。

1999年9月12日　上海大学举行新校区启用暨开学典礼。

2024年
农历甲辰年

9月

September

星期四 Thursday

12日

八月初十

记事

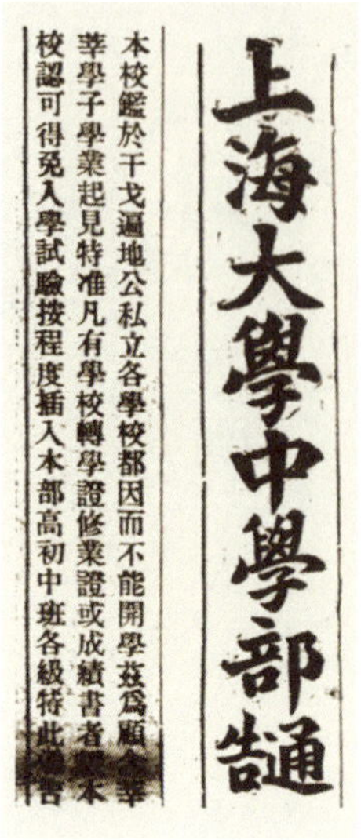

上海大學中學部通告

本校鑒於干戈遍地公私立各學校都因而不能開學茲爲顧全莘莘學子學業起見特准凡有學校轉學證修業證或成績書者經本校認可得免入學試驗按程度插入本部高初中班各級特此通告

1924年9月13日　《民国日报》刊登《上海大学中学部通告》。

2020年9月13日　上海大学举行2020级新生开学典礼，全体新生身着主题分别为“青春”“追梦”“自强”“卓越”的八种颜色的服装齐聚体育场。

2024年
农历甲辰年

9月 September

星期五 Friday

13日

八月十一

记事

2020年9月14日　上海大学校长刘昌胜院士和孙晋良院士、张统一院士指导上海大学国家级青年人才学习习近平总书记在科学家座谈会上的讲话，让中青年人才近距离感受并学习三位院士科学家胸怀祖国、服务人民的高尚品德。

2022年9月14日　上海大学党委书记成旦红到马克思主义学院调研指导新学期相关工作。

2024年

农历甲辰年

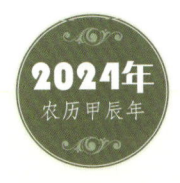

9月 September

星期六 Saturday

14日

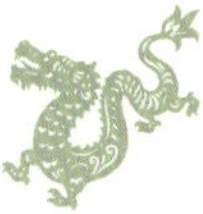

八月十二

记事

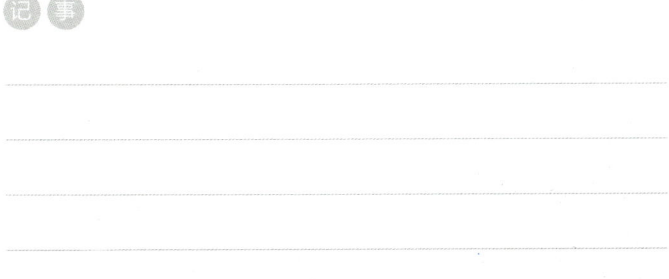

2020年9月15日　以“智能、互联——赋能产业新发展”为主题的第22届中国国际工业博览会在国家会展中心（上海）开幕，上海大学遴选盾构机换刀机器人、高温超导块材磁体技术、脑控机械臂抓取系统、新一代氟硅封装镀膜技术、精海7号无人艇等27项科技成果参展，项目涵盖人工智能、医工结合、新材料与新技术等多个领域。

2020年9月15日　上海大学文化新经济工作研讨会在上海大学召开。

2024年
农历甲辰年

9月 September

星期日 Sunday

15日

八月十三

记事

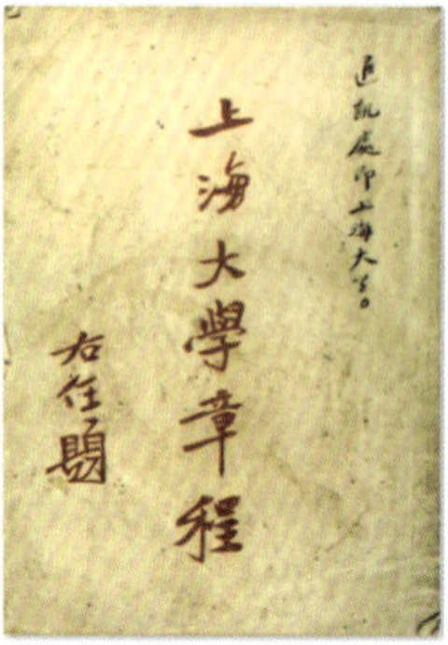

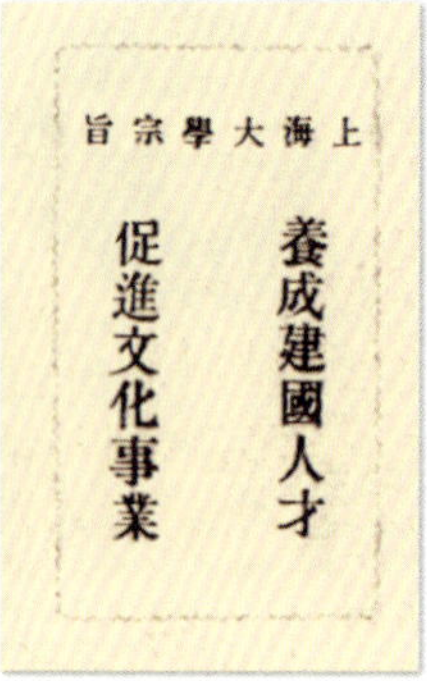

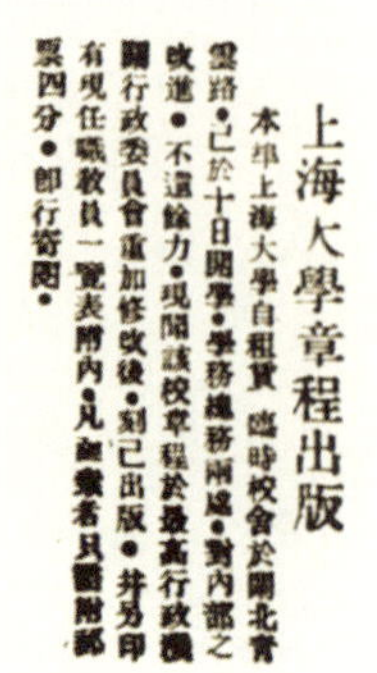
上海大學章程出版

本埠上海大學自租賃臨時校舍於閘北青雲路•已於十日開學•學務機務兩盛•對內部之改進•不遺餘力•現聞該校章程於最高行政機關行政委員會重加修改後•刻已出版•并另印有現任職教員一覽表附內•凡函索者只需附郵票四分•即行寄閱•

1925年9月16日　《民国日报》刊登《上海大学章程出版》的消息。

2022年9月16日　“大任于斯　伟业流长——纪念上海大学建校100周年成果展”开幕。

2022年9月16日　共青团上海市委与上海大学合作框架协议签约仪式在上海大学举行。

2024年
农历甲辰年

9月 September

星期一 Monday

16日

八月十四

记事

2019年9月17日　来自上海大学的精海无人艇、高性能工模具钢、新型纳米气泡设备等亮相第21届中国国际工业博览会。

2021年9月17日　上海大学党委书记成旦红为2021级新生上“开学第一课”。

2024年
农历甲辰年

9月 September

星期二 Tuesday

17日

中秋节

八月十五

记事

2022年9月18日　上海大学国旗仪仗队赴中共一大纪念馆举行升旗仪式。

2022年9月18日　上海大学深圳校友会成立。

2024年

农历甲辰年

9月

September

星期三　Wednesday

18日

八月十六

记事

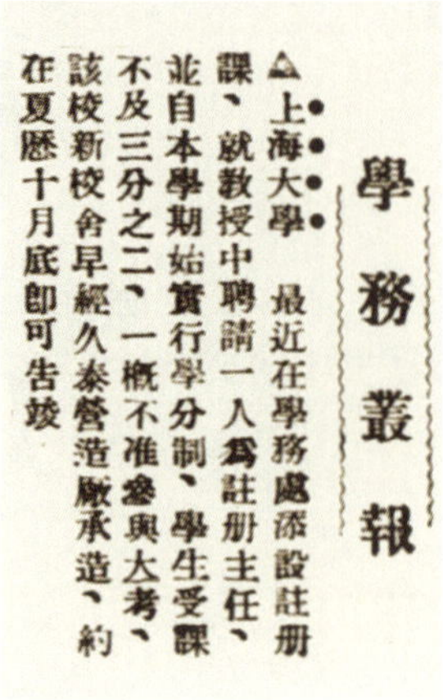

學務叢報

△上海大學 最近在學務處添設註册課、就教授中聘請一人爲註册主任、並自本學期始實行學分制、學生受課不及三分之二、一概不准參與大考、該校新校舍早經久秦營造廠承造、約在夏歷十月底即可告竣

1926年9月19日　《民国日报》刊登《学务丛报·上海大学》的消息。

中国社会科学网

www.cssn.cn

CASS | English | Français

上海大学举办领航学院课程思政指南编撰交流会

中国社会科学网讯　9月19日上午，上海大学课程思政领航学院课程指南编撰交流会在材料学院举行。上海高校思政课名师工作室"顾晓英工作室"主持人顾晓英、教务部曾团团，社会学院副院长袁浩，材料学院冶金工程及金属材料工程教研室教师代表等参会。会议由材料学院副院长黄健主持。

首先，黄健副院长介绍了冶金工程和金属材料工程两个示范专业老师们编撰课程思政指南的整体情况。顾晓英老师向与会教师传达了教育部《高等学校课程思政指导纲要》和刚刚出台的上海市《关于深入推进上海高校课程思政建设的实施意见》，对课程思政建设意义和举措进行了阐释。

顾老师指出，高校的根本任务是立德树人。全面推进课程思政建设是落实立德树人根本任务的战略举措，是全面提高人才培养质量的重要任务。老师们要深入梳理专业课教学内容，结合自己所讲授课程的特点、思维方法和价值理念，深入挖掘课程思政元素，有机融入课程教学，努力达到润物无声的育人效果。

2020年9月19日　"中国社会科学网"报道《上海大学举办领航学院课程思政指南编撰交流会》的消息。

2024年
农历甲辰年

9月 September

星期四 Thursday

19日

八月十七

记事

1924年9月20日　《民国日报》刊登《上海大学录取新生》广告。

上海大學錄取新生

中國文學系

英國文學系

社會學系

英數高等補習科

高中班

商業學系

政治學系

初中班

上列諸生務須來校補行入學手續切勿自誤

从上海大学的百年历史，看上海生生不息的红色血脉

新民晚报 2022-09-20 13:59

今年是上海大学成立100周年，从今晚起，六集系列纪录片《红色学府——20世纪20年代的上海大学》将于每周二22:00在东方卫视播出。该片分为《上青云》《入洪流》《在天涯》三个篇章，从追求真理、革命实践、牺牲奋斗三个层面讲述20世纪20年代的上海大学的历史，体现这所红色学府传承百年的革命精神，并通过上海大学这所高校的历史，展现上海这座城市生生不息的红色血脉。

2022年9月20日　“新民晚报”报道《从上海大学的百年历史，看上海生生不息的红色血脉》的消息。

2024年

农历甲辰年

9月

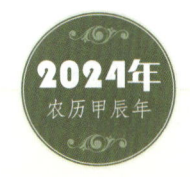

September

星期五 Friday

20日

八月十八

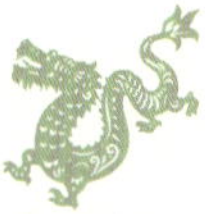

记事

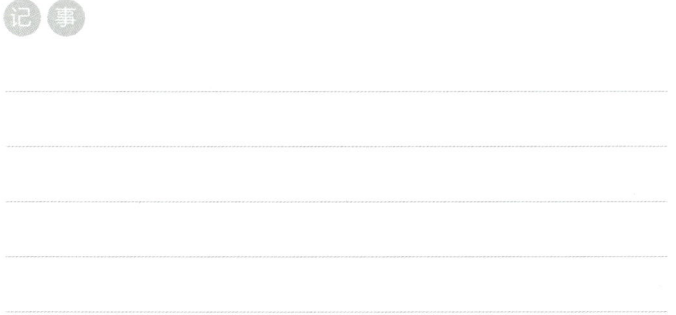

2019年9月21日　上海大学召开第二届校董事会第三次会议。

2021年9月21日　上海大学悉尼工商学院2021年格致奖学金颁奖盛典举行。

2024年
农历甲辰年

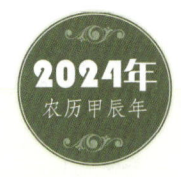

9月 September

星期六 Saturday

21日

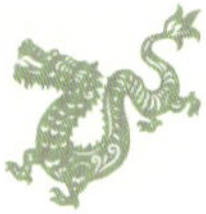

八月十九

记事

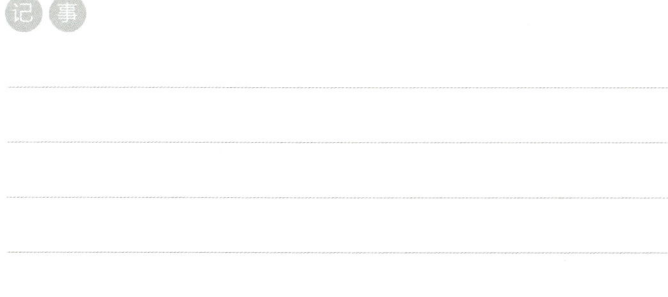

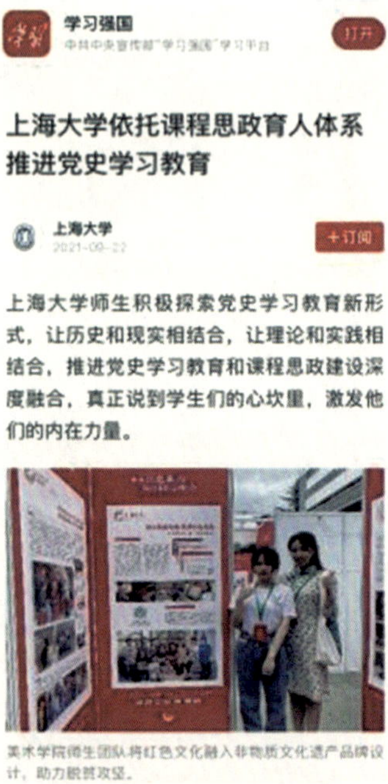

学习强国
中共中央宣传部"学习强国"学习平台
打开

上海大学依托课程思政育人体系推进党史学习教育

上海大学
2021-09-22
+订阅

上海大学师生积极探索党史学习教育新形式，让历史和现实相结合，让理论和实践相结合，推进党史学习教育和课程思政建设深度融合，真正说到学生们的心坎里，激发他们的内在力量。

美术学院师生团队将红色文化融入非物质文化遗产品牌设计，助力脱贫攻坚。

2021年9月22日 “学习强国”报道《上海大学依托课程思政育人体系推进党史学习教育》的消息。

2022年9月22日 “百年上大正青春——纪念上海大学建校100周年沉浸式艺术展”开幕。

2024年
农历甲辰年

9月 September

星期日 Sunday

22日

八月二十 秋分

记事

2022年9月23日　上海大学本科生书院成立仪式在伟长楼举行。

2022年9月23日　“纪念上海大学建校100周年·全球大学校长论坛暨教育国际化高峰论坛”在上海大学举行。论坛以“面向未来的大学使命与变革”为主题，以传扬大学精神、勇担大学使命、共谋大学合作为关键词，共同探讨现代大学变革发展的意义与途径。

2024年
农历甲辰年

9月

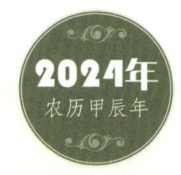

September

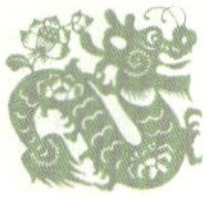

星期一　Monday

23日

八月廿一

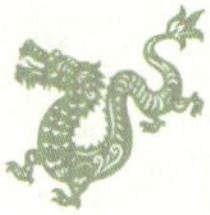

记事

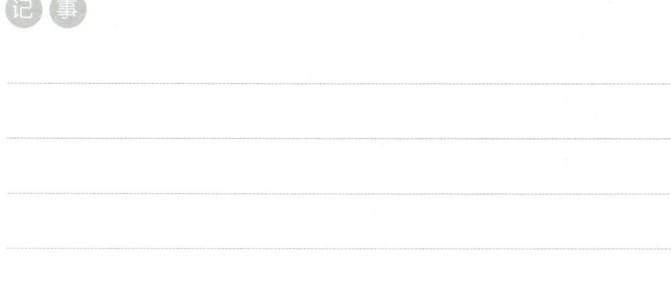

2021年9月24日　上海大学党委书记成旦红在上海高校党的建设工作会议上发言。

2022年9月24日　上海大学—法国让穆兰里昂第三大学可持续发展专业硕士项目第四期毕业典礼暨第六期开学典礼在上海大学举行。

2024年
农历甲辰年

9月 September

星期二 Tuesday

24日

八月廿二

记事

2020年9月25日　上海大学举行第七期“我与书记面对面”座谈暨2020年教职工荣休仪式。

2022年9月25日　上海大学党委书记成旦红出席由国家社科重大项目“负责任的人工智能及其实践的哲学研究”课题组、上海大学马克思主义学院和上海大学文科处合办的“负责任的人工智能及其实践的哲学研究”开题论证会。

2024年
农历甲辰年

9月

September

星期三 Wednesday

25日

八月廿三

记事

2018年9月26日　首届中国国际进口博览会上海大学志愿者培训会在上海大学举行。

2019年9月26日　上海大学泰国校友会成立大会暨SHU&PSU汉硕联合培养协议签署仪式举行。

2024年

农历甲辰年

9月

September

星期四 Thursday

26日

八月廿四

记事

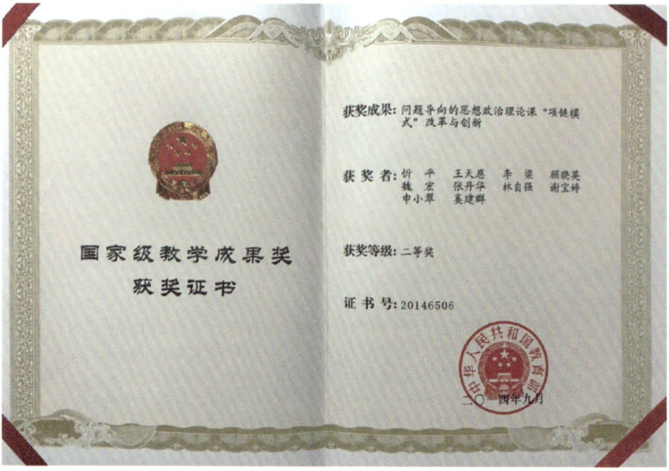

2014年9月　上海大学“问题导向的思想政治理论课‘项链模式’改革与创新”获国家级教学成果奖二等奖。

2017年9月27日　“东方卫视”报道上海大学举行《“创新中国”公开课暨〈创新路上大工匠〉出版论坛》的消息。

2024年
农历甲辰年

9月

September

星期五 Friday

27日

八月廿五

记事

1994年9月　上海大学成立知识产权学院。图为知识产权学院学生参加模拟法庭时的合影。

2012年9月28日　钱伟长文集首发式暨纪念钱伟长校长诞辰座谈会在上海大学国际会议中心举行。

2022年9月28日　上海大学老教授协会第五次会员代表大会在上海大学召开。

2024年

农历甲辰年

9月

September

星期六 Saturday

28日

八月廿六

记事

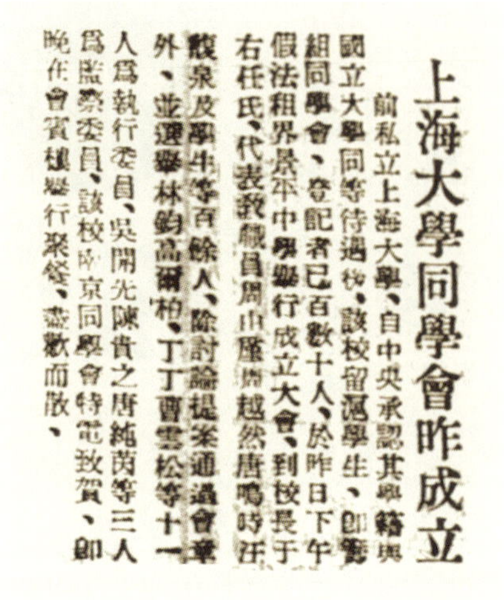
上海大學同學會昨成立

前私立上海大學、自中央承認其學籍與國立大學同等待遇後、該校留滬學生、即籌組同學會、登記者已百數十人、於昨日下午假法租界景平中學舉行成立大會、到校長于右任氏、代表教職員周由廑唐越然唐鳴時汪馥泉及學生等百餘人、除討論提案通過會章外、並選舉林鈞高爾柏、丁丁曹雲松等十一人爲執行委員、吳開先陳貴之唐純茵等三人爲監察委員、該校旅京同學會特電致賀、即晚在會賓樓舉行聚餐、盡歡而散、

1936年9月29日　《民报》刊登《上海大学同学会昨成立》的消息。

2019年9月29日　上海大学加拿大校友会在加拿大多伦多成立。

2024年

农历甲辰年

9月

September

星期日 Sunday

29日

八月廿七

记事

1960年9月30日　上海工学院成立大会暨开学典礼举行，教师代表朱家骏发言。

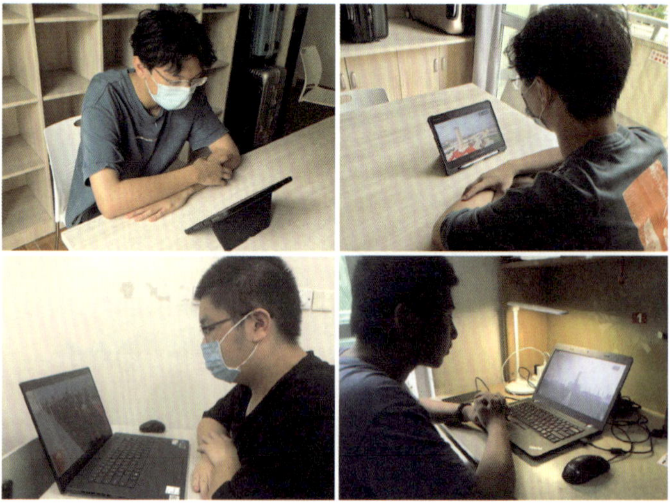

2022年9月30日　上海大学学生会组织收看烈士纪念日向人民英雄敬献花篮仪式。

2024年

农历甲辰年

9月

September

星期一 Monday

30日

八月廿八

记事

2024
10月
October

2009年10月1日　庆祝中华人民共和国成立60周年大会在北京天安门广场隆重举行，上海大学研发的海宝机器人在庆典上亮相。

2019年10月1日　上海大学举行国旗护卫队成立仪式与升旗仪式。

2024年
农历甲辰年

10月 October

星期二 Tuesday

1日

国庆节

八月廿九

记事

上海大學建築校舍募捐委員會啓事

1925年10月2—4日　《申报》《新闻报》等报刊登《上海大学建筑校舍募捐委员会启事》。

2019年10月2日　上海大学召开“不忘初心、牢记使命”主题教育——学习习近平总书记在庆祝中华人民共和国成立70周年大会上的讲话精神专题研讨会。

2024年
农历甲辰年

10月

October

星期三 Wednesday

2日

八月三十

记事

2005年10月　上海大学校长钱伟长主持校长办公会议。

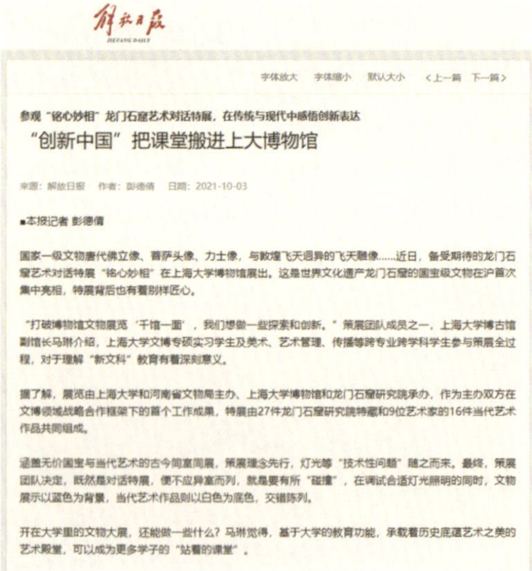

解放日报

JIEFANG DAILY

字体放大　字体缩小　默认大小　〈上一篇　下一篇〉

参观“铭心妙相”龙门石窟艺术对话特展，在传统与现代中感悟创新表达

“创新中国”把课堂搬进上大博物馆

来源：解放日报　作者：彭德倩　日期：2021-10-03

■本报记者 彭德倩

国家一级文物唐代佛立像、菩萨头像、力士像，与敦煌飞天迥异的飞天雕像……近日，备受期待的龙门石窟艺术对话特展“铭心妙相”在上海大学博物馆展出。这是世界文化遗产龙门石窟的国宝级文物在沪首次集中亮相，特展背后也有着别样匠心。

“打破博物馆文物展览‘千馆一面’，我们想做一些探索和创新。”策展团队成员之一，上海大学博古馆副馆长马琳介绍，上海大学文博专硕实习学生及美术、艺术管理、传播等跨专业跨学科学生参与策展全过程，对于理解“新文科”教育有着深刻意义。

据了解，展览由上海大学和河南省文物局主办、上海大学博物馆和龙门石窟研究院承办，作为主办双方在文博领域战略合作框架下的首个工作成果，特展由27件龙门石窟研究院特藏和9位艺术家的16件当代艺术作品共同组成。

涵盖无价国宝与当代艺术的古今同室同展，策展理念先行，灯光等“技术性问题”随之而来。最终，策展团队决定，既然是对话特展，便不应异室而列，就是要有所“碰撞”，在调试合适灯光照明的同时，文物展示以蓝色为背景，当代艺术作品则以白色为底色，交错陈列。

开在大学里的文物大展，还能做一些什么？马琳觉得，基于大学的教育功能，承载着历史底蕴艺术之美的艺术殿堂，可以成为更多学子的“站着的课堂”。

2021年10月3日　“解放日报”报道《“创新中国”把课堂搬进上大博物馆——参观“铭心妙相”龙门石窟艺术对话特展，在传统与现代中感悟创新表达》的消息。

2024年

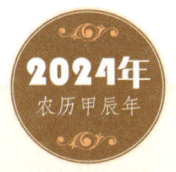

农历甲辰年

10月 October

星期四 Thursday

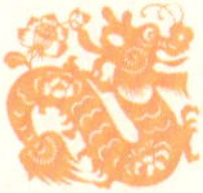

3日

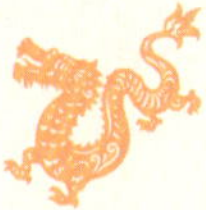

九月初一

记事

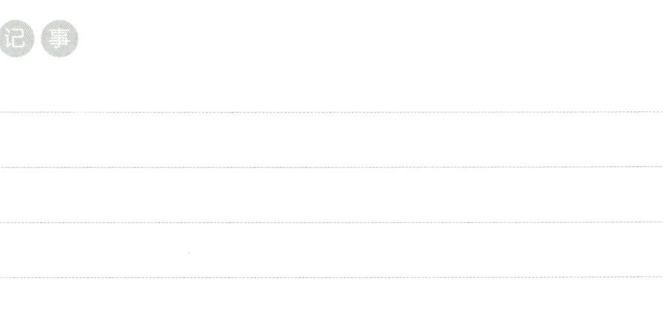

1999年10月　上海大学校长钱伟长出席上海市应用数学和力学研究所成立15 周年座谈会。

红色征程的起点，这位上大教授以执着和学识讲述渔阳里的故事

中国青年报
2021-10-04 11:10 | 中国青年报社官方账号

关注

为人为师为学

这里，点燃了革命的火种

理想的光芒，从这里撒播到四面八方

岁月流转，久经风雨的渔阳里

默然矗立在都市之中

有这样一位学者

为了让更多的人

了解这栋不平凡建筑中的

红色记忆

用学识与执着讲述着

渔阳里的故事

她就是上海大学马克思主义学院的李瑊教授

2021年10月4日

“中国青年报”报道《红色征程的起点，这位上大教授以执着和学识讲述渔阳里的故事》的消息。

2024年

农历甲辰年

10月

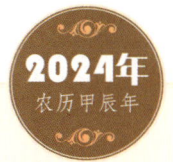

October

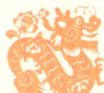

星期五 Friday

4日

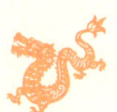

九月初二

记事

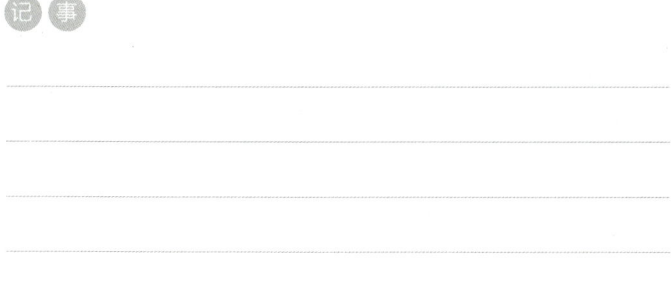

1983年10月　中共上海市教卫党委副书记胡绿漪在上海工业大学宣布学校党政领导班子成员名单。

1990年秋　钱伟长校长为上海工业大学来华留学生颁发“好学生”证书。

2024年
农历甲辰年

10月 October

星期六 Saturday

5日

九月初三

记事

1986年10月　上海工业大学召开"六五"国家重点科技攻关项目"硫氮钒稀土电解渗工艺及性能研究"鉴定会。

1988年10月　上海工业大学校长钱伟长为学生签名。

2024年
农历甲辰年

10月 October

星期日 Sunday

6日

九月初四

记事

上大籌備二週紀念

本月二十三日、爲上海大學二週紀念、昨由該校學生自動召集全體大會、討論籌備游藝事項、並推舉劉一清爲籌備主席、楊之華許俠夫爲交際委員、鄭杰林克勳爲文牘、林魯陶同杰爲書記、楊若海張夢旦爲庶務、王秋心王杰三江華佟寶璋爲游藝委員、

1924年10月7日　《民国日报》刊登《上大筹备二周纪念》的消息。

2013年10月7日　上海大学青马工程学员赴滨海古园开展“追溯伟人足迹 践行校训精神”主题纪念活动。

2024年
农历甲辰年

10月 October

星期一 Monday

7日

九月初五

记事

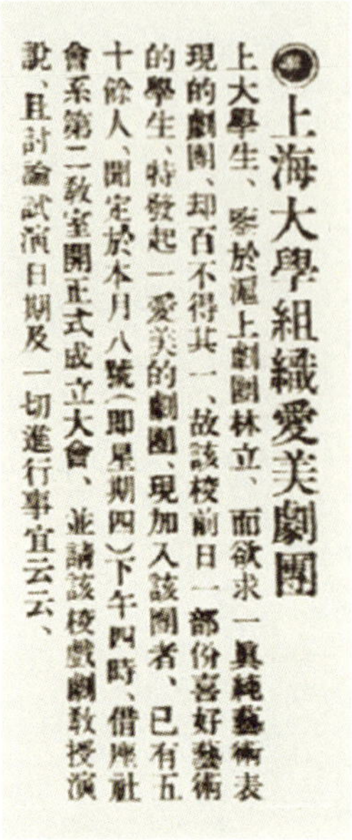

上海大學組織愛美劇團

上大學生、鑒於滬上劇團林立、而欲求一眞純藝術表現的劇團、却百不得其一、故該校前日一部份喜好藝術的學生、特發起一愛美的劇團、現加入該團者、已有五十餘人、聞定於本月八號（即星期四）下午四時、借座社會系第二教室開正式成立大會、並請該校戲劇教授演說、且討論試演日期及一切進行事宜云云、

1925年10月8日　《申报》刊登《上海大学组织爱美剧团》的消息。

1990年10月　上海工业大学举行行健楼结顶剪彩仪式。

2024年

农历甲辰年

10月 October

星期二 Tuesday

8日

九月初六 寒露

记事

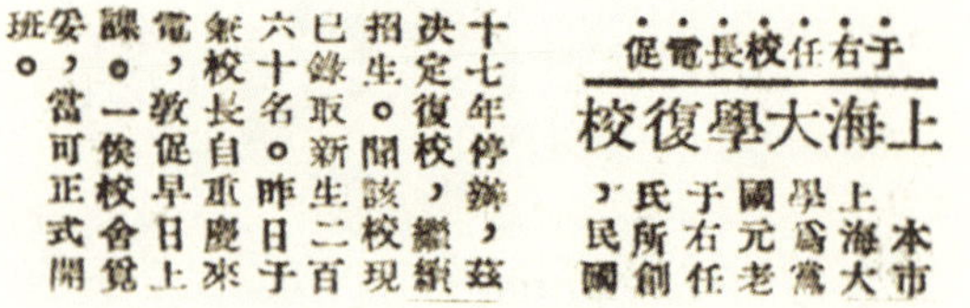
于右任校長電促

上海大學復校

本市上海大學爲黨國元老于右任氏所創，民國十七年停辦，茲決定復校，繼續招生。聞該校現已錄取新生二百六十名。昨日于氏校長自重慶來電，教促早日上課，一俟校舍覓妥。當可正式開班。

1946年10月9日　《民国日报》刊登《于右任校长电促上海大学复校》的消息。

2007年10月9日　上海大学党委副书记忻平主持钱伟长教育思想报告会。

2011年10月9日　上海大学自强学院获批国家试点学院并更名为上海大学钱伟长学院，中共上海市教卫工作党委书记李宣海（右）、校党委书记于信汇（左）共同为钱伟长学院揭牌。

2024年
农历甲辰年

10月

October

星期三　Wednesday

9日

九月初七

记事

2015年10月10日　上海大学在美国加州大学洛杉矶分校举行上海大学海外人才招聘会。

2018年10月10—11日　中国科学院长春应用化学研究所张洪杰院士应纳米中心邀请来上海大学访问交流。

2024年
农历甲辰年

10月

October

星期四 Thursday

10日

九月初八

记事

2013年10月11日　上海大学经济学院2011级、2012级学生党员红卡工作室揭牌仪式举行。

2019年10月11日　上海大学（原上海工业大学）1979级研究生入学40周年纪念会举行。

2024年
农历甲辰年

10月

October

星期五 Friday

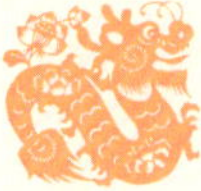

11日

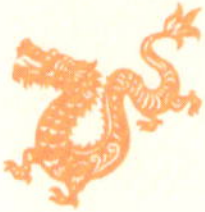

重阳节

九月初九

记事

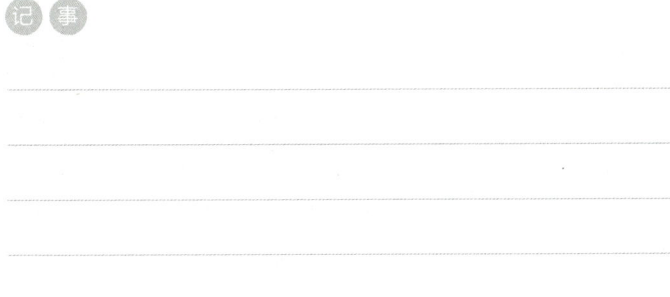

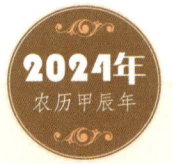

2004年10月12日　上海大学—里尔科技大学学生交流协议签字仪式举行。

2009年10月12日　上海大学成为国家建设高水平大学公派研究生项目签约院校。

2024年

农历甲辰年

10月

October

星期六　Saturday

12日

九月初十

记事

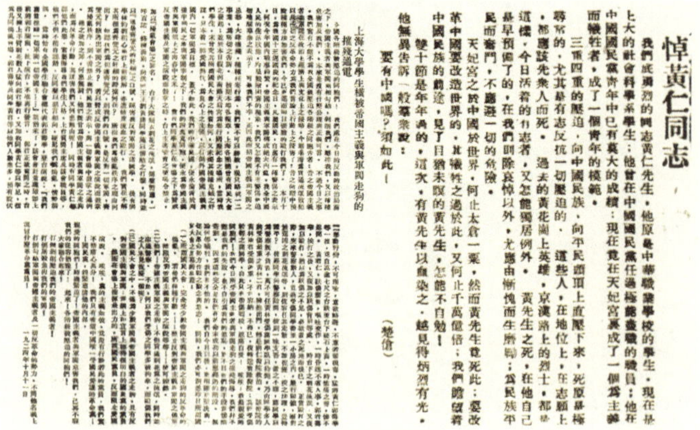

上海大學學生橫被帝國主義與軍閥走狗的摧殘通電

悼黃仁同志

我們底勇烈的同志黃仁先生，他原是中華職業學校的學生，現在是上大的社會科學系學生；他曾在中國國民黨任過極能盡職的職員；他在中國國民黨青年中已有莫大的成績；現在竟在天妃宮裏成了一個爲主義而犧牲者，成了一個青年的模範。

三重四重的壓迫，向中國民族，向平民頭頂上直壓下來，死原是極尋常的，尤其是有志反抗一切壓迫的，這些人，在地位上，在志願上，都應該先衆人而死。過去的黃花崗上英雄，京漢路上的烈士，都是這樣，今日活着的有志者，又怎能獨居例外。黃先生之死，在他自己是早預備了的，在我們則除哀悼以外，尤應由慚愧而生奮勵；爲民族平民而奮鬥，不應避一切的危險。

天妃宮之於中國，於世界，何止太倉一粟，然而黃先生竟死此；要改革中國要改造世界的，其犧牲之過於此，又何止千萬億倍；我們瞻望着中國民族的前途，見了目猶未瞑的黃先生，怎能不自勉！

雙十節是年年過的，這次，有黃先生以血染之，越見得炳烈有光。他無異告訴一般羣衆說：

要有中國嗎？須如此！

（楚倫）

1924年10月13日　《民国日报》刊登《上海大学学生横被帝国主义与军阀走狗的摧残通电》和叶楚伧的《悼黄仁同志》文章。

2022年10月13日　中共一大纪念馆与上海大学共建革命文物协同研究中心揭牌仪式在中共一大纪念馆举行。中共上海市教卫工作党委副书记、市教委主任王平，中共一大纪念馆党委书记、馆长薛峰，上海大学党委书记成旦红，上海大学党委副书记、纪委书记段勇以及上海大学、中共二大会址纪念馆、中共四大纪念馆的嘉宾出席仪式。

2024年

农历甲辰年

10月

October

星期日 Sunday

13日

九月十一

记事

1990年10月14日　上海工业大学召开庆祝建校30周年大会。

2022年10月14日　上海大学心理辅导中心心理咨询师张逸哲老师，为学生开展“大学生活中的情感认同”线上心理健康讲座。

2024年
农历甲辰年

10月　October

星期一　Monday

14日

九月十二

记事

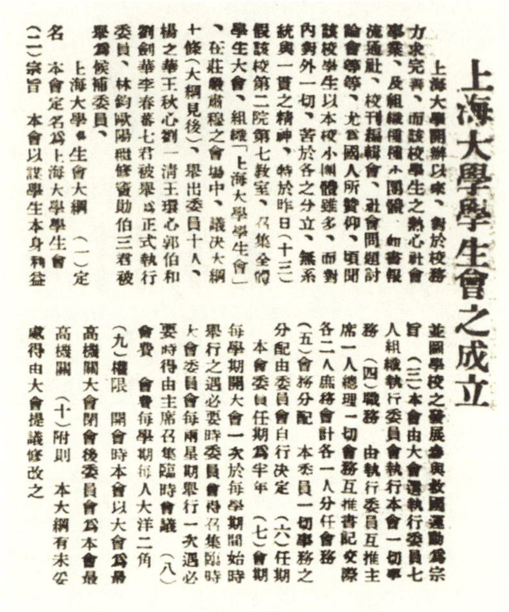

上海大學學生會之成立

上海大學開辦以來、對於校務力求完善、而該校學生之熱心社會事業、及組織種種小團體、如書報流通社、校刊編輯會、社會問題討論會等等、尤爲國人所贊仰、頃聞該校學生以本校小團體雖多、而對內對外一切、苦於各之分立、無系統與一貫之精神、特於昨日(十三)假該校第二院第七教室、召集全體學生大會、組織「上海大學學生會」、在莊嚴肅穆之會場中、議決大綱十條(大綱見後)、舉出委員十人、楊之華王秋心劉一清王環心郭伯和劉劍華李春蕃七君被舉爲正式執行委員、林鈞歐陽繼修竇勛伯三君被舉爲候補委員、

上海大學學生會大綱　(一)定名　本會定名爲上海大學學生會　(二)宗旨　本會以謀學生本身利益並圖學校之發展參與救國運動爲宗旨　(三)本會由大會選執行委員七人組織執行委員會執行本會一切事務　(四)職務　由執行委員互推主席一人總理一切會務互推書記交際各二人庶務會計各一人分任會務　(五)會務分配　本委員一切事務之分配由委員會自行決定　(六)任期　本會委員任期爲半年　(七)會期　每學期開大會一次於每學期開始時舉行之遇必要時委員會得召集臨時大會委員會每兩星期舉行一次遇必要時得由主席召集臨時會議　(八)會費　會費每學期每人大洋二角　(九)權限　開會時本會以大會爲最高機關大會閉會後委員會爲本會最高機關　(十)附則　本大綱有未妥處得由大會提議修改之

1924年10月15日　《民国日报》《新闻报》等报刊登《上海大学学生会之成立》的消息。

1985年10月15日　上海工业大学校友会成立。

2024年
农历甲辰年

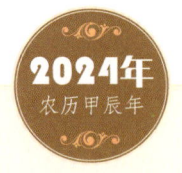

10月 October

星期二　Tuesday

15日

九月十三

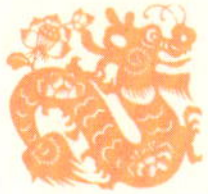

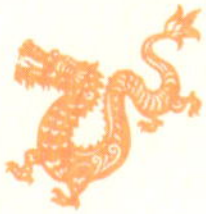

记事

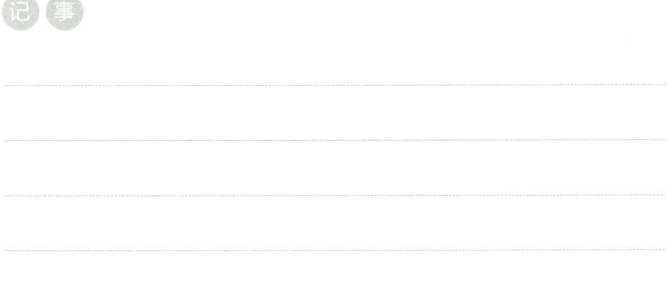

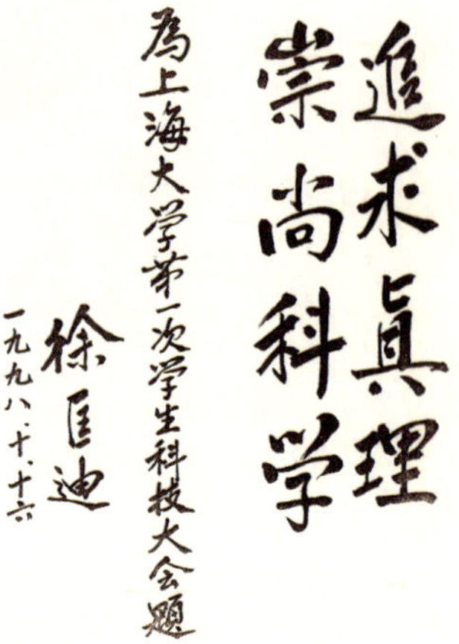
追求真理
崇尚科学
為上海大学第一次学生科技大会题
徐匡迪
一九九八、十、十六

1998年10月16日　上海市市长徐匡迪为上海大学第一次学生科技大会题词。

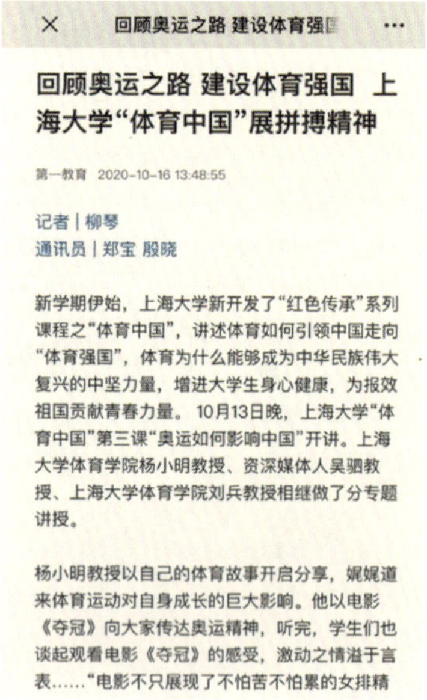

× 回顾奥运之路 建设体育强国 …

回顾奥运之路 建设体育强国 上海大学“体育中国”展拼搏精神

第一教育 2020-10-16 13:48:55

记者 | 柳琴
通讯员 | 郑宝 殷晓

新学期伊始，上海大学新开发了“红色传承”系列课程之“体育中国”，讲述体育如何引领中国走向“体育强国”，体育为什么能够成为中华民族伟大复兴的中坚力量，增进大学生身心健康，为报效祖国贡献青春力量。10月13日晚，上海大学“体育中国”第三课“奥运如何影响中国”开讲。上海大学体育学院杨小明教授、资深媒体人吴驷教授、上海大学体育学院刘兵教授相继做了分专题讲授。

杨小明教授以自己的体育故事开启分享，娓娓道来体育运动对自身成长的巨大影响。他以电影《夺冠》向大家传达奥运精神，听完，学生们也谈起观看电影《夺冠》的感受，激动之情溢于言表……“电影不只展现了不怕苦不怕累的女排精

2020年10月16日　“第一教育”报道《回顾奥运之路　建设体育强国　上海大学“体育中国”展拼搏精神》的消息。

2024年

农历甲辰年

10月

October

星期三 Wednesday

16日

九月十四

记事

1994年10月17日　上海大学举行光华奖学金颁奖大会，校党委书记吴程里（中）、常务副校长杨德广（左三）、常务副校长郭本瑜（左四）等出席。

2015年10月17—18日　首届中国大学生程序设计竞赛（简称CCPC）在河南南阳理工学院举行，上海大学代表队获得金奖。

2024年

农历甲辰年

10月

October

星期四 Thursday

17日

九月十五

记事

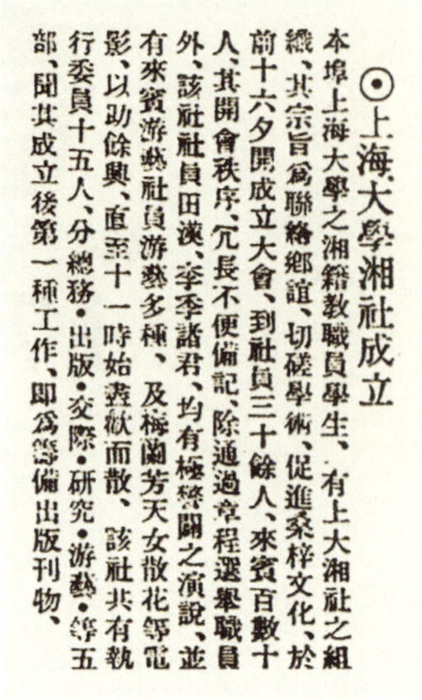

⊙上海大學湘社成立

本埠上海大學之湘籍教職員學生、有上大湘社之組織、其宗旨爲聯絡鄉誼、切磋學術、促進桑梓文化、於前十六夕開成立大會、到社員三十餘人、來賓百數十人、其開會秩序、冗長不便備記、除通過章程選舉職員外、該社社員田漢、李季諸君、均有極精闢之演說、並有來賓游藝社員游藝多種、及梅蘭芳天女散花等電影、以助餘興、直至十一時始盡歡而散、該社共有執行委員十五人、分總務・出版・交際・研究・游藝・等五部、聞其成立後第一種工作、即爲籌備出版刊物、

1925年10月18日 《时报》刊登《上海大学湘社成立》的消息。

2015年10月 “大国方略”教学团队获中央宣传部办公厅授予的“基层理论宣讲先进集体”称号。

2024年

农历甲辰年

10月

October

星期五　Friday

18日

九月十六

记事

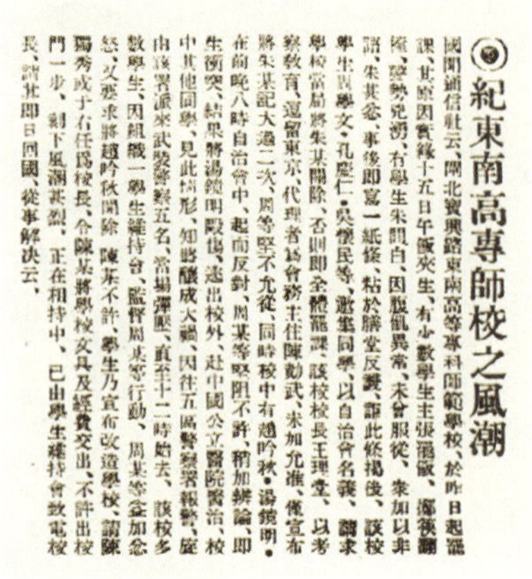

紀東南高專師校之風潮

國聞通信社云、閘北寶興路東南高等專科師範學校、於昨日起罷課、其原因實緣十五日午飯夾生、有少數學生主張罷飯、鄢筱龢嫌、聲勢兇湧、有學生朱體白、因腹飢異常、未曾服從、乘加以非語、朱某忿、事後即寫一紙條、粘於膳堂反對、詎此條揭後、該校學生曹學文・孔慶仁・吳懷民等、邀集同學、以自治會名義、請求學校當局將朱某開除、否則即全體罷課、該校校長王理堂、以考察教育、逗留東京、代理者爲會務主任陳勳武、未加允准、僅宣布將朱某記大過二次、周等堅不允從、同時校中有趙吟秋・湯鏡明・在前晚八時自治會中、起而反對、周某等堅阻不許、稍加辯論、即生衝突、結果將湯鏡明毆傷、逃出校外、赴中國公立醫院醫治、校中其他同學、見此情形、知將釀成大禍、因往五區警察署報警、旋由該署派來武裝警察五名、當場彈壓、直至十二時始去、該校多數學生、因組織一學生維持會、監督周某等行動、周某等益加忿怒、又要求將趙吟秋開除、陳某不許、學生乃宣布改造學校、請陳獨秀或于右任爲校長、令陳某將學校文具及經費交出、不許出校門一步、刻下風潮甚烈、正在相持中、已由學生維持會致電校長、請其即日回國、從事解決云、

1922年10月19日

《申报》《时报》等报刊登东南高等专科师范学校风潮的消息。

2017年10月19日　国家文物局与上海市人民政府共建的上海大学文化遗产保护基础科学研究院揭牌仪式暨丝绸之路文物科技创新联盟成立大会举行。

2024年
农历甲辰年

10月

October

星期六 Saturday

19日

九月十七

记事

2003年10月20日　教育部普通高等学校本科教学工作水平评估上海大学校长汇报会召开。

2018年10月20日　世界传播论坛：2018“一带一路”与新闻传播学教育的跨文化交流暨上海大学新闻传播学院揭牌仪式在上海大学举行。中共上海市委宣传部副部长朱咏雷（右）与上海大学党委书记、校长金东寒（左）共同为新闻传播学院揭牌。

2024年
农历甲辰年

10月

October

星期日 Sunday

20日

九月十八

记事

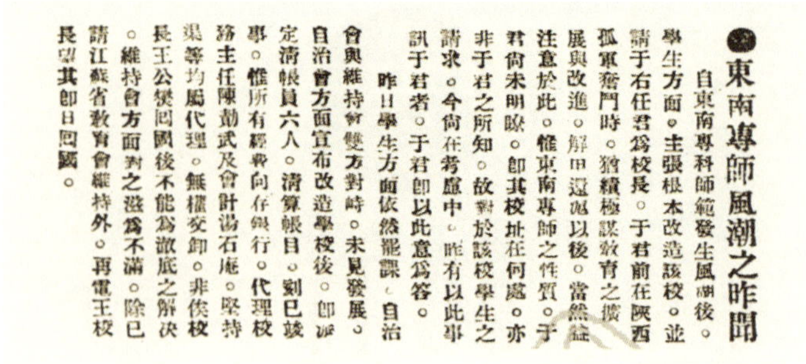

東南專師風潮之昨聞

自東南專科師範發生風潮後。學生方面。主張根本改造該校。並請于右任君爲校長。于君前在陝西孤軍奮鬥時。猶積極謀教育之擴展與改進。解甲還滬以後。當然益注意於此。惟東南專師之性質。于君尚未明瞭。即其校址在何處。亦非于君之所知。故對於該校學生之請求。今尚在考慮中。昨有以此事訊于君者。于君即以此意爲答。

昨日學生方面依然罷課。自治會與維持會雙方對峙。未見發展。即自治會方面宣布改造學校後。即派定清帳員六人。清算帳目。刻已竣事。惟所有經費向存銀行。代理校務主任陳勘武及會計湯石庵。堅持渠等均屬代理。無權交卸。非俟校長王公樊回國後不能爲徹底之解決。維持會方面對之滋爲不滿。除已請江蘇省教育會維持外。再電王校長望其即日回國。

1922年10月21日　《民国日报》《申报》等报继续刊登东南高等专科师范学校风潮的消息。

2018年10月　1980年由钱伟长院士创刊的《应用数学和力学(英文版)》入选“2018 中国最具国际影响力学术期刊”。

2019年10月　《社会》杂志入选“2019中国最具国际影响力学术期刊”。

2024年
农历甲辰年

10月

October

星期一 Monday

21日

九月十九

记事

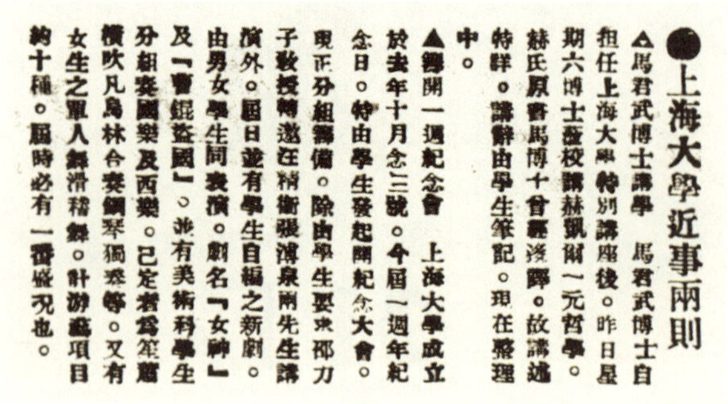

●上海大學近事兩則

△馬君武博士講學　馬君武博士自担任上海大學特別講座後。昨日星期六博士蒞校講赫凱爾一元哲學。赫氏原著馬博士曾譯出。故講述特詳。講辭由學生筆記。現在整理中。

▲籌開一週紀念會　上海大學成立於去年十月念三號。今屆一週年紀念日。特由學生發起開紀念大會。現正分組籌備。除由學生要求邵力子教授轉邀汪精衛張溥泉兩先生講演外。屆日並有學生自編之新劇。由男女學生同表演。劇名「女神」及「曹錕盜國」。並有美術科學生分組奏國樂及西樂。已定者為笙簫横吹凡鳥林合奏鋼琴獨奏等。又有女生之單人舞滑稽舞。計游藝項目約十種。屆時必有一番盛況也。

1923年10月22日　《民国日报》刊登《上海大学近事两则》。

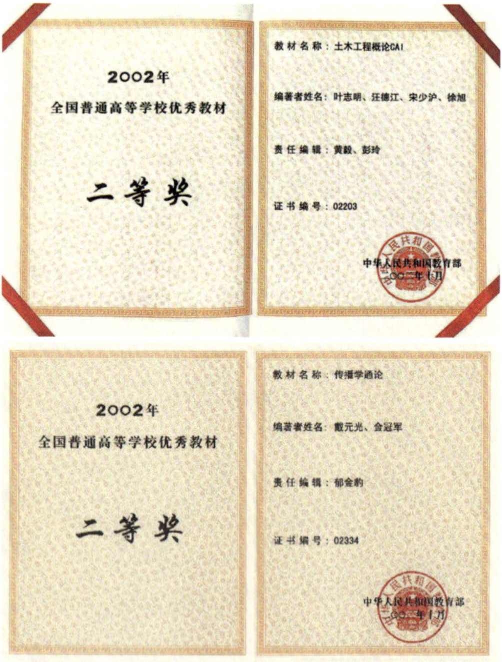

2002年10月　叶志明等编著的《土木工程概论CAI》，戴元光、金冠军编著的《传播学通论》，获2002年全国普通高等学校优秀教材二等奖。

2024年
农历甲辰年

10月

October

星期二 Tuesday

22日

九月二十

记事

于右任（1879—1964），陕西泾阳人，生于三原。1922年10月任上海大学校长。1928年起任国民党中央执行委员会常委、国民政府审计院院长和监察院院长等职。1949年去台湾，1964年11月在台北病逝。

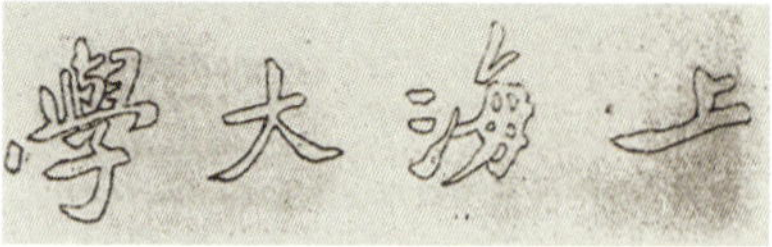

于右任题写的“上海大学”校牌

1922年10月23日　于右任任上海大学校长。

2014年10月23日
上海大学（1922—1927）纪念园——溯园开放。

2022年10月23日　上海大学举行纪念建校100周年系列活动。

2024年
农历甲辰年

10月

October

星期三 Wednesday

23日

九月廿一 霜降

记事

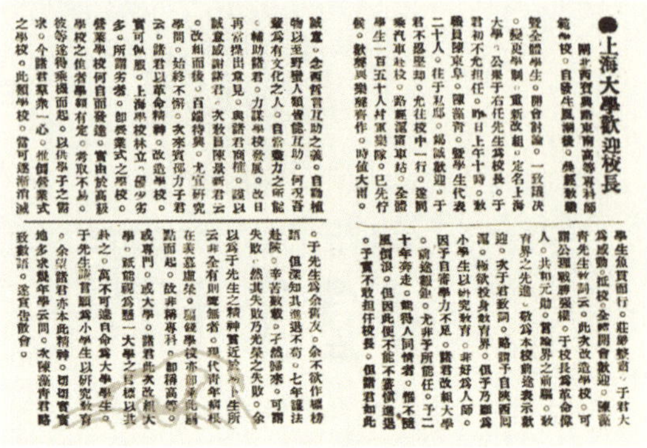

上海大學歡迎校長

閘北西寶興路東南高等專科師範學校。自發生風潮後。學校教職暨全體學生。開會討論。一致議決。變更學制。重新改組。定名上海大學。公推于右任先生爲校長。于君初不允担任。昨日上午十時。教職員陳東阜。陳藻青。暨學生代表二十人。往于私邸。竭誠歡迎。于君不忍堅却。允往校中一行。遂同乘汽車赴校。路經滬甯車站。全體學生一百五十人并軍樂隊。已先佇候。歡聲與樂聲齊作。時值大雨。學生魚貫而行。莊嚴整肅。于君大爲感動。抵校。全體開會歡迎。陳藻青先生致詞云。此次改造學校。可謂公理戰勝強權。于校長爲革命偉人。共和元勛。言論界之前驅。敎育界之先進。敬爲本校前途表示歡迎。次于君致詞。略謂予自陝西回滬。極欲投身教育界。但予乃願爲小學生以研究教育。非好爲人師。因予自審學力不足。諸君改組大學。前途艱鉅。尤非予所能任。予二十年奔走。能得人同情者。惟不隨風傾浪。但因此便不能不審愼進退。予實不敢担任校長。但諸君如此誠意。念西哲言互助之義。自動植物以至野蠻人類皆能互助。何況吾輩爲有文化之人。自當盡力之所能。輔助諸君。力謀學校發展。改日再當撰出意見。與諸君商榷。謹以誠意感謝諸君。次教員陳景新君云。改組而後。百端待舉。尤宜研究學問。始終不懈。次來賓邵力子君云。諸君以革命精神。改造學校。實可佩服。上海學校林立。優少劣多。所謂劣者。即營業式之學校。營業學校何自而發達。實由於高級學校之佔者學額有定。考取不易。彼等遂得乘機而起。以供學子之需求。今諸君羣衆一心。推倒營業式之學校。此類學校。當可逐漸消滅。于先生爲余舊友。余不欲作標榜語。但深知其進退不苟。七年護法赴陝。辛苦數載。孑然歸來。可謂失敗。然其失敗乃光榮之失敗。余以爲于先生之精神實近於易卜生所云非全有則寧無者。現代青年病根在表面虛榮。騙錢學校亦即本此觀點而起。故非稱專科。即稱高等。或專門。或大學。諸君此次改組大學。祇能視爲懸一大學之目標以求升之。萬不可遽自命爲大學學生。于先生誼言願爲小學生以研究教育。余望諸君亦本此精神。切切實實地多求幾年學問。次陳藻青君略致數語。遂宣告散會。

1922年10月24日　《民国日报》刊登《上海大学欢迎校长》的消息。

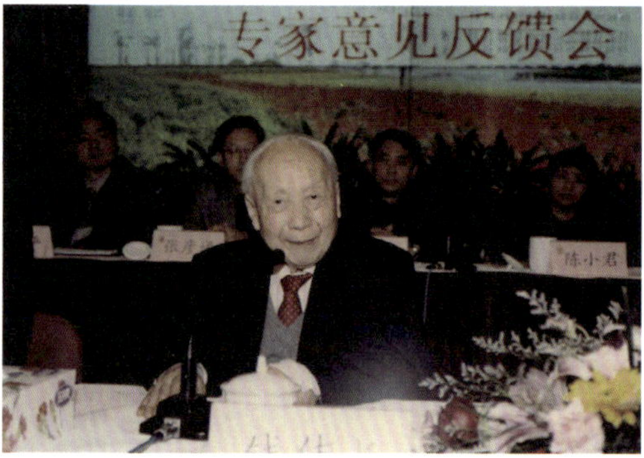

2003年10月24日　上海大学校长钱伟长出席教育部上海大学本科教学工作水平评估专家意见反馈会并讲话。

2020年10月24日　上海大学社会学系重建40周年，社会学院成立10周年暨老上海大学社会学建系98周年庆祝大会召开。

2024年

农历甲辰年

10月

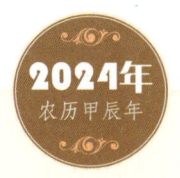

October

星期四 Thursday

24日

九月廿二

记事

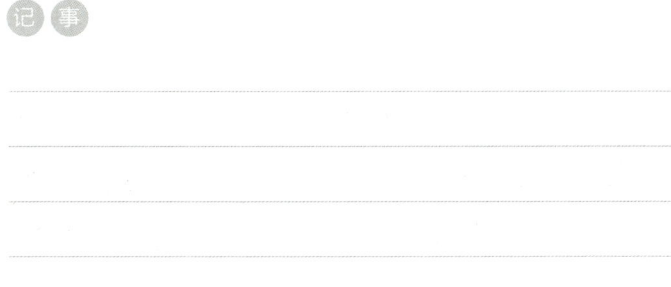

上海大學特別講座佈告

本大學爲提高文化起見，已經預請海內碩學多人担任長期講演，校內外皆可自由聽講，無須入場券。玆將現在講演人及題目報告於左：

講演人　馬君武先生

題目　一元哲學

時間　每星期六下午一時起

地點　閘北青島路本校

1923年10月25日至11月10日　《民国日报》刊登《上海大学特别讲座布告》。

2013年10月25日　上海大学党委书记于信汇、校长罗宏杰、副校长叶志明、副校长吴明红等出席上海大学研究生院成立大会。

2024年
农历甲辰年

10月 October

星期五 Friday

25日

九月廿三

记事

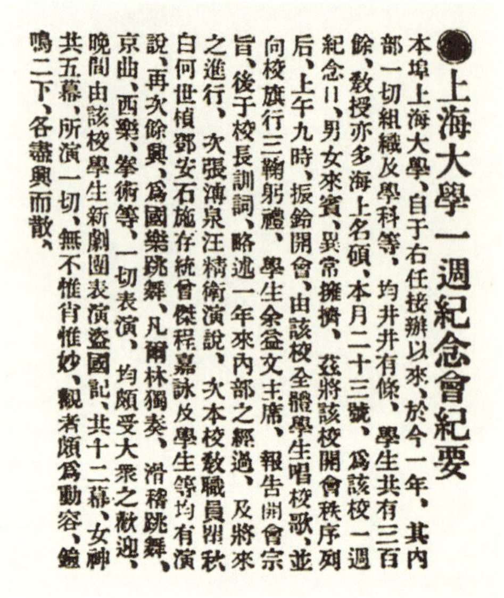

上海大學一週紀念會紀要

本埠上海大學、自于右任接辦以來、於今一年、其內部一切組織及學科等、均井井有條、學生共有三百餘、教授亦多海上名碩、本月二十三號、爲該校一週紀念日、男女來賓、異常擁擠、茲將該校開會秩序列后、上午九時、振鈴開會、由該校全體學生唱校歌、並向校旗行三鞠躬禮、學生余益文主席、報告開會宗旨、後于校長訓詞、略述一年來內部之經過、及將來之進行、次張溥泉汪精衛演說、次本校教職員瞿秋白何世楨鄧安石施存統曾傑程嘉詠及學生等均有演說、再次餘興、爲國樂跳舞、凡爾林獨奏、滑稽跳舞、京曲、西樂、拳術等、一切表演、均頗受大衆之歡迎、晚間由該校學生新劇團表演盜國記、共十二幕、女神共五幕、所演一切、無不惟肖惟妙、觀者頗爲動容、鐘鳴二下、各盡興而散、

1923年10月26日　《申报》《新闻报》等报刊登上海大学举行一周年校庆会议的消息。

1984年10月26日　上海工业大学校长钱伟长出席上海工业大学科技工作会议并讲话。

2024年
农历甲辰年

10月

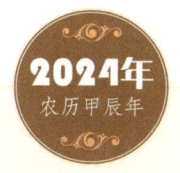

October

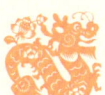

星期六　Saturday

26日

九月廿四

记事

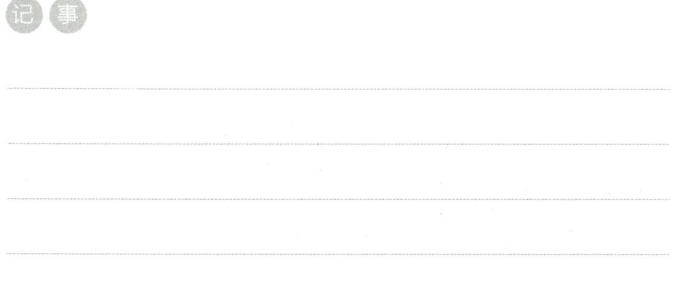

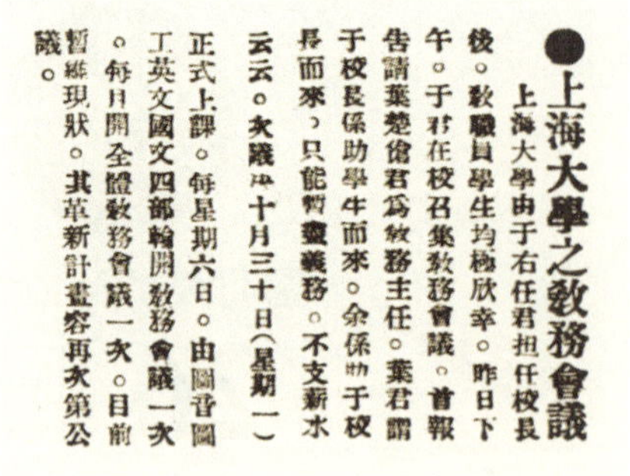

●上海大學之敎務會議

上海大學由于右任君担任校長後。敎職員學生均極欣幸。昨日下午。于君在校召集敎務會議。首報告請葉楚傖君爲敎務主任。葉君謂于校長係助學生而來。余係助于校長而來，只能暫盡義務。不支薪水云云。次議决十月三十日（星期一）正式上課。每星期六日。由圖音圖工英文國文四部輪開敎務會議一次。每月開全體敎務會議一次。目前暫維現狀。其革新計畫容再次第公議。

1922年10月27日 《民国日报》《时报》等报刊登《上海大学之教务会议》的消息。

2000年10月27日　上海大学校长钱伟长与获得第六届全国大学生运动会男子排球比赛冠军的上海大学男子排球队合影。

2013年10月27日　上大附中举行钱伟长先生铜像揭幕仪式暨建校10周年教育成果展示活动；上海大学校长罗宏杰受聘担任上大附中名誉校长。

2024年

农历甲辰年

10月

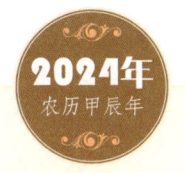

October

星期日 Sunday

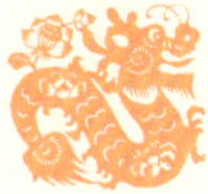

27日

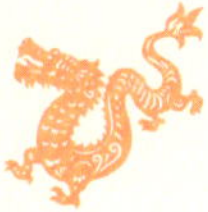

九月廿五

记事

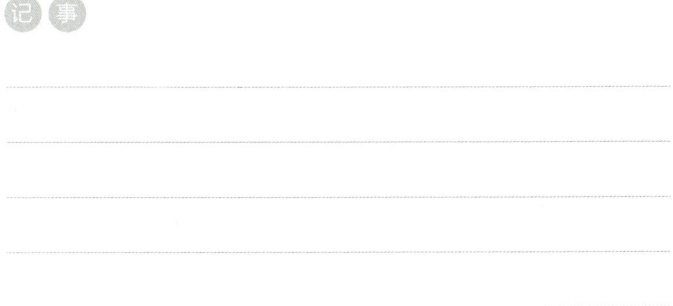

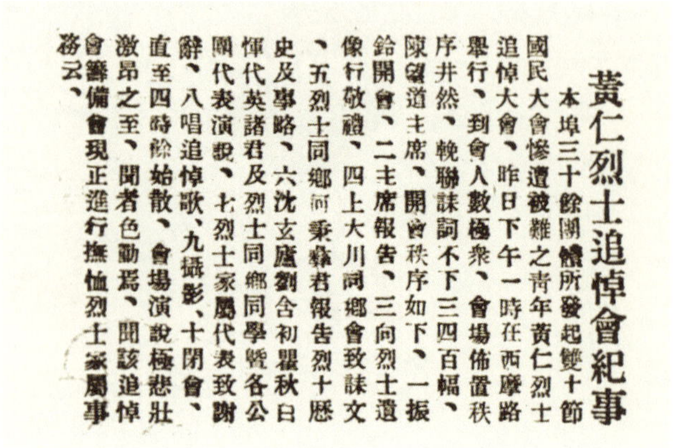

黃仁烈士追悼會紀事

本埠三十餘團體所發起雙十節國民大會慘遭被難之青年黃仁烈士追悼大會、昨日下午一時在西摩路舉行、到會人數極衆、會場佈置秩序井然、輓聯誄詞不下三四百幅、陳望道主席、開會秩序如下、一振鈴開會、二主席報告、三向烈士遺像行敬禮、四上大川同鄉會致誄文、五烈士同鄉何秉彝君報告烈士歷史及事略、六沈玄廬劉含初瞿秋白惲代英諸君及烈士同鄉同學暨各公團代表演說、七烈士家屬代表致謝辭、八唱追悼歌、九攝影、十閉會、直至四時餘始散、會場演說極悲壯激昂之至、聞者色動焉、聞該追悼會籌備會現正進行撫恤烈士家屬事務云、

1924年10月28日　《民国日报》刊登《黄仁烈士追悼会纪事》《黄仁烈士传》。

2016年10月28—30日　2016中国机器人大赛在湖南长沙举行，上海大学自强队获得两项冠军。

2024年
农历甲辰年

10月

October

星期一　Monday

28日

九月廿六

记事

2007年10月29日　上海市宝山区委书记吕民元与上海大学副校长周哲玮为上大附中主雕塑“育”落成揭幕。

2012年10月29日　上海交通大学体育系、宝山区教育局、上大附中和曹燕华乒乓学校四方共同签约共建“乒乓球一条龙”，使乒乓球运动员“专业竞技训练＋优质学校文化学习”的双轨培养体系全线贯通。

2024年
农历甲辰年

10月 October

星期二 Tuesday

29日

九月廿七

记事

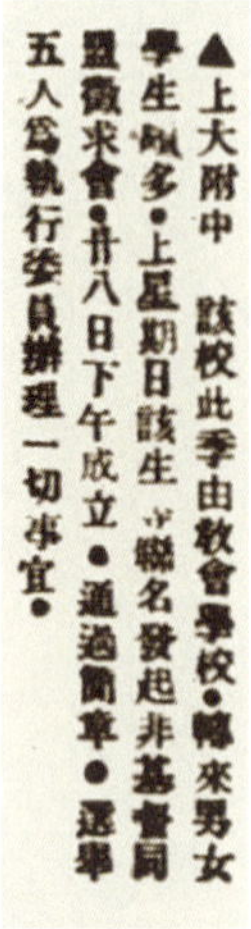

▲上大附中　該校此季由教會學校●轉來男女學生頗多●上星期日該生[illegible]聯名發起非基督同盟徵求會●廿八日下午成立●通過簡章●選舉五人爲執行委員辦理一切事宜●

1925年10月30日　《民国日报》刊登《上大附中》的消息。

1961年10月　中共上海市委书记处候补书记、上海市副市长兼中国科学院上海分院院长刘述周（中）视察上海科学技术大学，观看校园建设规划沙盘。

2024年
农历甲辰年

10月

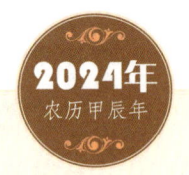

October

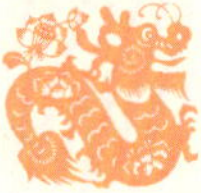

星期三　Wednesday

30日

九月廿八

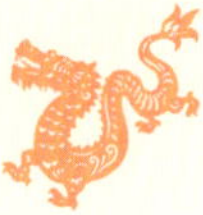

记事

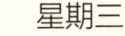

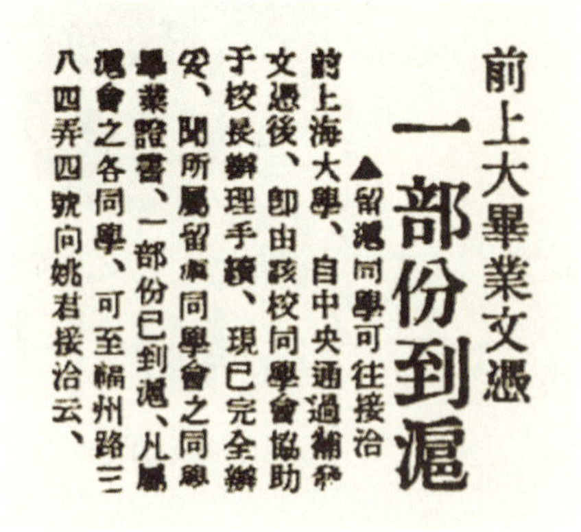

前上大畢業文憑
一部份到滬
▲留滬同學可往接洽
的上海大學、自中央通過補發文憑後、即由該校同學會協助于校長辦理手續、現已完全辦妥、閱所屬留滬同學會之同學畢業證書、一部份已到滬、凡屬滬會之各同學、可至福州路三八四弄四號向姚君接洽云、

1941年10月31日　《新闻报》刊登《前上大毕业文凭一部分到沪·留沪同学可往接洽》的消息。

2016年10月31日　2016—2017上海市青少年校园足球精英赛暨校园足球联盟杯赛开幕式在上海大学举行。

2024年
农历甲辰年

10月

October

星期四　Thursday

31日

九月廿九

记事

2024

11月 November

1993年11月　上海工业大学举行授予王力平同志为上海工业大学兼职教授授证仪式。

2013年11月1日　“中国银行杯”外汇黄金模拟交易大赛上海大学专场颁奖典礼举行。

2024年
农历甲辰年

11月

November

星期五　Friday

1日

十月初一

记事

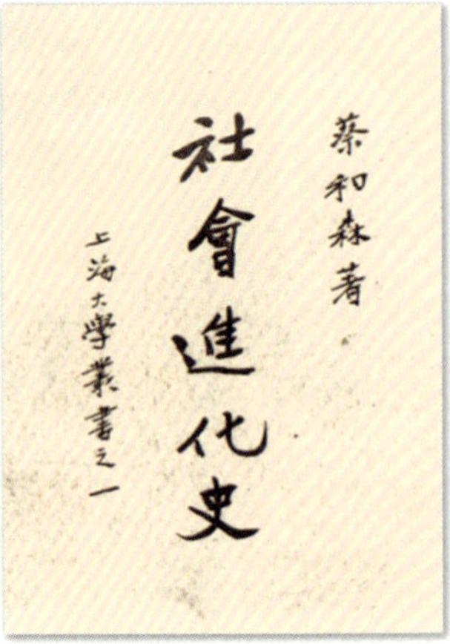

1924年11月2日　《申报》刊登《上海大学丛书之一·蔡和森先生著〈社会进化史〉·大本一厚册　定价一元》的书讯。

2013年11月2日　第十一届华东地区“21世纪·华澳杯”大学生中澳友好英语大赛在上海大学举行。

2024年
农历甲辰年

11月 November

星期六 Saturday

2日

十月初二

记事

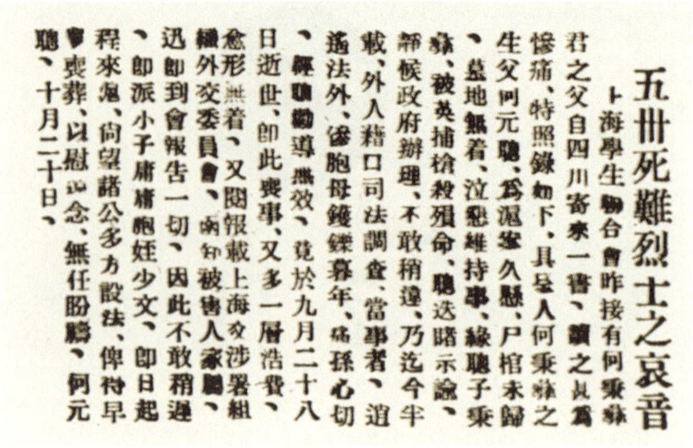

五卅死難烈士之哀音

上海學生聯合會昨接有何秉彝君之父自四川寄來一書、讀之具爲慘痛、特照錄如下、具呈人何秉彝之生父何元聰、爲冤案久懸、尸棺未歸、墓地無着、泣懇維持事、緣聰子秉彝、被英捕槍殺殞命、聰迭睹示諭、靜候政府辦理、不敢稍違、乃迄今半載、外人藉口司法調查、當事者、逍遙法外、傷胞母錢鍱暮年、痛孫心切、經聰勸導無效、竟於九月二十八日逝世、即此喪事、又多一層浩費、愈形無着、又閱報載上海交涉署組織外交委員會、函知被害人家屬、迅即到會報告一切、因此不敢稍遲、即派小子庸楷胞姪少文、即日起程來滬、尚望諸公多方設法、俾得早營喪葬、以慰亡念、無任盼禱、何元聰、十月二十日、

1925年11月3日 《民国日报》刊登《五卅死难烈士之哀音》。

2021年11月3日 2020年度国家科学技术奖励大会在北京人民大会堂召开。由上海大学无人艇团队牵头的“海洋窄带环境复杂目标探测识别技术与装备”获国家科技进步奖二等奖。

2024年
农历甲辰年

11月 November

星期日 Sunday

3日

十月初三

记事

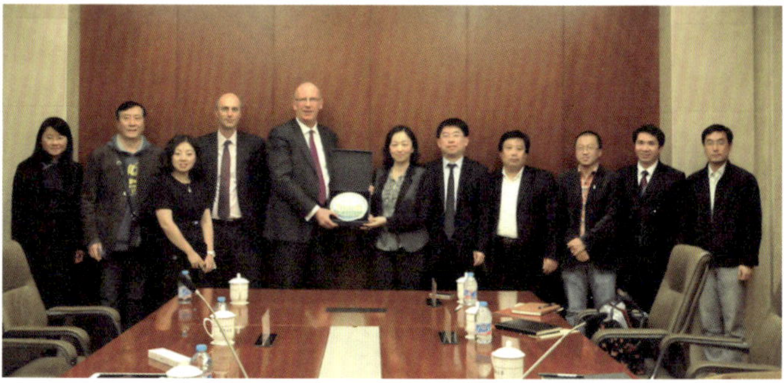

2016年11月4日　英国拉夫堡大学校长Robert Allison，国际事务处处长Charlie Carter一行访问上海大学。

2021年11月4日　上海大学与中国船舶集团第七一六研究所签约仪式在上海大学举行。

2024年
农历甲辰年

11月

November

星期一 Monday

4日

十月初四

记事

2006年11月5日　全国政协副主席徐匡迪、法国工程院院长弗朗索瓦·吉诺出席上海大学中欧工程技术学院揭牌仪式。

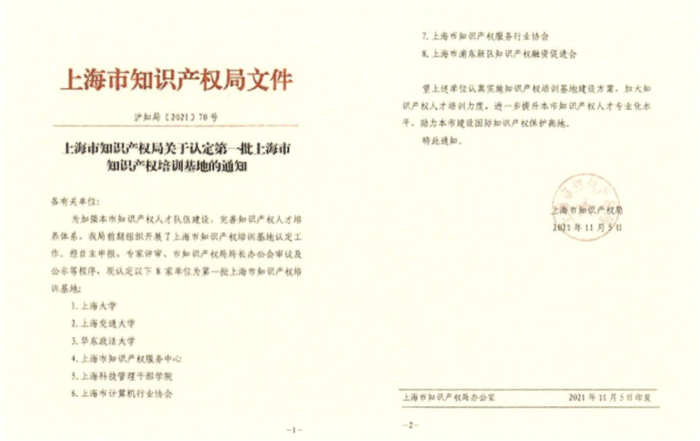

上海市知识产权局文件

沪知局〔2021〕70号

上海市知识产权局关于认定第一批上海市知识产权培训基地的通知

各有关单位：

为加强本市知识产权人才队伍建设、完善知识产权人才培养体系，我局前期组织开展了上海市知识产权培训基地认定工作，经自主申报、专家评审、市知识产权局局长办公会审议及公示等程序，现认定以下8家单位为第一批上海市知识产权培训基地：

1. 上海大学
2. 上海交通大学
3. 华东政法大学
4. 上海市知识产权服务中心
5. 上海科技管理干部学院
6. 上海市计算机行业协会

-1-

7. 上海市知识产权服务行业协会
8. 上海市浦东新区知识产权融资促进会

望上述单位认真实施知识产权培训基地建设方案，加大知识产权人才培训力度，进一步提升本市知识产权人才专业化水平，助力本市建设国际知识产权保护高地。

特此通知。

上海市知识产权局
2021年11月5日

上海市知识产权局办公室　　2021年11月5日印发

-2-

2021年11月5日　上海大学获批成为首批上海市知识产权培训基地。

2024年
农历甲辰年

11月

November

星期二 Tuesday

5日

十月初五

记事

2020年11月6—8日　纪念中国修辞学会成立40周年学术研讨会暨中国修辞学会2020年学术年会在上海大学召开。

2021年11月6日　上海大学召开“仰望星空、脚踏实地，新时代拔尖学生培养的探索与实践——钱伟长学院成立十周年暨2021年拔尖创新人才培养研讨会”。

2024年
农历甲辰年

11月 November

星期三 Wednesday

6日

十月初六

记事

2013年11月7日　上海大学机自学院、文学院组成的技术团队，与上海市文保中心、上海博物馆水下考古专家一起进行上海水下文物勘探普查工作。

2013年11月7日　上海大学外国语学院召开中日“东亚城市对话”交流座谈会。

2024年

农历甲辰年

11月

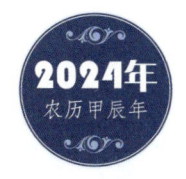

November

星期四 Thursday

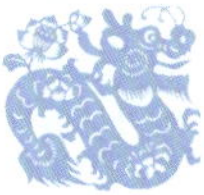

7日

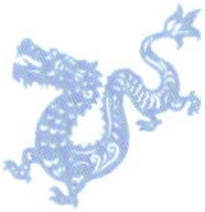

十月初七 立冬

记事

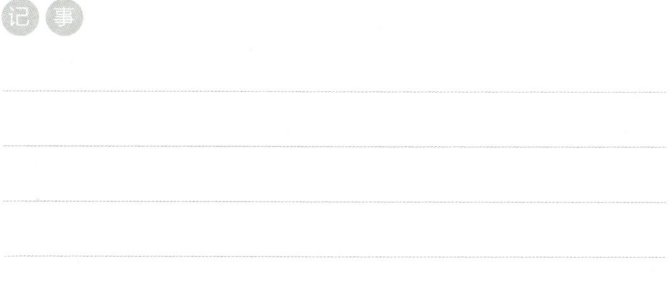

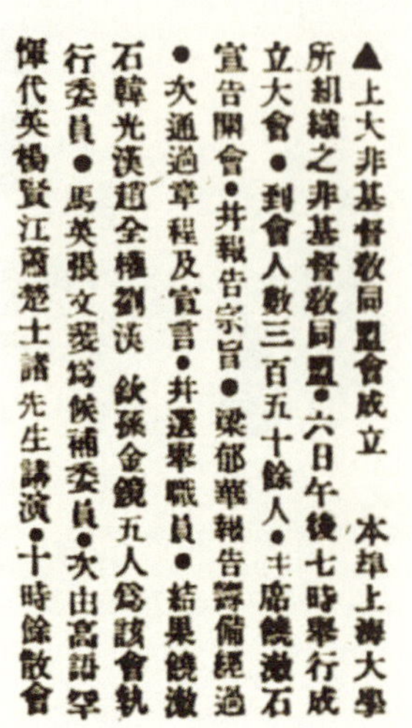

▲上大非基督教同盟會成立　本埠上海大學所組織之非基督教同盟•六日午後七時舉行成立大會•到會人數三百五十餘人•主席饒漱石宣告開會•并報告宗旨•梁郁華報告籌備經過•次通過章程及宣言•并選舉職員•結果饒漱石韓光漢趙全權劉湊　欽孫金鏡五人爲該會執行委員•馬英張文燮爲候補委員•次由高語罕惲代英楊賢江蕭楚士諸先生講演•十時餘散會

1925年11月8—9日　《民国日报》《时报》等报刊登上海大学非基督教同盟会成立的消息。

2000年11月8日　上海大学举行美术学院新址落成典礼，校长钱伟长与中共上海市委副书记龚学平一起种植纪念树木。

2024年
农历甲辰年

11月

November

星期五 Friday

8日

十月初八

记事

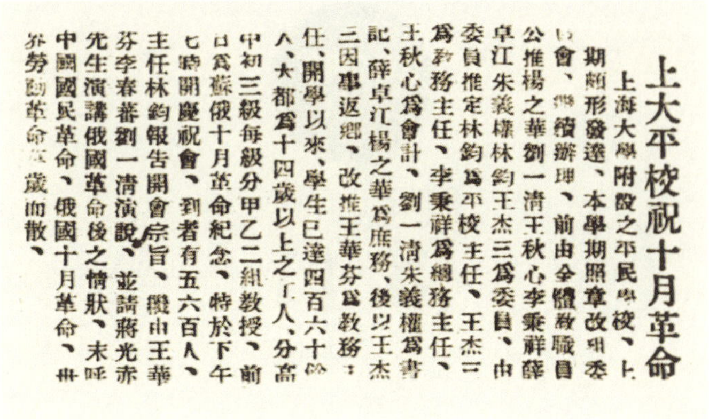
上大平校祝十月革命

上海大學附設之平民學校、上期頗形發達、本學期照章改組委員會、繼續辦理、前由全體教職員公推楊之華劉一淸王秋心李秉祥薛卓江朱義權林鈞王杰三爲委員、由委員推定林鈞爲平校主任、王杰三爲教務主任、李秉祥爲總務主任、王秋心爲會計、劉一淸朱義權爲書記、薛卓江楊之華爲庶務、後以王杰三因事返鄉、改推王華芬爲教務主任、開學以來、學生已達四百六十餘人、大都爲十四歲以上之工人、分高中初三級每級分甲乙二組教授、前日爲蘇俄十月革命紀念、特於下午七時開慶祝會、到者有五六百人、主任林鈞報告開會宗旨、繼由王華芬李春蕃劉一淸演說、並請蔣光赤先生演講俄國革命後之情狀、末呼中國國民革命、俄國十月革命、世界勞動革命萬歲而散、

1924年11月9日　《民国日报》刊登《上大平校祝十月革命》的消息。

2001年11月9日　上海大学聘请文怀沙教授任文学院名誉院长。

2024年

农历甲辰年

11月 November

星期六 Saturday

9日

十月初九

记事

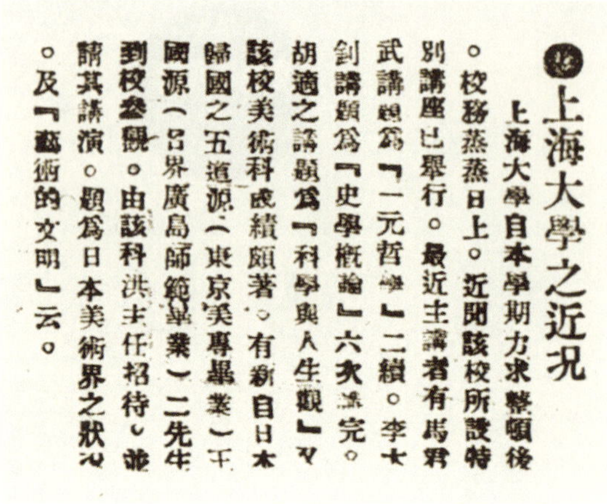

上海大學之近況

上海大學自本學期力求整頓後。校務蒸蒸日上。近聞該校所設特別講座已舉行。最近主講者有馬君武講題爲「一元哲學」二續。李大釗講題爲「史學概論」六次未完。胡適之講題爲「科學與人生觀」又該校美術科成績頗著。有新自日本歸國之五道源（東京美專畢業）王國源（呂界廣島師範畢業）二先生到校參觀。由該科洪主任招待。並請其講演。題爲日本美術界之狀況。及「藝術的文明」云。

1923年11月10日　《民国日报》刊登《上海大学之近况》的消息。

1999年11月10日　上海大学上海社会发展研究中心成立。图为2001年9月校长钱伟长、上海社会发展研究中心主任费孝通教授与中心的教师座谈。

2024年
农历甲辰年

11月 November

星期日　Sunday

10日

十月初十

记事

1984年11月11日　经国家科委批准，上海市应用数学和力学研究所在上海工业大学正式成立，钱伟长院士任首任所长。

2022年11月11日　共青团上海大学医学院第一次代表大会暨上海大学医学院第一次研究生代表大会召开。

2024年

农历甲辰年

11月

November

星期一 Monday

11日

十月十一

记事

2006年11月12日　上海大学举行“张家港路”命名揭牌仪式，张家港市市长王翔、上海大学党委书记于信汇共同为路名志揭牌。

2010年11月12日　由民盟上海市委、上海社会科学院和上海大学联合主办的纪念费孝通诞辰100周年暨费孝通学术思想研讨会召开。

2024年
农历甲辰年

11月

November

星期二　Tuesday

12日

十月十二

记事

1936年11月13日　《中央日报》刊登《上海大学同学会总会业已成立》的消息。

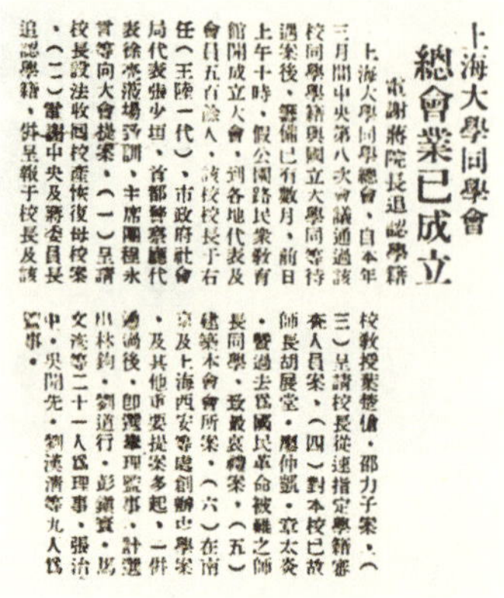

上海大學同學會
總會業已成立
電謝蔣院長追認學籍

上海大學同學總會，自本年三月間中央第八次會議通過該校同學學籍與國立大學同等待遇案後，籌備已有數月，前日上午十時，假公園路民衆教育館開成立大會，到各地代表及會員五百餘人，該校校長于右任（王陸一代），市政府社會局代表張少垣，首都警察廳代表徐來溪場訓，主席團楊永貴等向大會提案，（一）呈請校長設法收回校產恢復母校案，（二）電謝中央及蔣委員長追認學籍，併呈報于校長及該校教授葉楚傖，邵力子案，（三）呈請校長從速指定學籍審查人員案，（四）對本校已故師長胡展堂，廖仲凱，章太炎，暨過去為國民革命被犧之師長同學，致嚴哀禱案，（五）建築本會會所案，（六）在南京及上海西安等處創辦中學案，及其他重要提案多起，一併通過後，即選舉理監事，計選出林鈞，劉道行，彭鎮寰，馬文彥等二十一人為理事，張治中，吳開先，劉漢清等九人為監事。

2015年11月13日　中共上海市委宣传部、上海市新闻出版局和上海大学共同举办的《大国方略——走向世界之路》出版座谈会在锦江小礼堂召开。

2022年11月13日　上海大学第三届董事会第二次全体会议在上海大学召开。

2024年
农历甲辰年

11月 November

星期三 Wednesday

13日

十月十三

记事

2005年11月14日　上海大学召开党员先进性教育活动总结大会。

2019年11月14日　拉美社会科学委员会主任执行秘书长Karina Batthyany、科研主任Pablo Vommaro等一行来访上海大学。

2024年
农历甲辰年

11月 November

星期四 Thursday

14日

十月十四

记事

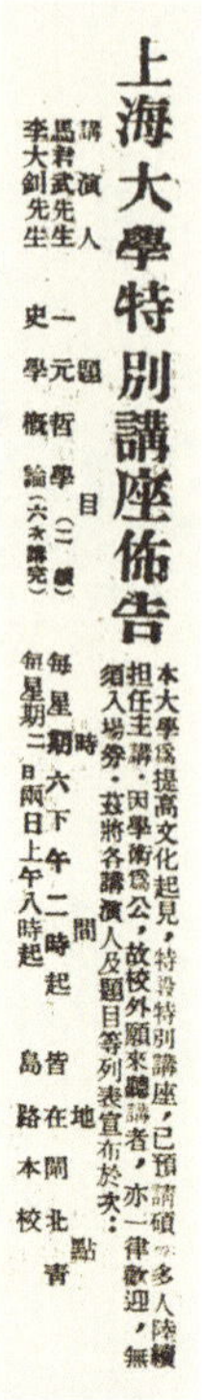

上海大學特別講座佈告

本大學爲提高文化起見，特設特別講座，已預請碩學多人陸續担任主講。因學術爲公，故校外願來聽講者，亦一律歡迎，無須入場劵。茲將各講演人及題目等列表宣布於次：

講演人	題目	時間	地點
馬君武先生	一元哲學（二次）	每星期六下午二時起	皆在閘北青島路本校
李大釗先生	史學概論（六次講完）	每星期二日兩日上午八時起	

1923年11月15—26日　《民国日报》刊登《上海大学特别讲座布告》。

2019年11月15日　上海大学召开“新时代、新青年、新使命——‘我与校长面对面’主题座谈会”。

2024年
农历甲辰年

11月 November

星期五 Friday

15日

十月十五

记事

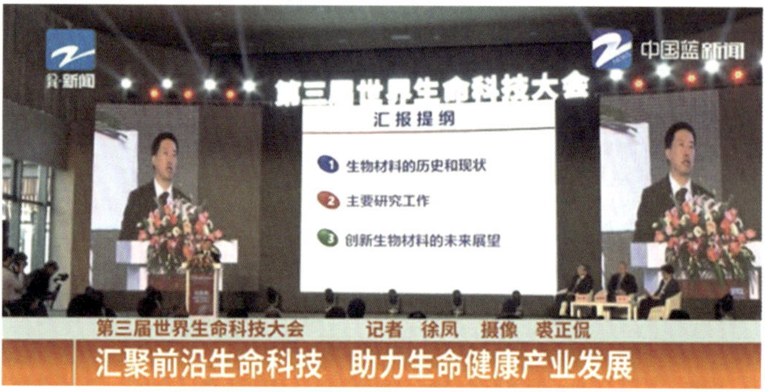

2019年11月16日　上海大学校长刘昌胜应邀参加第三届世界生命科技大会，作《创新生物材料：支撑人类医疗方式变革》主题报告，介绍前沿生物材料技术及在骨修复、心血管支架、种植体等领域的临床应用。

2022年11月16日　上海大学法学院第一届“法学新星”学术论坛颁奖暨第二届论坛启动仪式举行。

2024年
农历壬寅年

11月

November

星期六 Saturday

16日

十月十六

记事

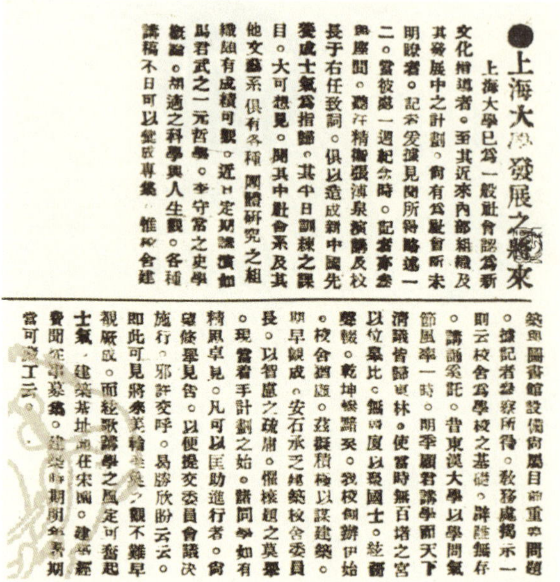

上海大學發展之將來

上海大學已爲一般社會認爲新文化指導者。至其近來內部組織及其發展中之計劃。尙有爲社會所未明瞭者。記者爰撮見聞所得略述一二。當彼校一週紀念時。記者亦參與席間。聆汪精衛張溥泉演講及校長于右任致詞。俱以造成新中國先發成士氣爲指歸。其平日訓練之課目。大可想見。聞其中社會系及其他文藝系俱有各種團體研究之組織。且有成績可觀。近日定期講演如馬君武之一元哲學。李守常之史學概論。胡適之科學與人生觀。各種講稿不日可以彙成專集。惟校舍建築與圖書館設備尙屬目前重要問題。據記者考察所得。教務處揭示一則云校舍爲學校之基礎。辟雍無存。講誦奚託。昔東漢大學以學問氣節風率一時。明季顧君講學而天下清議皆歸東林。使當時無百堵之宮以位皋比。無同度以聚國士。雖欲聲教。乾坤幾譬奚。我校創辦伊始。校舍簡陋。玆擬積極以謀建築。期早觀成。安石承乏純築校舍委員長。以智慮之疏庸。懼棟樑之莫舉。現當着手計劃之始。諸同學如有精思卓見。凡可以匡助進行者。尙望條舉見告。以便提交委員會議決施行。邪許交呼。曷勝欣盼云云。即此可見將來美輪美奐之觀不難早覩厥成。而絃歌講學之風定可奮起士氣。建築基址尙在宋園。建築經費聞在籌募中。建築時期聞約需期當可竣工云。

1923年11月17日　《民国日报》刊登《上海大学发展之将来》的消息。

2022年11月17日　工程实践文化园开园仪式在上海大学举行。

2024年

农历甲辰年

11月

November

星期日 Sunday

17日

十月十七

记事

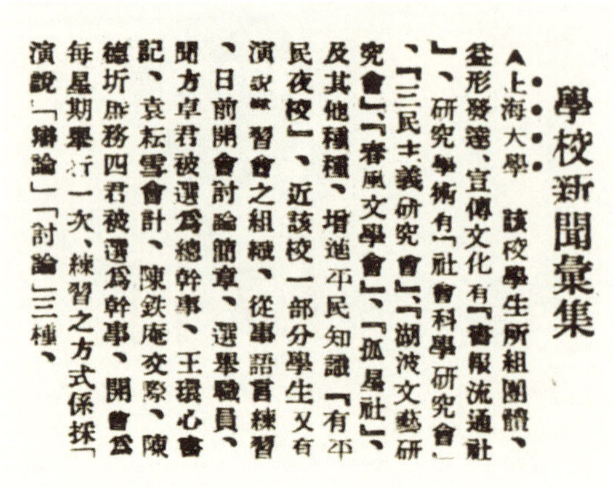

學校新聞彙集

▲上海大學　該校學生所組團體、益形發達，宣傳文化有「書報流通社」、研究學術有「社會科學研究會」、「三民主義研究會」「湖波文藝研究會」「春風文學會」、「孤星社」、及其他種種，增進平民知識「有平民夜校」，近該校一部分學生又有演說練習會之組織，從事語言練習，日前開會討論簡章，選舉職員，聞方卓君被選爲總幹事，王環心書記，袁耘雪會計，陳鉄庵交際，陳德圻庶務四君被選爲幹事，開會爲每星期舉行一次，練習之方式係採「演說」「辯論」「討論」三種，

1924年11月18日　《民国日报》《新闻报》等报介绍上海大学学生创办的各类组织。

2017年11月18日　上海大学在由上海大学承办的第十五届“挑战杯”竞赛总决赛中获团体第二，捧得“优胜杯”。

2024年
农历甲辰年

11月

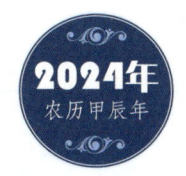

November

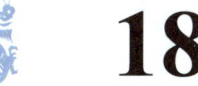

星期一 Monday

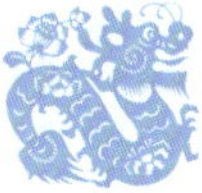

18日

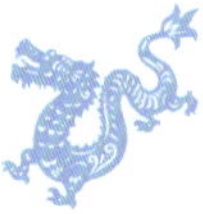

十月十八

记事

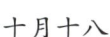

1925年11月19日　吴玉章在上海大学作“民族问题与阶级斗争”的演讲；《民国日报》《时报》等报刊登上海大学剧团为三周年校庆举行活动的消息。

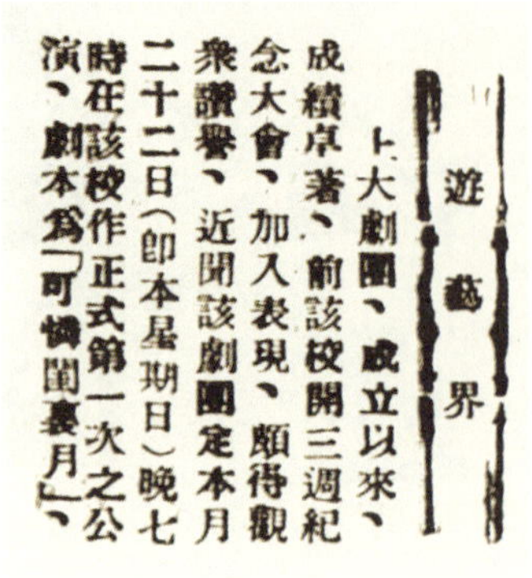

遊藝界

上大劇團、成立以來、成績卓著、前該校開三週紀念大會、加入表現、頗得觀衆讚譽、近聞該劇團定本月二十二日(即本星期日)晚七時在該校作正式第一次之公演、劇本爲「可憐閨裏月」、

2019年11月19日　由上海大学生命科学学院主办，上海药品审评核查中心、上海市生物医药协会协办的先进治疗产品监管科学国际论坛在上海大学开幕。

2024年

农历甲辰年

11月 November

星期二 Tuesday

19日

十月十九

记事

2000年11月　上海大学图书馆新馆开馆典礼举行，校长钱伟长与上海作家协会主席、上海大学文学院院长叶辛一起为上海大学图书馆“上海作家作品陈列与研究室”揭牌。

2024年

农历甲辰年

11月 November

星期三 Wednesday

20日

十月二十

记事

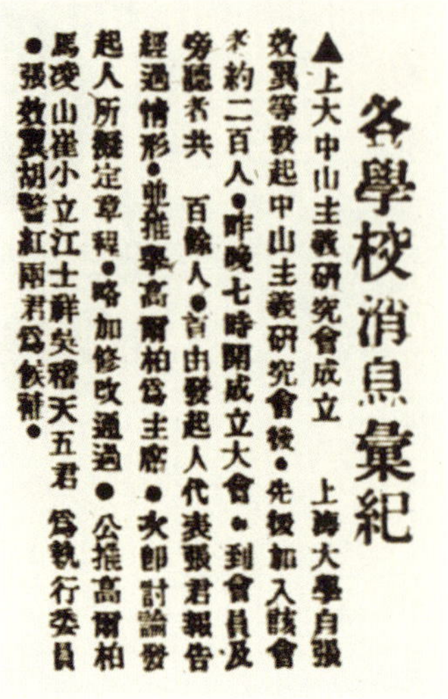

各學校消息彙紀

▲上大中山主義研究會成立　上海大學自張效翼等發起中山主義研究會後・先後加入該會者約二百人・昨晚七時開成立大會・到會員及旁聽者共　百餘人・首由發起人代表張君報告經過情形・並推舉高爾柏爲主席・次即討論發起人所擬定章程・略加修改通過・公推高爾柏馬浚山崔小立江士群吳稚天五君　爲執行委員・張效翼胡警紅兩君爲候補・

1925年11月21日　《民国日报》《申报》等报刊登上海大学中山主义研究会成立的消息。

2001年11月　上海大学党委书记、常务副校长方明伦主持召开教师专业技术职务聘任委员会会议。

2024年
农历甲辰年

11月 November

星期四 Thursday

21日

十月廿一

记事

2001年11月　校长钱伟长与上海大学青年骨干教师在校园里。

2022年11月22日—23日　上海大学环境与化学工程学院国际青年学者论坛举行。

2024年
农历甲辰年

11月 November

星期五 Friday

22日

十月廿二 小雪

记事

1924年11月23日　《民国日报》刊登《上海大学校旗送回》的消息。

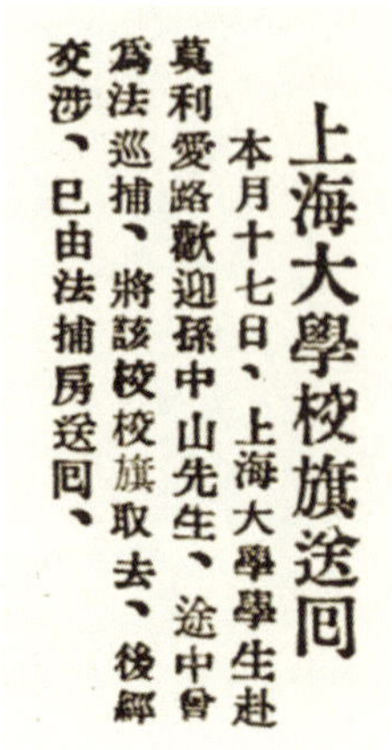

上海大學校旗送回

本月十七日、上海大學學生赴莫利愛路歡迎孫中山先生、途中曾爲法巡捕、將該校校旗取去、後經交涉、巳由法捕房送回、

2007年11月23日　上海大学举行“伟长楼”命名与揭幕仪式。“伟长楼”由徐匡迪院士题写并揭幕。

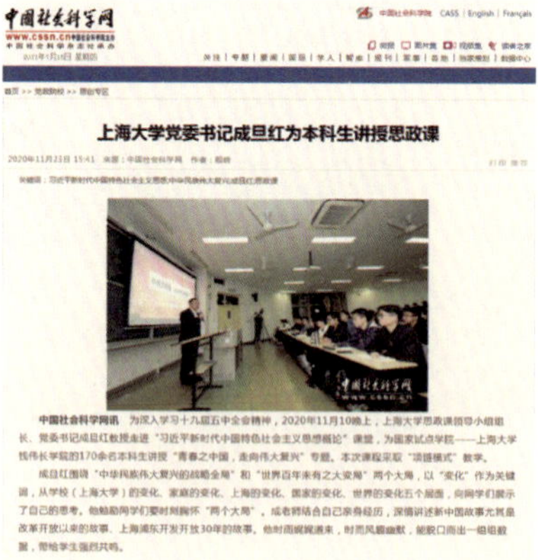

中国社会科学网

www.cssn.cn

CASS | English | Français

上海大学党委书记成旦红为本科生讲授思政课

2020年11月23日 15:41

中国社会科学网讯　为深入学习十九届五中全会精神，2020年11月10晚上，上海大学思政课领导小组组长、党委书记成旦红教授走进“习近平新时代中国特色社会主义思想概论”课堂，为国家试点学院——上海大学钱伟长学院的170余名本科生讲授“青春之中国，走向伟大复兴”专题。本次课程采取“项链模式”教学。

成旦红围绕“中华民族伟大复兴的战略全局”和“世界百年未有之大变局”两个大局，以“变化”作为关键词，从学校（上海大学）的变化、家庭的变化、上海的变化、国家的变化、世界的变化五个层面，向同学们展示了自己的思考。他勉励同学们要时刻胸怀“两个大局”，成老师结合自己亲身经历，深情讲述新中国故事尤其是改革开放以来的故事、上海浦东开发开放30年的故事。他时而娓娓道来，时而风趣幽默，能脱口而出一组组数据，带给学生强烈共鸣。

2020年11月23日

“中国社会科学网”报道《上海大学党委书记成旦红为本科生讲授思政课》的消息。

2024年
农历甲辰年

11月

November

星期六 Saturday

23日

十月廿三

记事

2022年11月24日　在校党委统筹部署下，上海大学第二十期“我与书记面对面”座谈会召开。

2020年11月　上海大学通信学院校友返校日活动正式启动。

2024年
农历甲辰年

11月

November

星期日 Sunday

24日

十月廿四

记事

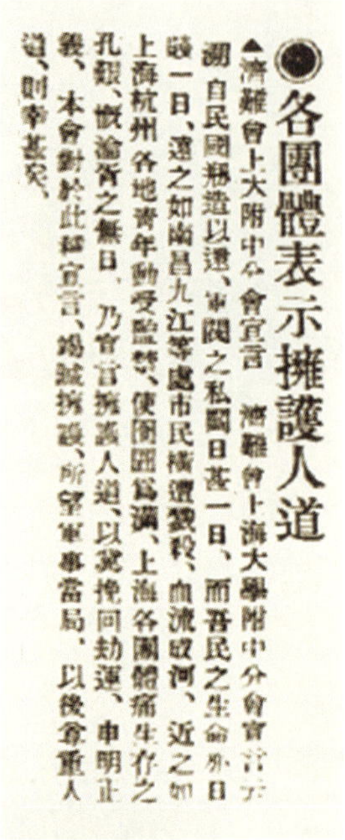

各團體表示擁護人道

▲濟難會上大附中分會宣言　濟難會上海大學附中分會宣言云、溯自民國肇造以還、軍閥之私鬭日甚一日、而吾民之生命亦日賤一日、遠之如南昌九江等處市民橫遭殺戮、血流成河、近之如上海杭州各地青年動受監禁、使囹圄爲滿、上海各團體痛生存之孔艱、憤淪胥之無日、乃會宣擁護人道、以冀挽回劫運、申明正義、本會對於此種宣言、竭誠擁護、所望軍事當局、以後尊重人道、則幸甚矣、

1926年11月25日　《申报》刊登《各团体表示拥护人道·济难会上大附中分会宣言》。

2001年11月25日　上海大学校长钱伟长参观上海市第三届工业博览会上海大学展台。

2024年
农历甲辰年

11月

November

星期一 Monday

25日

十月廿五

记事

2018年11月26日　人文与科技——人工智能通识教育全国教学研讨会在上海大学召开。

2021年11月26日　上海大学首届创新工作大会开幕。此次大会采用开幕式、四场分论坛和闭幕式的形式。四场分论坛分别聚焦“五五战略”、创新人才工作、科教融合和科研体制机制创新。

2024年

农历甲辰年

11月

November

星期二　Tuesday

26日

十月廿六

记事

2011年11月27日　上海大学举行校长奖学金颁奖典礼暨冬季学期研究生首日教育活动。

2016年11月27日　上海大学第一期青年骨干教师研修班结业典礼举行。

2024年
农历甲辰年

11月

November

星期三 Wednesday

27日

十月廿七

记事

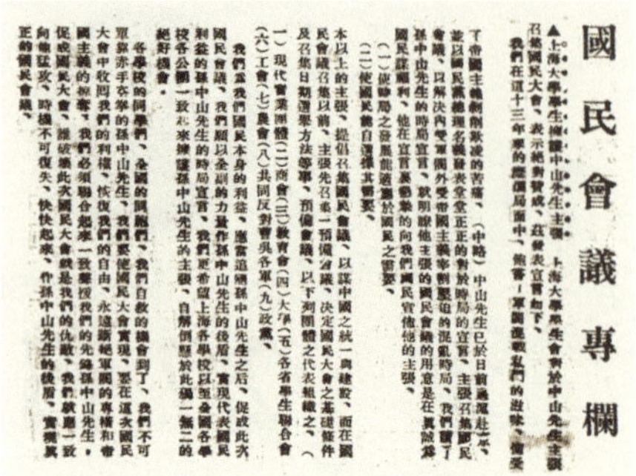

國民會議專欄

▲上海大學學生擁護中山先生主張　上海大學學生會對於中山先生主張召集國民大會、表示絕對贊成、茲發表宣言如下、

我們在這十三年來的擾攘局面中、飽嘗一軍閥混戰[illegible]的滋味、備受了帝國主義剝削欺凌的苦痛、（中略）中山先生已於日前離滬赴京、並以國民黨總理名義發表堂堂正正的對於時局的宣言、主張召集國民會議、以解決內受軍閥外受帝國主義宰制壓迫的混亂時局、我們讀了孫中山先生的時局宣言、就明瞭他主張的國民會議的用意是在真誠爲國民謀福利、他在宣言裏懇摯的向我們國民宣佈他的主張、

（一）促時局之發展能適應於國民之需要、

（二）使國民能自選擇其需要、

本以上的主張、提倡召集國民會議、以謀中國之統一與建設、而在國民會議召集以前、主張先召集一預備會議、決定國民大會之基礎條件及召集日期選舉方法等事、預備會議、以下列團體之代表組織之、（一）現代實業團體（二）商會（三）教育會（四）大學（五）各省學生聯合會（六）工會（七）農會（八）共同反對曹吳各軍（九）政黨、

我們爲我們國民本身的利益、應當追隨孫中山先生之后、促成此次國民會議、我們願以全副的力量作孫中山先生的後盾、實現代表國民利益的孫中山先生的時局宣言、我們更希望上海各學校以至全國各學校各公團一致起來擁護孫中山先生的主張、自解倒懸於此獨一無二的絕好機會。

各學校的同學們、全國的同胞們、我們自救的機會到了、我們不可單靠赤手空拳的孫中山先生、我們要使國民大會實現、要在這次國民大會中收回我們的利權、恢復我們的自由、永遠斷絕軍閥的專橫和帝國主義的摧殘、我們必須聯合起來一致聲援我們的先鋒孫中山先生，促成國民大會、誰破壞此次國民大會就是我們的仇敵、我們就應一致向他猛攻、時機不可復失、快快起來、作孫中山先生的後盾、實現真正的國民會議、

1924年11月28日　《民国日报》刊登《国民会议专栏·上海大学学生拥护中山先生主张》。

2007年11月28日　上海大学践行钱伟长“培养学生更重要的在课外”的思想，建立课外培养平台，成立社区学院。上海大学常务副校长周哲玮为社区学院揭牌。

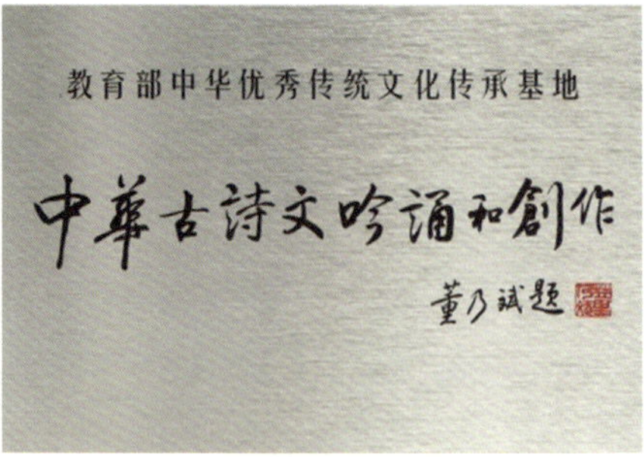

2018年11月28日　“中华古诗文吟诵和创作”获批教育部中华优秀传统文化传承基地。

2024年
农历甲辰年

11月 November

星期四 Thursday

28日

十月廿八

记事

2016年11月29日　上海大学与上海市人力资源和社会保障局共建的上海公共人力资源研究所揭牌仪式在上海大学举行。

2022年11月29日　上海大学终身教授邓伟志获上海市第十五届哲学社会科学优秀成果奖学术贡献奖。

2024年
农历甲辰年

11月

November

星期五 Friday

29日

十月廿九

记事

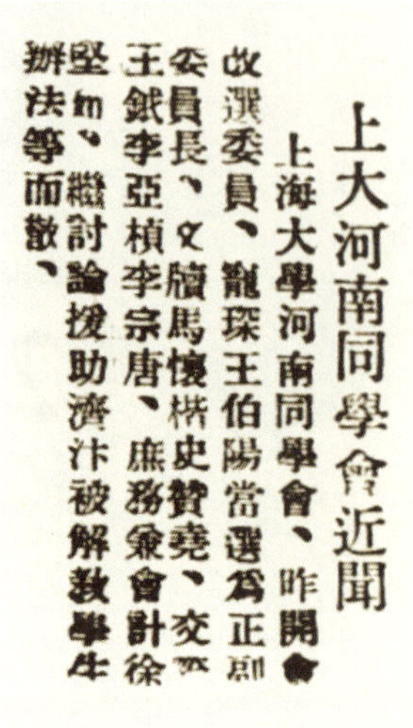

上大河南同學會近聞

上海大學河南同學會、昨開會改選委員、龍琛王伯陽當選爲正副委員長、文牘馬懷楷史贊堯、交際王鉞李亞楨李宗唐、庶務兼會計徐堅如、繼討論援助濟汴被解教學生辦法等而散、

1924年11月30日　《民国日报》刊登上海大学河南同学会最新消息。

2017年11月　上海大学获首届“全国文明校园”称号。

2024年
农历甲辰年

11月 November

星期六 Saturday

30日

十月三十

记事

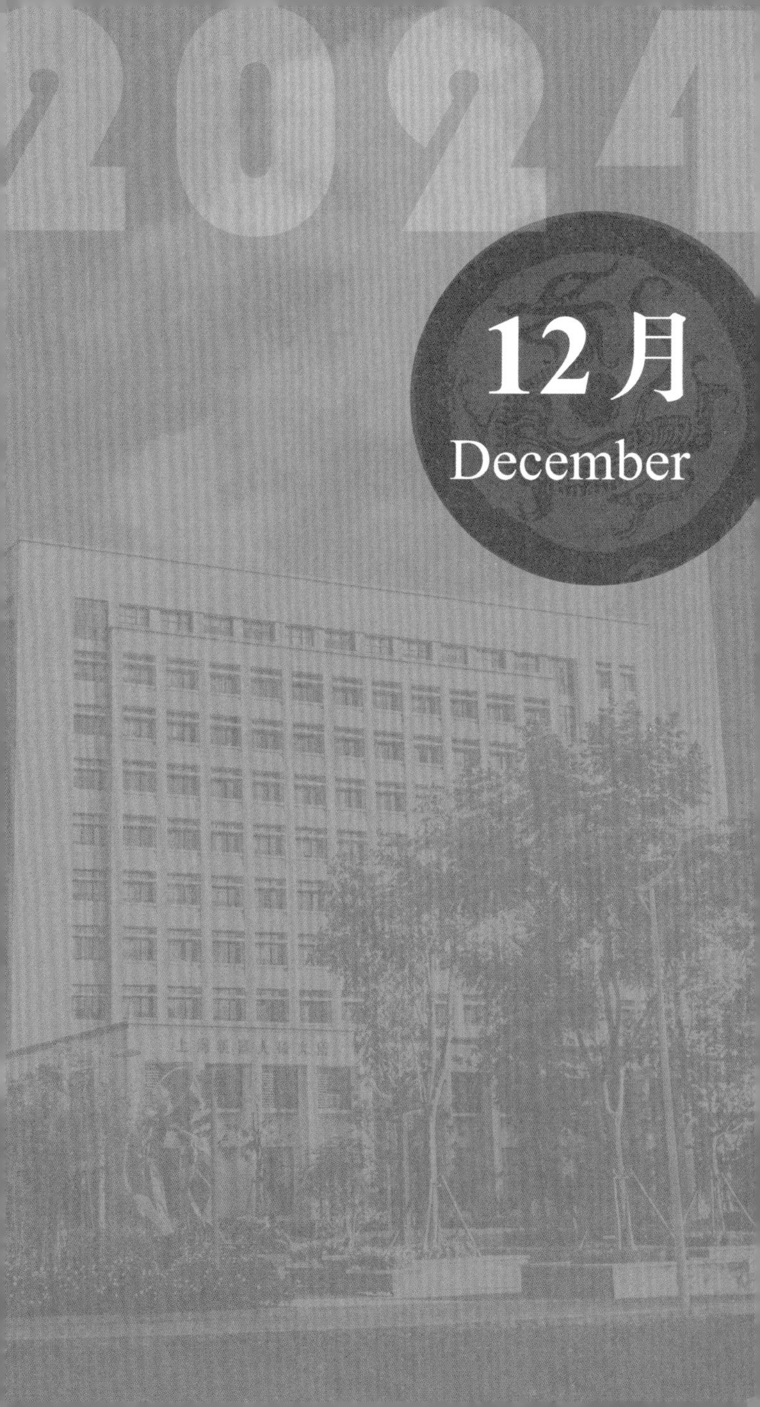
2024
12月
December

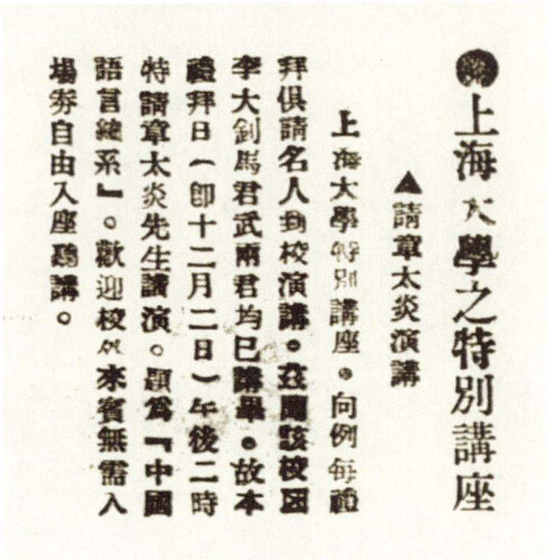

上海大學之特別講座

▲請章太炎演講

上海大學特別講座。向例每禮拜俱請名人到校演講。茲聞該校因李大釗馬君武兩君均已講畢。故本禮拜日（即十二月二日）午後二時特請章太炎先生講演。題爲「中國語言統系」。歡迎校外來賓無需入場劵自由入座聽講。

1923年12月1日　《民国日报》《申报》《新闻报》等报刊登上海大学请章太炎演讲的消息。

2010年12月　共青团上海大学委员会被中共中央、国务院授予“上海世博会先进集体”。

2024年
农历甲辰年

12月

December

星期日 Sunday

1日

十一月初一

记事

2016年12月2日　上海大学校长金东寒、副校长欧阳华带领有关部门负责人对校园重点部位进行安全检查。

2024年

农历甲辰年

12月 December

星期一 Monday

2日

十一月初二

记事

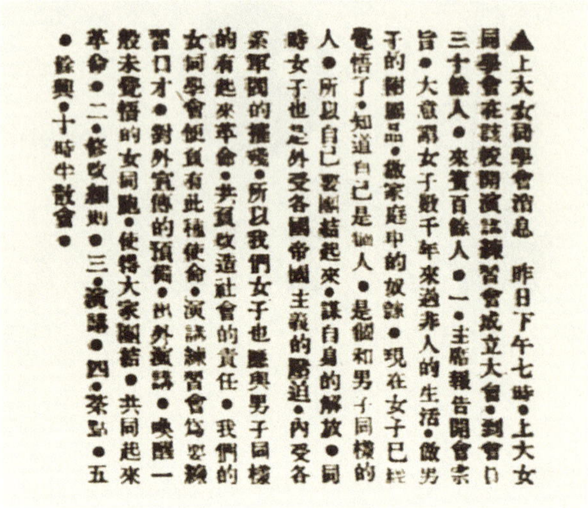

▲上大女同學會消息　昨日下午七時●上大女同學會在該校開演講練習會成立大會●到會的三十餘人●來賓百餘人●一●主席報告開會宗旨●大意謂女子數千年來過非人的生活●做男子的附屬品●做家庭中的奴隸●現在女子已經覺悟了●知道自己是個人●是個和男子同樣的人●所以自己要團結起來●謀自身的解放●同時女子也是外受各國帝國主義的壓迫●內受各系軍閥的摧殘●所以我們女子也應與男子同樣的有些來革命●共負改造社會的責任●我們的女同學會便負有此種使命●演講練習會為要練習口才●對外宣傳的預備●出外演講●喚醒一般未覺悟的女同胞●使得大家團結●共同起來革命●二●修改細則●三●演講●四●茶點●五●餘興●十時中散會●

1925年12月3日　《民国日报》刊登《上大女同学会消息》。

2020年12月3日　“德才兼备追卓越　笃志研学创一流——上海大学第十九届研究生学术节”举行。

2024年
农历甲辰年

12月

December

星期二 Tuesday

3日

十一月初三

记事

2017年12月4日　上海大学—悉尼科技大学中澳联合工程创新研究院揭牌仪式在上海大学举行。

2018年12月4日　由上海大学图书馆、文学院、民盟上海大学委员会等单位联合举办的“尘埃·繁花——中国改革开放四十周年最有影响力小说主题书展暨名家讲坛”活动举行。

2024年
农历甲辰年

12月 December

星期三 Wednesday

4日

十一月初四

记事

2014年12月5日　上海大学举行周邦新院士的《周邦新文选》首发仪式。

2021年12月5日　2021年上海大学“互联网+”大赛表彰会暨科技节闭幕式举行。

2024年
农历甲辰年

12月

December

星期四 Thursday

5日

十一月初五

记事

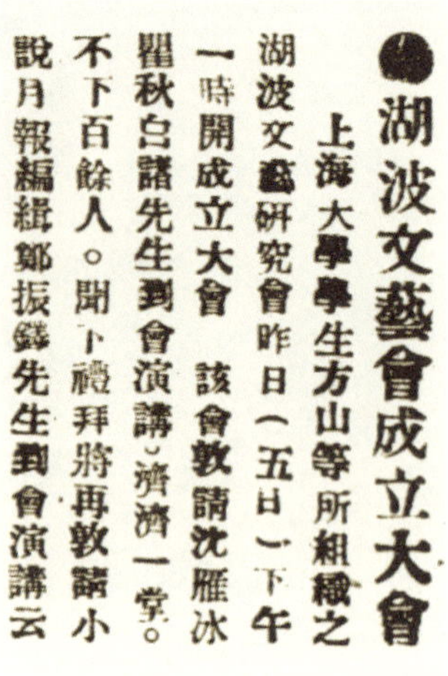

湖波文藝會成立大會

上海大學學生方山等所組織之湖波文藝研究會昨日（五日）下午一時開成立大會 該會敦請沈雁冰瞿秋白諸先生到會演講。濟濟一堂。不下百餘人。聞下禮拜將再敦請小說月報編輯鄭振鐸先生到會演講云

1923年12月6日　《民国日报》刊登《湖波文艺会成立大会》的消息。

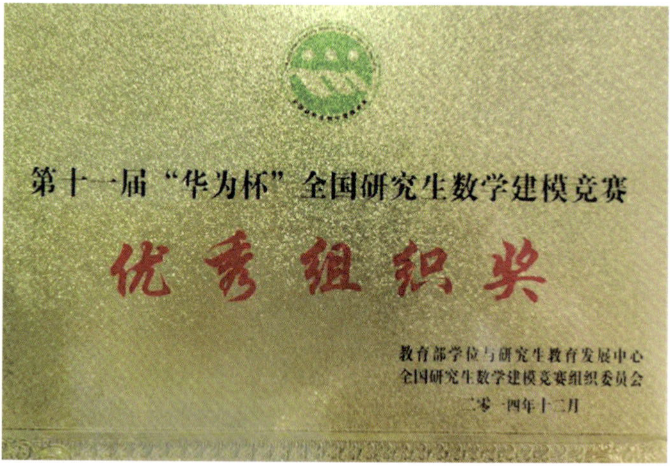

2014年12月　上海大学获第十一届“华为杯”全国研究生数学建模竞赛优秀组织奖。

2024年
农历甲辰年

12月

December

星期五　Friday

6日

十一月初六　大雪

记事

2013年12月7日　国家汉办授予上海大学“孔子学院先进中方合作院校”称号，中共中央政治局委员、国务院副总理、孔子学院总部理事长刘延东为上海大学颁发奖牌。

2016年12月7日　上海大学基础教育集团建设工作推进会召开。

2024年
农历甲辰年

12月 December

星期六 Saturday

7日

十一月初七

记事

2016年12月8日　金东寒校长代表上海大学在全国高校思想政治工作会议上作了题为《统筹育人资源，充分发挥思政课程价值，引领核心作用》的发言。

2022年12月8日　上海大学党委书记成旦红参加智能制造及机器人中心党支部主题党日。

2022年12月8日　转化医学国家科学中心（上海）上海大学分中心揭牌仪式在上海大学举行。

2024年

农历甲辰年

12月 December

星期日 Sunday

8日

十一月初八

记事

2018年12月9日　上海大学文学院建院40周年庆祝大会召开。

2018年12月9日　上海大学社会学院举行纪念一二·九运动暨主题党日活动。

2024年
农历甲辰年

12月

December

星期一 Monday

9日

十一月初九

记事

2015年12月10日　“祖国颂·纪念中国人民抗日战争暨世界反法西斯战争胜利70周年系列活动音乐会”在上海大学举行，上海大学获“纪念中国人民抗日战争暨世界反法西斯战争胜利70周年”系列活动优秀组织奖。

2016年12月10—11日　第41届ACM国际大学生程序设计竞赛亚洲区CHINA-Final比赛在上海大学举行，来自海内外的130所院校的315支队伍参加。

2024年
农历甲辰年

12月

December

星期二　Tuesday

10日

十一月初十

记事

2014年12月11日　中宣部副部长王世明（左三）一行来上海大学调研，到“大国方略”课堂听课（主讲李梁、顾晓英）。

2016年12月11日　上海大学上海美术学院成立，上海市副市长翁铁慧（左）与院长冯远共同开启“上海美术学院之门”。

2024年
农历甲辰年

12月 December

星期三 Wednesday

11日

十一月十一

记事

2011年12月12—13日　由上海大学科技处、通信与信息工程学院、计算机工程与科学学院、上海大学科技园区联合主办的2011智慧城市与物联网国际研讨会召开。

2015年12月12—13日　第40届ACM国际大学生程序设计竞赛东亚洲大陆子赛区EC－Final大赛在上海大学举行，来自海内外的131所院校的290支队伍参加。

2024年
农历甲辰年

12月

December

星期四 Thursday

12日

十一月十二

记事

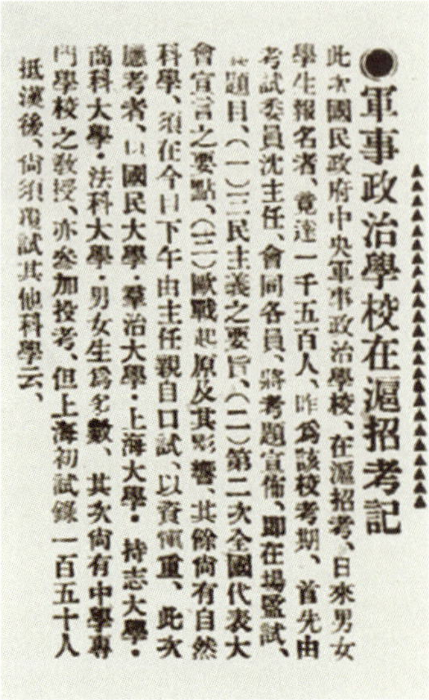

●軍事政治學校在滬招考記

此次國民政府中央軍事政治學校、在滬招考、日來男女學生報名者、竟達一千五百人、昨爲該校考期、首先由考試委員沈主任、會同各員、將考題宣佈、即在場監試、試題目、(一)三民主義之要旨、(二)第二次全國代表大會宣言之要點、(三)歐戰起原及其影響、其餘尚有自然科學、須在今日下午由主任親自口試、以資愼重、此次應考者、以國民大學·羣治大學·上海大學·持志大學·商科大學·法科大學·男女生爲多數、其次尚有中學專門學校之教授、亦參加投考、但上海初試錄一百五十人抵漢後、尚須覆試其他科學云、

1926年12月13日　《申报》刊登《军事政治学校在沪招考记》。

2020年12月13日　“新航星奖学金”设立10周年回顾暨第五届“新航星杯”辩论赛决赛举行。

2024年
农历甲辰年

12月

December

星期五　Friday

13日

十一月十三

记事

2015年12月14日　第二届世界考古论坛·上海在上海大学开幕，主题为“文化交流与文化多样性的考古学探索”。

2016年12月14日　上海大学合作共建的泰国宋卡王子大学普吉孔子学院举行成立10周年庆典活动，上海大学副校长欧阳华率团前往祝贺并于当日召开了普吉孔子学院第五届理事会议。

2024年
农历甲辰年

12月 December

星期六 Saturday

14日

十一月十四

记事

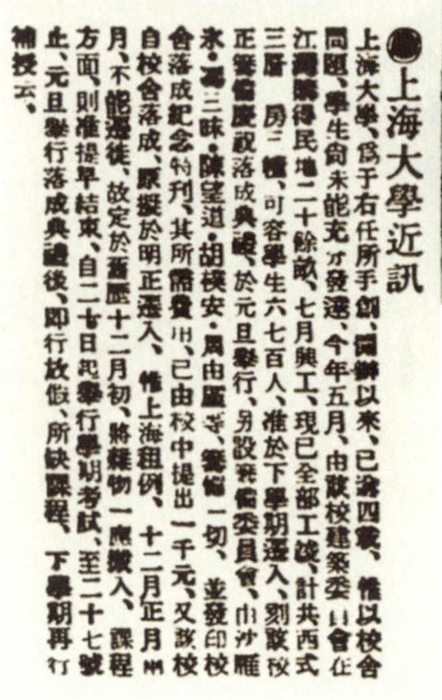

上海大學近訊

上海大學、爲于右任所手創、開辦以來、已逾四載、惟以校舍問題、學生尙未能充分發達、今年五月、由該校建築委員會在江灣購得民地二十餘畝、七月興工、現已全部工竣、計共西式三層[illegible]房三幢、可容學生六七百人、准於下學期遷入、刻該校正籌備慶祝落成典禮、於元旦舉行、另設籌備委員會、由沈雁冰・馮三昧・陳望道・胡樸安・周由廑等、籌備一切、並發印校舍落成紀念特刊、其所需費用、已由校中提出一千元、又該校自校舍落成、原擬於明正遷入、惟上海租例、十二月正月兩月、不能遷徙、故定於舊歷十二月初、將雜物一應搬入、課程方面、則准提早結束、自二十日起舉行學期考試、至二十七號止、元旦舉行落成典禮後、即行放假、所缺課程、下學期再行補授云、

1926年12月15日 《申报》《新闻报》等报刊登上海大学筹备江湾校舍落成典礼的消息。

1927年5月，上海大学被封闭，其后江湾校舍成为国立劳动大学农学院校舍。

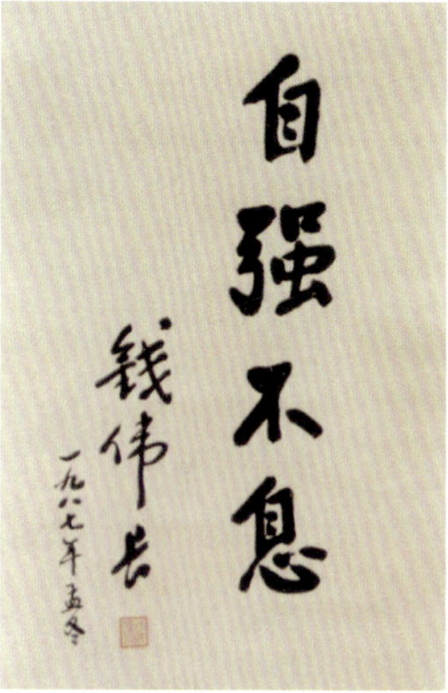

1987年冬 钱伟长校长手书“自强不息”，是年，学校决定以“自强不息”作为校训。

2024年
农历甲辰年

12月

December

星期日　Sunday

15日

十一月十五

记事

要闻 文汇报

习近平在《生物多样性公约》第十五次缔约方大会第二阶段高级别会议开幕式上致辞

书写人与自然和谐共生的美好画卷

新业态涌现，申城“早餐地图”色香味纷呈

今年是上海早餐工程建设三年行动计划收官之年，已累计新增早餐网点3656个

上海大学开发“理论中国”系列新课，推进党的二十大精神融进专业教育教学

大学思政“金课”冒着热气走进学生心里

上海聚焦“时尚八品”，打造“时尚之都”

2022年12月16日　《文汇报》刊登《大学思政“金课”冒着热气走进学生心里》的消息。

2021年12月16日　上海大学铱斯创新基金捐赠仪式举行。

2024年
农历甲辰年

12月

December

星期一 Monday

16日

十一月十六

记事

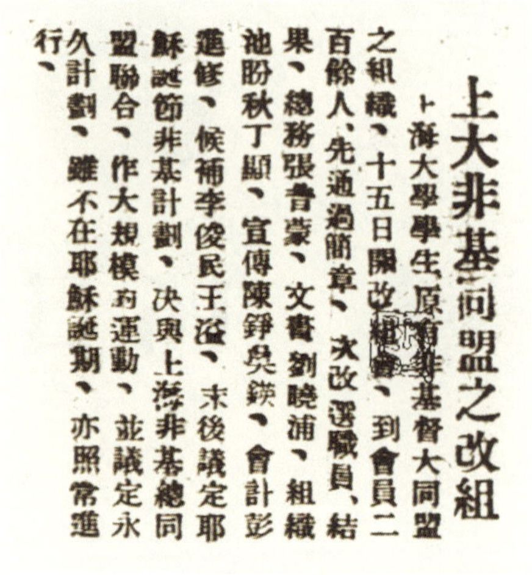

上大非基同盟之改組

上海大學學生、原有非基督大同盟之組織、十五日開改組會、到會員二百餘人、先通過簡章、次改選職員、結果、總務張青崖、文書劉曉浦、組織池盼秋丁顯、宣傳陳錚吳鉠、會計彭進修、候補李俊民王溢、末後議定耶穌誕節非基計劃、決與上海非基總同盟聯合、作大規模的運動、並議定永久計劃、雖不在耶穌誕期、亦照常進行、

1926年12月17日　《民国日报》刊登《上大非基同盟之改组》的消息。

2014年12月17日　中央电视台报道上海大学“大国方略”课程。

2024年
农历甲辰年

12月

December

星期二 Tuesday

17日

十一月十七

记事

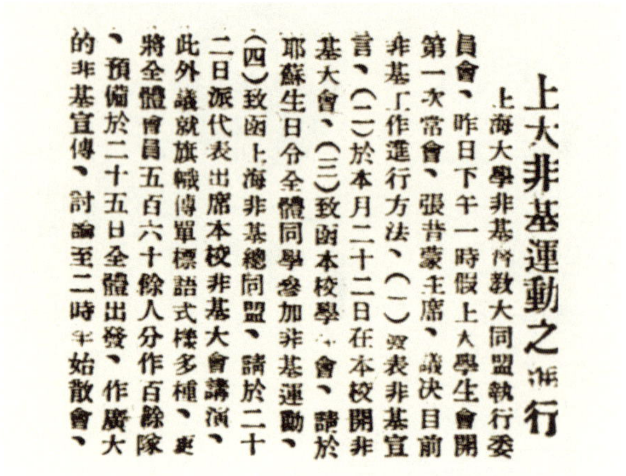

上大非基運動之進行

上海大學非基督教大同盟執行委員會、昨日下午一時假上大學生會開第一次常會、張昔蒙主席、議決目前非基工作進行方法、(一)發表非基宣言、(二)於本月二十二日在本校開非基大會、(三)致函本校學生會、請於耶穌生日令全體同學參加非基運動、(四)致函上海非基總同盟、請於二十二日派代表出席本校非基大會講演、此外議就旗幟傳單標語式樣多種、並將全體會員五百六十餘人分作百餘隊、預備於二十五日全體出發、作廣大的非基宣傳、討論至二時半始散會、

1926年12月18日　《民国日报》刊登《上大非基运动之进行》的消息。

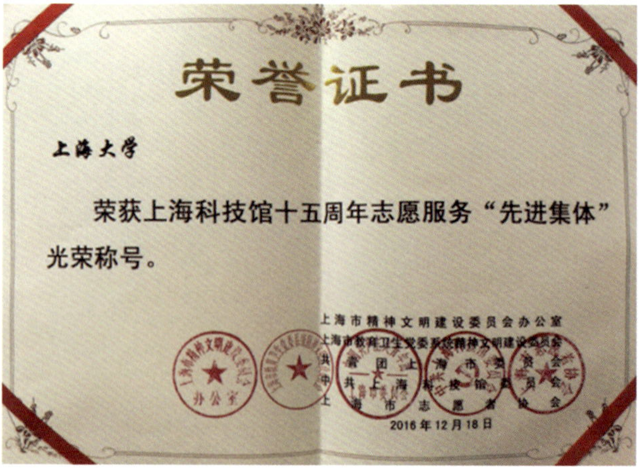

荣誉证书

上海大学

荣获上海科技馆十五周年志愿服务“先进集体”光荣称号。

上海市精神文明建设委员会办公室
上海市教育卫生党委系统精神文明建设委员会
共青团上海市委
中共上海科技馆委员会
上海市志愿者协会
2016年12月18日

2016年12月18日　上海大学荣获上海科技馆十五周年志愿服务“先进集体”光荣称号。

2024年
农历甲辰年

12月 December

星期三 Wednesday

18日

十一月十八

记事

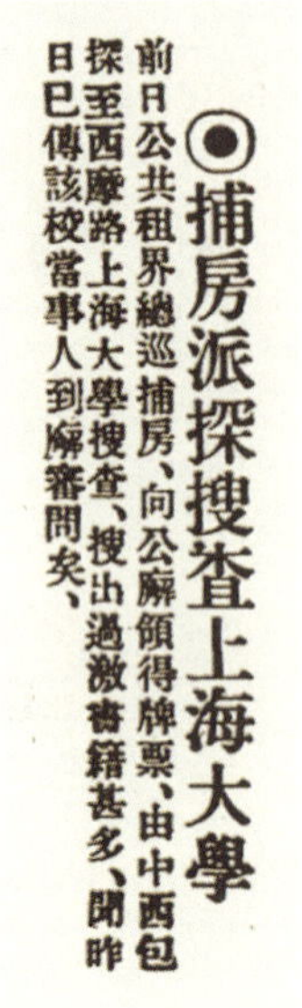

◉捕房派探搜查上海大學

前日公共租界總巡捕房、向公廨領得牌票、由中西包探至西摩路上海大學搜查、搜出過激書籍甚多、聞昨日已傳該校當事人到廨審問矣、

1924年12月19日　《新闻报》刊登《捕房派探搜查上海大学》的消息。

2019年12月19日　全国红色文化战略联盟成立大会在上海大学召开。

2024年
农历甲辰年

12月

December

星期四 Thursday

19日

十一月十九

记事

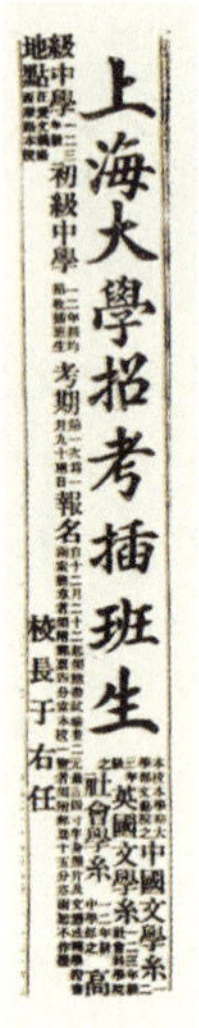

上海大學招考插班生

中國文學系 英國文學系 社會學系 高級中學 初級中學 考期 報名 地點

校長于右任

1924年12月20日 《民国日报》刊登《上海大学招考插班生》广告。

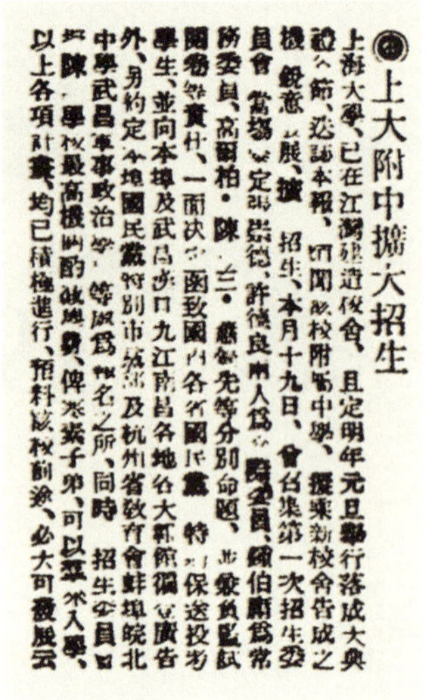

上大附中擴大招生

上海大學、已在江灣建造校舍、且定明年元旦舉行落成大典禮、[illegible]函告本報、[illegible]該校附設中學、擬乘新校舍告成之機、[illegible]發展、擴[illegible]招生、本月十九日、會召集第一次招生委員會、[illegible]推定[illegible]、許德良[illegible]人爲[illegible]委員、顧伯爾爲常務委員、高爾柏、陳[illegible]、[illegible]先等分別命題、[illegible]負監試閱卷[illegible]責任、一面決定函致國內各省國民黨[illegible]特[illegible]保送投考學生、並向本埠及武昌漢口九江南昌各地各大報館[illegible]廣告外、另約定[illegible]地國民黨特別市黨部及杭州省教育會蚌埠皖北中學武昌[illegible]政治[illegible]等處爲報名之所、同時、招生委員[illegible]陳[illegible]學校最高機關的[illegible]、俾[illegible]子弟、可以[illegible]入學、以上各項[illegible]、均已積極進行、預料該校前途、必大可發展云

1926年12月20日 《民国日报》《新闻报》《时报》等报刊登《上大附中扩大招生》的消息。

2016年12月20日 上海大学与中国银行上海市分行战略合作交流会在上海大学召开。

2024年
农历甲辰年

12月

December

星期五 Friday

20日

十一月二十

记事

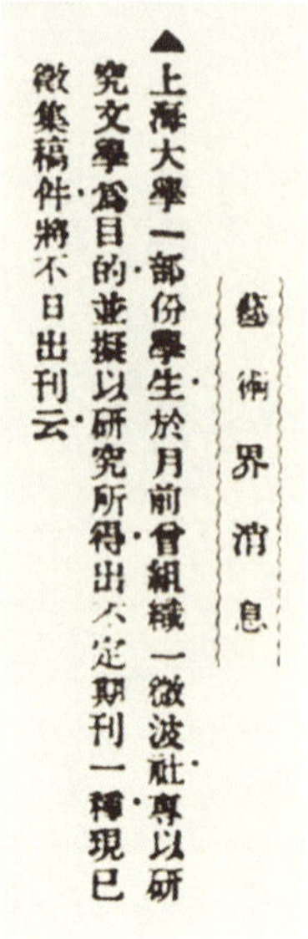

藝術界消息

▲上海大學一部份學生·於月前曾組織一微波社·專以研究文學爲目的·並擬以研究所得出不定期刊一種現已徵集稿件·將不日出刊云·

1923年12月21日　《时报》刊登《艺术界消息》。

2021年12月21日　“示范领航　合力育人——思政课+课程思政高质量建设论坛”在上海大学举行。

2024年
农历甲辰年

12月

December

星期六 Saturday

21日

十一月廿一 冬至

记事

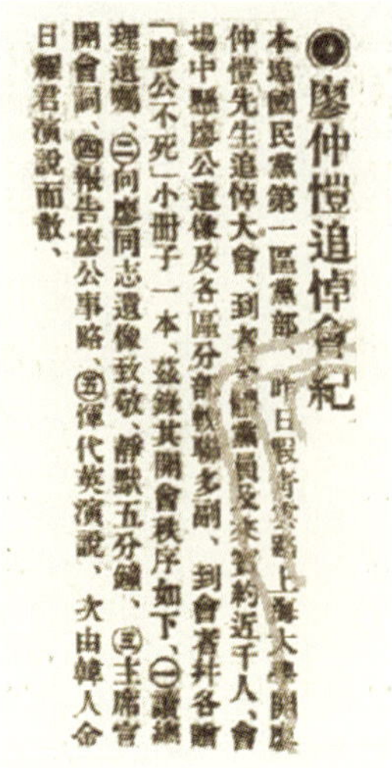

◉廖仲愷追悼會紀

本埠國民黨第一區黨部、昨日假青雲路上海大學開廖仲愷先生追悼大會、到各全體黨員及來賓約近千人、會場中懸廖公遺像及各區分部輓聯多副、到會者并各贈「廖公不死」小冊子一本、茲錄其開會秩序如下、㈠讀總理遺囑、㈡向廖同志遺像致敬、靜默五分鐘、㈢主席宣開會詞、㈣報告廖公事略、㈤惲代英演說、次由韓人金日耀君演說而散、

1925年12月22日　《申报》刊登《廖仲恺追悼会纪》。

2018年12月22日　上海大学北京校友会成立。

2024年

农历甲辰年

12月

December

星期日 Sunday

22日

十一月廿二

记事

1996年12月23日　上海大学“211工程”部门预审开幕式举行。

04 综合新闻　　光明日报

越南共产党中央总书记阮富仲会见刘奇葆

第九届高校校园文化建设优秀成果揭晓

故宫与香港联手建博物馆

入境旅客携带禽蛋中检出禽流感病毒

《南京大屠杀档案》将影印出版

我国恶性肿瘤患者每年新增380万

老年医学照顾诊断标准体系将建立

北京检方认定雷洋案5名涉案警务人员符合玩忽职守罪构成条件 依法作出不起诉处理

2016年12月23日　《光明日报》报道全国第九届高校校园文化建设优秀成果揭晓，上海大学“薪火相传　育人树魂——1922—1927年上海大学红色记忆传承项目”荣获优秀成果二等奖。

2024年
农历甲辰年

12月 December

星期一 Monday

23日

十一月廿三

记事

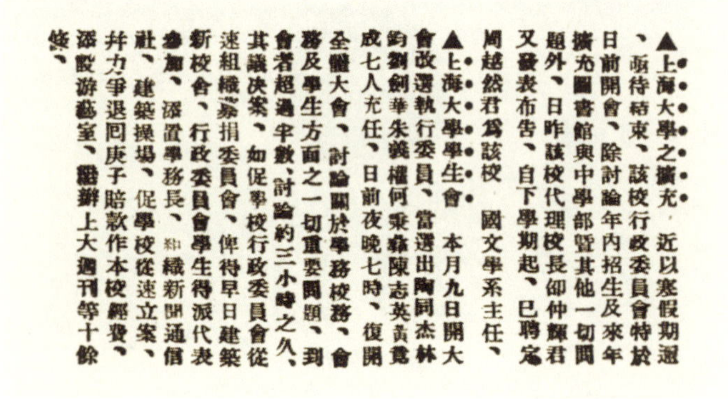

▲上海大學之擴充　近以寒假期還、亟待結束、該校行政委員會特於日前開會、除討論年內招生及來年擴充圖書館與中學部暨其他一切問題外、日昨該校代理校長邵仲輝君又發表布告、自下學期起、已聘定周越然君爲該校國文學系主任、

▲上海大學學生會　本月九日開大會改選執行委員、當選出陶同杰林鈞劉劍華朱義權何秉彝陳志英黃覺成七人充任、日前夜晚七時、復開全體大會、討論關於學務校務、會務及學生方面之一切重要問題、到會者超過半數、討論約三小時之久、其議決案、如促學校行政委員會從速組織募捐委員會、俾得早日建築新校舍、行政委員會學生得派代表參加、添置學務長、組織新聞通信社、建築操場、促學校從速立案、并力爭退回庚子賠款作本校經費、添設游藝室、繼辦上大週刊等十餘條、

1924年12月24日　《民国日报》刊登《学务丛报·上海大学之扩充·上海大学学生会》的消息。

2020年12月24日　上海大学附属孟超肿瘤医院揭牌仪式举行。

2024年
农历甲辰年

12月

December

星期二 Tuesday

24日

十一月廿四

记事

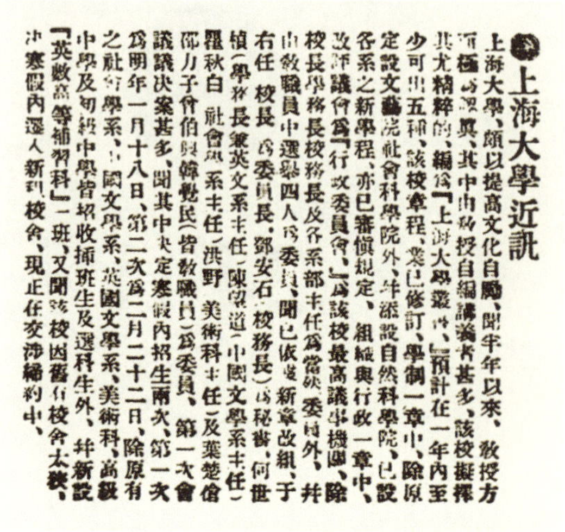

上海大學近訊

上海大學、頗以提高文化自勵、開半年以來、教授方面極爲認眞、其中由教授自編講義者甚多、該校擬擇其尤精粹的、編爲「上海大學叢書」、預計在一年內至少可出五種、該校章程、業已修訂、學制一章中、除原定設文藝院社會科學院外、并添設自然科學院、已設各系之新學程、亦已審愼規定、組織與行政一章中、改評議會爲「行政委員會」、爲該校最高議事機關、除校長學務長校務長及各系部主任爲當然委員外、并由教職員中選舉四人爲委員、聞已依照新章改組、于右任（校長）爲委員長、鄧安石（校務長）爲秘書、何世楨（學務長兼英文系主任）陳望道（中國文學系主任）瞿秋白（社會學系主任）洪野（美術科主任）及葉楚傖邵力子曾伯興韓覺民（皆教職員）爲委員、第一次會議議決案甚多、聞其中决定寒假內招生兩次、第一次爲明年一月十八日、第二次爲二月二十二日、除原有之社會學系、中國文學系、英國文學系、美術科、高級中學及初級中學皆招收插班生及選科生外、并新設「英數高等補習科」一班、又聞該校因舊有校舍太狹、决寒假內遷入新租校舍、現正在交涉締約中、

1923年12月25日　《民国日报》《新闻报》《时报》等报刊登上海大学最新消息。

2019年12月25日　上海大学新结构经济学研究院成立揭牌仪式暨新结构经济学高端论坛举行，林毅夫任名誉院长、名誉教授，校党委书记成旦红、副校长聂清出席。

2024年
农历甲辰年

12月

December

星期三 Wednesday

25日

十一月廿五

记事

1997年12月26日　上海大学新校区工程奠基仪式举行，钱伟长校长参加仪式并讲话。

2024年

农历甲辰年

12月

December

星期四　Thursday

26日

十一月廿六

记事

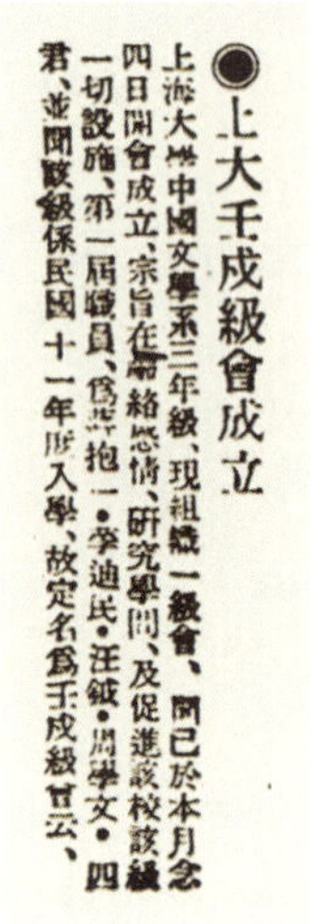

◎上大壬戌級會成立

上海大學中國文學系三年級、現組織一級會、聞已於本月念四日開會成立、宗旨在聯絡感情、研究學問、及促進該校該級一切設施、第一屆職員、爲蔣抱一・李迪民・汪鉞・周學文・四君、並聞該級係民國十一年度入學、故定名爲壬戌級會云、

1924年12月27—28日　《申报》《新闻报》等报刊登《上大壬戌级会成立》的消息。

上海大學校舍落成典禮籌備處啓事

敝校草創之初、僅係假屋而居、五卅案起、橫遭封閉、不[illegible]發憤、遂籌自建屋宇、一年以來、[illegible]、幸觀厥成[illegible]定一月一日、舉行典禮、並開遊藝大會、務懇來賓、聊伸賀意、祇以他種關係、不得已而延期、深恐各界未知、[illegible]

1926年12月27—29日　《民国日报》《申报》等报刊登《上海大学校舍落成典礼筹备处启事》。

2015年12月27日　“青春献礼十三五　唱响多彩中国梦——2015上海大学‘党的光辉照我心’合唱比赛”举行。

2024年
农历甲辰年

12月

December

星期五　Friday

27日

十一月廿七

记事

2016年12月28日　上海大学出版社建社20周年暨融合与创新：新形势下大学出版社的发展之路论坛举行。

2017年12月28日　上海大学党委成为2018年度“共同行动”区域化党建联席会议轮值理事长单位。

2021年12月28日　上海大学中国数字经济研究院揭牌仪式在京沪两地举行。

2024年
农历甲辰年

12月

December

星期六 Saturday

28日

十一月廿八

记事

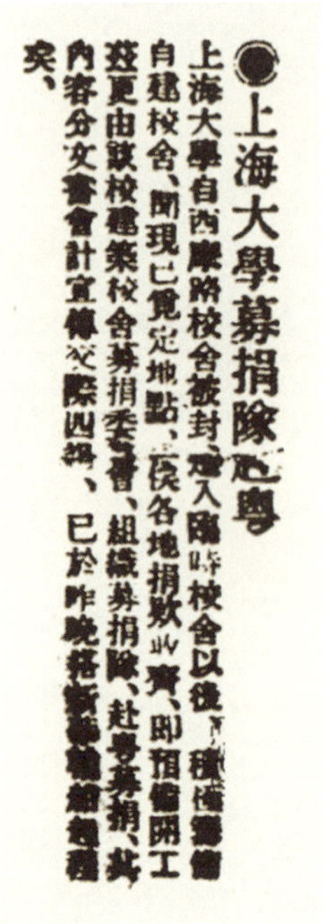

◉上海大學募捐隊赴粵

上海大學自西摩路校舍被封、遷入臨時校舍以後、[illegible]積極籌備自建校舍、聞現已覓定地點、祇候各地捐款收齊、即預備開工、茲更由該校建築校舍募捐委員會、組織募捐隊、赴粵募捐、其內容分文書會計宣傳交際四股、已於昨晚搭[illegible]矣、

1925年12月29日 《申报》《时报》《新闻报》等报刊登《上海大学募捐队赴粤》的消息。

2009年12月　上海大学网球运动员参加泛印度洋亚洲大学生运动会获网球女子团体冠军。

2024年
农历甲辰年

12月

December

星期日 Sunday

29日

十一月廿九

记事

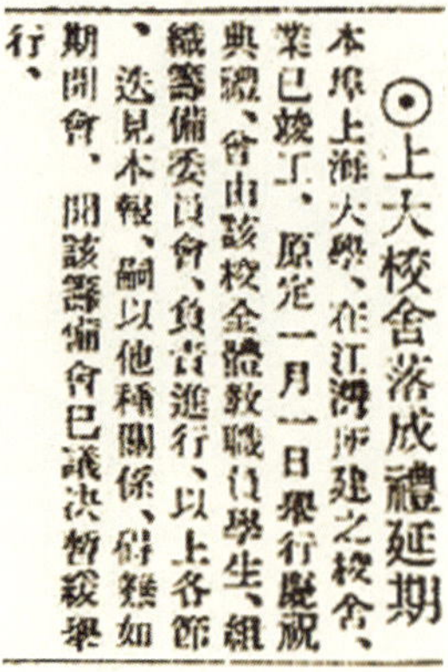

⊙上大校舍落成禮延期

本埠上海大學、在江灣所建之校舍、業已竣工、原定一月一日舉行慶祝典禮、曾由該校全體教職員學生、組織籌備委員會、負責進行、以上各節、迭見本報、嗣以他種關係、礙難如期開會、聞該籌備會已議決暫緩舉行、

1926年12月30日　《时报》刊登《上大校舍落成礼延期》的消息。

2022年12月30日　上海大学未来技术学院揭牌成立。

2024年
农历甲辰年

12月

December

星期一　Monday

30日

十一月三十

记事

1924年12月31日 《民国日报》刊登上海大学聘定周越然为英国文学系主任的消息。

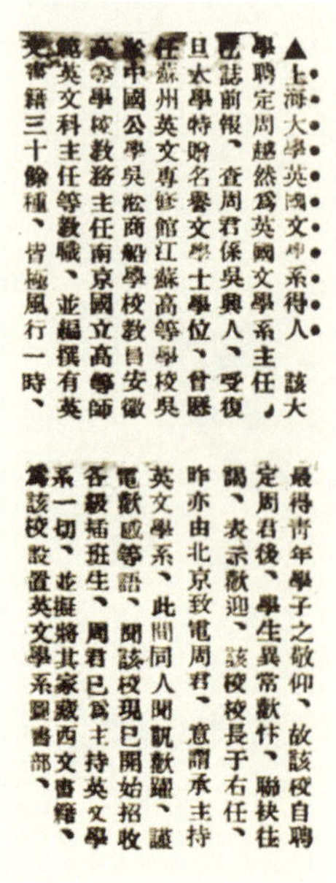

▲上海大學英國文學系得人 該大學聘定周越然為英國文學系主任，已誌前報、查周君係吳興人、受復旦大學特贈名譽文學士學位、曾歷任蘇州英文專修館江蘇高等學校吳淞中國公學吳淞商船學校教員安徽高等學校教務主任南京國立高等師範英文科主任等數職、並編撰有英文書籍三十餘種、皆極風行一時、最得青年學子之敬仰、故該校自聘定周君後、學生異常歡忭、聯袂往謁、表示歡迎、該校校長于右任、昨亦由北京致電周君、意謂承主持英文學系、此間同人聞訊歡躍、謹電歡感等語、聞該校現已開始招收各級插班生、周君已為主持英文學系一切、並擬將其家藏西文書籍、為該校設置英文學系圖書部、

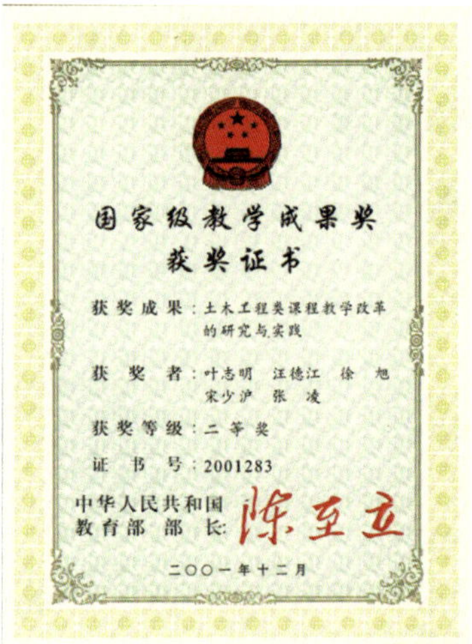

2001年12月 上海大学“土木工程类课程教学改革的研究与实践”获国家级教学成果奖二等奖。

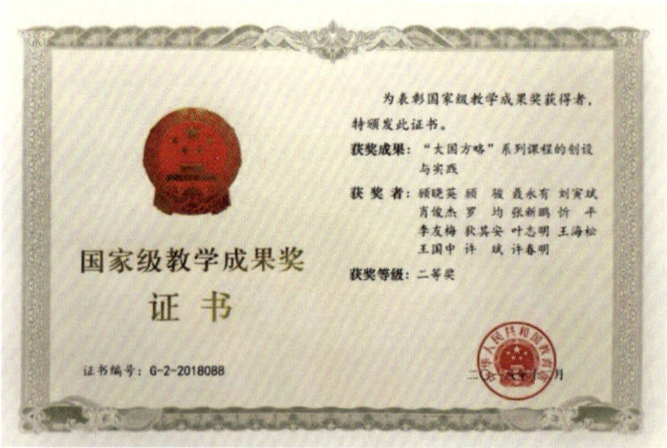

2018年12月 上海大学“‘大国方略’系列课程的创设与实践”获国家级教学成果奖二等奖。

2024年
农历甲辰年

12月

December

星期二　Tuesday

31日

十二月初一

记 事

记事

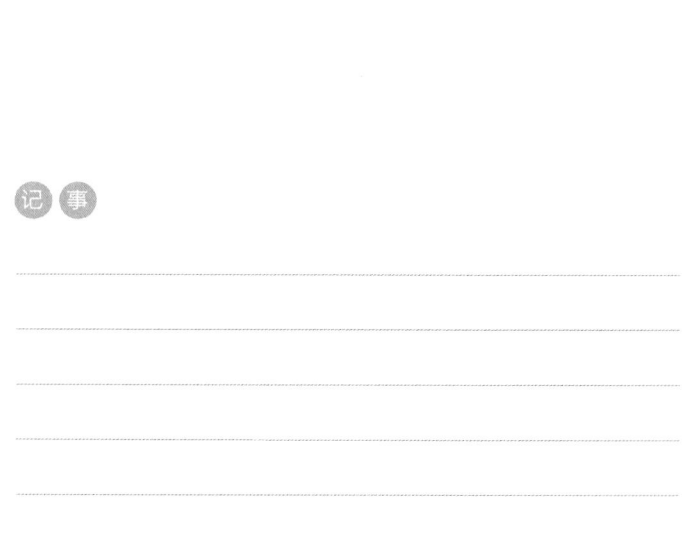

记事

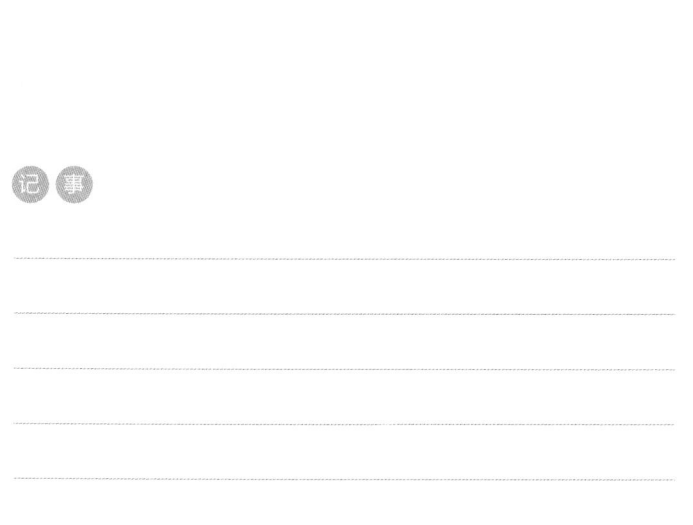

记事

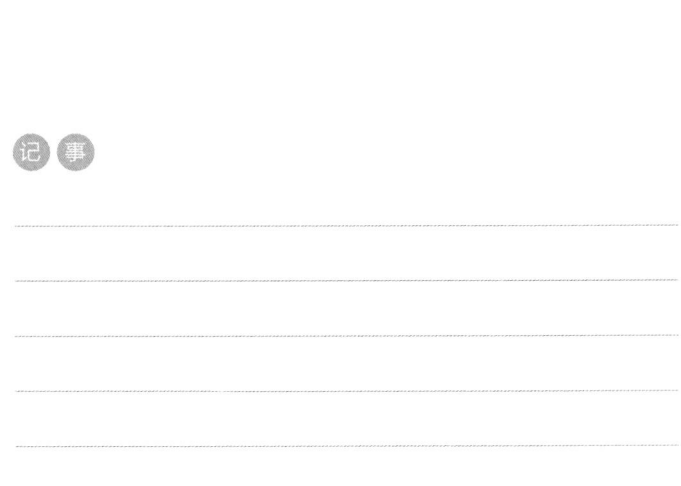

记事

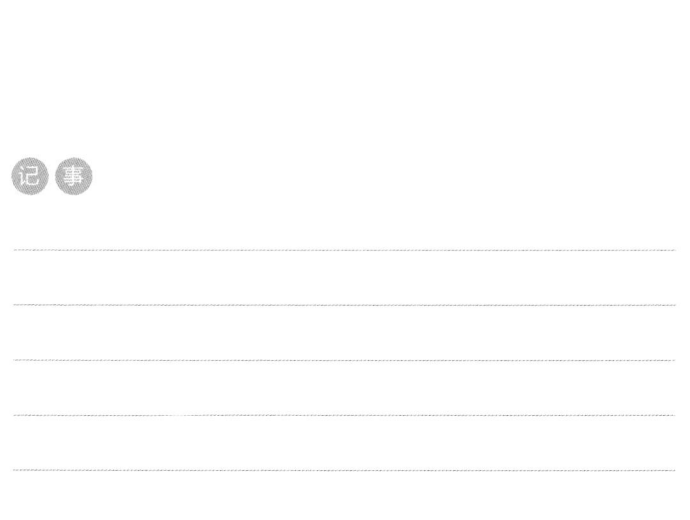

图书在版编目（CIP）数据

上大记忆. 2024 / 戴骏豪主编. -- 上海：上海大学出版社, 2023.9

ISBN 978-7-5671-4758-4

Ⅰ. ①上… Ⅱ. ①戴… Ⅲ. ①上海大学—校史
Ⅳ. ①G649.285.1

中国国家版本馆CIP数据核字(2023)第115012号

责任编辑 杜 青 陈 叶
装帧设计 柯国富
技术编辑 金 鑫 钱宇坤

上大记忆 (2024)

主 编 戴骏豪
副主编 傅玉芳 柯国富

出版发行 上海大学出版社
社 址 上海市上大路 99 号
邮政编码 200444
网 址 www.press.shu.edu.cn
发行热线 021-66135112
出 版 人 戴骏豪

印 刷 上海颛辉印刷厂有限公司
经 销 各地新华书店
开 本 889mm × 1092mm 1/48
印 张 16
字 数 450 千字
版 次 2023 年 10 月第 1 版
印 次 2023 年 10 月第 1 次
书 号 ISBN 978-7-5671-4758-4/G · 3528
定 价 100.00 元